『続 完全講義 民事裁判実務の基礎』改題

完全講義
民事裁判実務

司法修習生向け

実践編

事実認定・演習問題（要件事実・事実認定）

大島眞一【著】

民事法研究会

は し が き

　本書は、『続　完全講義　民事裁判実務の基礎』（令和３年１月18日発行）の改訂版であり、かつ『完全講義　民事裁判実務［基礎編］』（予備試験受験生向け）と『完全講義　民事裁判実務［要件事実編］』（司法試験受験生・司法修習生向け）のいずれからも**２冊目の書物**として著したものである。つまり、一定の要件事実を理解していることを前提として、**事実認定の解説と要件事実・事実認定の演習問題**を扱っている。本書と［基礎編］、［要件事実編］の関係は、「はしがき」末尾の図をご覧いただきたい。

　本書の中心となるのが「事実認定」であり、証拠からいかに事実認定するかを具体的な事例に基づいて検討している。併せて、要件事実の演習問題により、要件事実につき一層理解を深めることをめざしている。

　読者としては、司法修習生、法科大学院生を想定している。本書は、民事裁判実務について司法修習修了までに理解しておくべき内容をほぼすべて盛り込んでいるので、司法修習生に役立つものになっているはずである。また、より深く学ぶことを考えている法科大学院生にも、民事裁判がどのように動いているかを理解する参考になる。

　本書の特徴としては、次の点を挙げることができる。

　第１に、本書は、［基礎編］または［要件事実編］の続編という位置づけであり、これらの書籍で説明したことは書籍の頁数を明記するにとどめるのを原則とし、２冊目という位置づけを明確にした。

　第２に、最近の司法研修所の出版物や教育内容を踏まえ、できるだけそれに沿う説明をするとともに、具体的な事例に基づいた説明に徹し、事案におけるあてはめができるように努めた。

　第３に、筆者の法科大学院での授業経験や司法修習生に対する実務指導経験を踏まえ、法科大学院生や司法修習生等が間違いやすい点や誤解しやすい点については、その旨を明示して説明し、誤った理解がされないように工夫した。この観点から、重要な点は繰り返し説明を加えて、正確に理解できるように配慮した。

　第４に、演習問題を５問（要件事実１問、要件事実・争点整理３問、事実認定

はしがき

1問）掲載しており、知識を具体的な事例で使えるようにし、理解力を定着させ、応用できるように工夫した。事実認定の演習問題については、旧版（『続　完全講義　民事裁判実務の基礎』）を全面的に改め、新たな問題とした。

　中村修輔さん（裁判官・58期。最高裁事務総局人事局任用課長）には、事実認定問題を考えてもらうなど、大変お世話になった。また、初版から田端公美さん（弁護士・新60期。西村あさひ法律事務所）らの協力を得ている。イラストは今回も村上彩子さん（弁護士・新64期。えだむら法律事務所）にお願いした。企画から出版まで民事法研究会の都郷博英さんには大変お世話になった。これらの方々に厚くお礼を申し上げたい。

　最後に、本書を手にとられた方々が、将来、法曹界で、あるいはそれ以外の分野においても、活躍され、新しい時代が開かれることを期待して、はしがきの結びとしたい。

2024年11月

大 島 眞 一

〈完全講義シリーズ相関図〉

【予備試験受験生向け】

『完全講義　民事裁判実務［基礎編］』

『新版　完全講義　民事裁判実務の基礎［入門編］〔第2版〕』改題
要件事実を中心に、事実認定、民事保全・執行、
法曹倫理の基本的事項を解説

＋

『完全講義　法律実務基礎科目［民事］〔第2版〕』

予備試験の過去問の解説＋参考答案

【司法試験受験生・司法修習生向け】

『完全講義　民事裁判実務［要件事実編］』

『完全講義　民事裁判実務の基礎［上巻］〔第3版〕』改題
要件事実のみに徹して解説

【司法修習生・法科大学院生向け】

『完全講義　民事裁判実務［実践編］』（本書）

『続　完全講義　民事裁判実務の基礎』改題
事実認定の解説、演習問題（要件事実・事実認定）

〔本書の利用方法〕

1 『完全講義　民事裁判実務［基礎編］』と『完全講義　民事裁判実務［要件事実編］』との関係

はしがきに記載したとおり、本書は、主として『完全講義　民事裁判実務［基礎編］』と『完全講義　民事裁判実務［要件事実編］』のいずれかを読んでいただいた方に向けての2冊目という位置づけである。要件事実につきより一層理解を深めるとともに、本書の中心である事実認定を考えるという構成になっている。

2 「本文」、「One Point Lecture！」

本書は、「本文」と「One Point Lecture！」に分かれる。

「本文」は、事実認定等についてわかりやすく解説している。かなりの分量になっているが、丁寧に解説したためであり、読みやすいものになっている（はずである）。

「One Point Lecture！」は、間違いやすい点や誤解しやすい点について敬体でわかりやすく解説したものである。

3 要件事実・事実認定

要件事実については、司法研修所編『改訂　新問題研究　要件事実』（2023年・法曹会）に基づき、同書に記載のない項目は司法研修所編『4訂紛争類型別の要件事実——民事訴訟における攻撃防御の構造——』（2023年・法曹会）を参考にした。事実認定については、司法研修所編『改訂　事例で考える民事事実認定』（2023年・法曹会）を基に解説をしている。

本書では〈Case〉を多用し、具体的な事例で解説するように心がけた。私見はできるだけ言及しないようにしたが、本書では、要件事実・事実認定について基礎的な理解をしている方を対象にしているので、私見を記載した部分もある。

本書の利用方法

4 演習問題

身に付けた知識や思考方法が具体的な事案において活用できなければ、絵に
描いた餅である。十分に活用できるようになるには演習が不可欠である。

本書では、演習問題を5問収録した。要件事実問題1問、要件事実・争点整
理問題3問、事実認定問題1問である。

要件事実問題は、まず要件事実を検討する場合の思考方法を示したのが1問
目（第7講）である。

要件事実は、要件事実の整理をすることが目的ではなく、それにより争点を
把握することが目的である。要件事実の整理により争点を把握することを目的
とした要件事実・争点整理問題を3問（第8講～第10講）掲載している。要件
事実を整理することによって、当事者で争われているところが争点でないこと
がわかったり、提出された書証から事件の見通しがつくこともあるので、この
あたりも体験していただきたい。

事実認定問題（第11講）は、架空の事例であるが、実際の記録のようにして
作成しており、かなり本格的なものである。解説では、裁判官、司法修習生ら
が議論する形をとり、さまざまな観点から事実認定を考えている。末尾に、司
法修習生のサマリー起案を記載している。

5 *Coffee Break*

2005年のJR福知山線脱線事故で車内に乗っていた藤原正人弁護士など、司
法試験の合格者や現に法曹として活躍している方等に勉強方法や現在の状況等
について書いてもらっている。ひと休みとして読んでいただきたい。

〔本書の構成〕

本書は、次のような構成となっている。

〈第1部　事実認定〉

第1講　総　論
第2講　書　証
第3講　証　言
第4講　判断の構造
第5講　事実認定、意思解釈、評価
第6講　事実認定の難しい事件、和解

〈第2部　演習問題〉

第7講　要件事実問題
第8講　要件事実・争点整理問題1
第9講　要件事実・争点整理問題2
第10講　要件事実・争点整理問題3
第11講　事実認定問題

第2部は演習問題であり、詳しい解説をしているが、1つの参考であって、必ず解説のように考えなければならないというものではないことに留意いただきたい。

目　次

『完全講義　民事裁判実務［実践編］』

目　次

プロローグ··1

第Ⅰ部　事実認定

第1講　総　論 ···8

Ⅰ　概　説 ··8

1　事実認定の対象 ···8

2　事実認定の方法 ···9

One Point Lecture!　原告または被告が複数の場合の留意点 ········9

3　証拠方法 ···10

(1)　文書送付嘱託 ···10

(2)　調査嘱託 ···10

(3)　書面尋問 ···10

(4)　鑑　定 ···11

(5)　弁論の全趣旨 ···11

(6)　証拠能力 ···11

Ⅱ　証明度 ··12

1　高度の蓋然性 ···12

2　具体例の検討 ···13

(1)　ルンバール事件 ···13

(2)　小　括 ···13

One Point Lecture!　高度の蓋然性とは ·······························14

One Point Lecture!　高度の蓋然性の留意点 ·······················14

3　刑事事件との比較 ···15

One Point Lecture!　どのような証拠が必要か？ ·····················16

目　次

　　4　解明度······17

　　One Point Lecture!　証拠の偏在と証明度······17

Ⅲ　経験則······19

　　1　意　義······19

　　2　役　割······19

Ⅳ　直接証拠と間接証拠······20

　　1　意　義······20

　　〔図1〕　直接証拠と間接証拠······21

　　2　具体例······21

　　(1)　不法行為の要件事実······22

　　(2)　A、B、Cの証言······22

　　〔図2〕　事実認定の構造······23

　　(3)　間接事実による主要事実の推認······24

　　〔図3〕　間接事実による主要事実の推認······24

　　One Point Lecture!　間接反証······25

Ⅴ　本証と反証······26

Ⅵ　判断の順序······26

　　1　原　則······26

　　2　留意点······28

第2講　書　証······29

Ⅰ　文書の申出······29

Ⅱ　文書の分類······29

　　1　公文書と私文書······29

　　2　原本、写し（謄本）、正本······30

　　(1)　原　本······30

　　(2)　写し・謄本······30

　　(3)　正　本······30

　　(4)　区別の重要性······30

7

目　次

One Point Lecture!　書証の検討の留意点 ································31
Ⅲ　形式的証拠力（文書の成立の真正）··························32
　1　文書の作成者 ···33
　2　成立の真正についての認否 ···································33
　　(1)　署名文書 ··34
　　(2)　押印文書 ··35
　One Point Lecture!　印鑑、印章、印影、実印、銀行印、三文判、
　　　　　　　　　　　　認印、押印、捺印とは？ ··············36
　One Point Lecture!　偽造文書の作成者 ·····················37
　3　文書の提出と認否の記録化 ···································37
　4　成立の真正についての立証 ···································39
　　(1)　成立を認めている場合 ···································39
　　(2)　文書の成立の真正を争っている場合 ·····················39
　　〔図4〕　2段の推定 ··42
　5　推定が覆る場合 ···42
　　(1)　1段目の推定（事実上の推定）が覆る場合 ···············42
　　(2)　2段目の推定（民訴228条4項）が覆る場合 ··············46
　6　実務の実情 ···47
　7　その他の問題点 ···48
　　(1)　筆跡が争われている場合 ·································48
　　(2)　印鑑による違い ···48
　　(3)　文書の個数 ···48
　　(4)　代理文書 ···49
Ⅳ　実質的証拠力 ···52
　1　実質的証拠力の意義 ···52
　2　処分証書・報告文書と類型的信用文書 ·······················53
　　(1)　処分証書と報告文書の違い ·······························53
　One Point Lecture!　処分証書 ·····························53
　　(2)　処分証書の実質的証拠力 ·································55
　　(3)　報告文書の実質的証拠力 ·································55

One Point Lecture!　当事者の日記 ……………………………………56
　⑷　処分証書と報告文書の区別は必要か ……………………………57
　⑸　類型的信用文書 ………………………………………………………57
　3　実務の実情 ………………………………………………………………58
　4　本来存在すると考えられる書証が存在しない場合 ………………60
　5　陳述書 ……………………………………………………………………61
Ⅴ　まとめ ……………………………………………………………………62
One Point Lecture!　証拠による認定の注意点 ………………………62
Coffee Break　やってみないと ………………………………城地秀美・63

第3講　証　言 ……………………………………………………66

Ⅰ　総　論 ……………………………………………………………………66
　〈表1〉　書証と証言の形式的証拠力と実質的証拠力 ………………67
One Point Lecture!　ストーリー …………………………………………68
Ⅱ　証言の信用性 ……………………………………………………………68
　〔図5〕　証言の信用性 …………………………………………………70
　1　動かしがたい事実（客観的事実）との整合性 ……………………70
One Point Lecture!　「動かしがたい事実」とは？ ……………………71
　2　証言の正確性 …………………………………………………………72
　⑴　認識の正確性 ………………………………………………………73
　⑵　記憶の正確性 ………………………………………………………74
　⑶　表現の正確性 ………………………………………………………74
　3　証言内容の合理性・具体性・一貫性 ………………………………75
　⑴　証言の合理性 ………………………………………………………75
　⑵　証言の具体性 ………………………………………………………75
　⑶　証言の一貫性 ………………………………………………………75
　⑷　留意点 ………………………………………………………………76
　4　利害関係 ………………………………………………………………77
　5　その他 …………………………………………………………………78

9

目　次

(1)　故意や過失による誤った証言 ……………………………………78

(2)　証言態度 ………………………………………………………………78

(3)　伝聞供述 ………………………………………………………………79

Ⅲ　まとめ ……………………………………………………………………79

Coffee Break　生かされた命を燃やして〜JR福知山線脱線事故で得た

教訓〜 ………………………………………………藤原正人・80

第4講　判断の構造 ……………………………………………………83

Ⅰ　判断の枠組み …………………………………………………………83

〈表2〉　主要事実の認定判断の類型 …………………………………84

Ⅱ　第1類型──直接証拠である類型的信用文書があり、その成立
に争いがない場合 ……………………………………………………84

〔図6〕　認定判断の第1類型の構造 …………………………………85

Ⅲ　第2類型──直接証拠である類型的信用文書があり、その成立
に争いがある場合 ……………………………………………………85

1　成立の真正に関する争い方による分類 …………………………85

***One Point Lecture!*　否認か抗弁（虚偽表示）か？** …………………86

〈表3〉　成立の真正に関する争い方による分類 …………………87

2　文書の真正な成立の立証方法 ……………………………………88

(1)　立証方法 ………………………………………………………………88

(2)　総合判断型 ……………………………………………………………89

(3)　直接証拠型 ……………………………………………………………89

〔図7〕　総合判断型と直接証拠型 ……………………………………89

〔図8〕　認定の段階 ……………………………………………………90

(4)　小　括 ………………………………………………………………90

Ⅳ　第3類型──直接証拠である類型的信用文書はないが、直接証
拠である供述証言がある場合 ………………………………………90

1　一般的に信用性の高い証言がある場合 …………………………91

〔図9〕　総合判断型と証言認定型 ……………………………………92

目　次

　　2　当事者やその関係者の供述が直接証拠である場合┈┈┈┈┈┈┈93

　　　〔図10〕　間接事実から主要事実を推認するイメージ┈┈┈┈┈┈94

Ⅴ　第4類型──直接証拠である類型的信用文書も直接証拠である

供述証拠もない場合┈┈┈┈┈┈┈┈┈┈┈┈┈┈┈┈┈┈┈┈┈┈┈94

　　1　間接事実とは┈┈┈┈┈┈┈┈┈┈┈┈┈┈┈┈┈┈┈┈┈┈┈94

　　2　強い間接事実と弱い間接事実┈┈┈┈┈┈┈┈┈┈┈┈┈┈┈┈96

　　3　総合評価┈┈┈┈┈┈┈┈┈┈┈┈┈┈┈┈┈┈┈┈┈┈┈┈┈96

　　One Point Lecture!　　間接証拠から認定する場合の注意点┈┈┈97

　　4　間接事実（補助事実）の役割┈┈┈┈┈┈┈┈┈┈┈┈┈┈┈┈97

　　5　まとめ┈┈┈┈┈┈┈┈┈┈┈┈┈┈┈┈┈┈┈┈┈┈┈┈┈┈99

Ⅵ　判断類型のまとめ┈┈┈┈┈┈┈┈┈┈┈┈┈┈┈┈┈┈┈┈┈┈99

　　One Point Lecture!　　各判断類型のポイント┈┈┈┈┈┈┈┈100

第5講　事実認定、意思解釈、評価┈┈101

Ⅰ　争点整理と事実認定の留意点┈┈┈┈┈┈┈┈┈┈┈┈┈┈┈┈102

　　1　争点整理の留意点┈┈┈┈┈┈┈┈┈┈┈┈┈┈┈┈┈┈┈┈┈102

　　　(1)　争点の立て方┈┈┈┈┈┈┈┈┈┈┈┈┈┈┈┈┈┈┈┈┈102

　　　(2)　主張自体失当┈┈┈┈┈┈┈┈┈┈┈┈┈┈┈┈┈┈┈┈┈103

　　2　事実認定の留意点┈┈┈┈┈┈┈┈┈┈┈┈┈┈┈┈┈┈┈┈┈103

　　　(1)　動かしがたい事実とストーリーの合理性┈┈┈┈┈┈┈┈┈103

　　　(2)　全体と細部┈┈┈┈┈┈┈┈┈┈┈┈┈┈┈┈┈┈┈┈┈┈104

　　　(3)　検　証┈┈┈┈┈┈┈┈┈┈┈┈┈┈┈┈┈┈┈┈┈┈┈104

Ⅱ　意思表示の解釈┈┈┈┈┈┈┈┈┈┈┈┈┈┈┈┈┈┈┈┈┈┈105

　　1　契約の成立┈┈┈┈┈┈┈┈┈┈┈┈┈┈┈┈┈┈┈┈┈┈┈106

　　2　契約（意思表示）の解釈┈┈┈┈┈┈┈┈┈┈┈┈┈┈┈┈┈108

　　　(1)　当事者の意思が一致している場合┈┈┈┈┈┈┈┈┈┈┈┈109

　　　(2)　当事者の共通の意思が明らかでない場合┈┈┈┈┈┈┈┈┈109

　　3　第1のケース┈┈┈┈┈┈┈┈┈┈┈┈┈┈┈┈┈┈┈┈┈┈┈111

　　4　第2のケース┈┈┈┈┈┈┈┈┈┈┈┈┈┈┈┈┈┈┈┈┈┈┈115

11

目　次

　　5　第3のケース‥‥‥‥‥‥‥‥‥‥‥‥‥‥‥‥‥‥‥‥‥‥‥116
　　6　まとめ‥‥‥‥‥‥‥‥‥‥‥‥‥‥‥‥‥‥‥‥‥‥‥‥‥‥‥118
　Ⅲ　評　価‥‥‥‥‥‥‥‥‥‥‥‥‥‥‥‥‥‥‥‥‥‥‥‥‥‥‥118
　　1　規範的要件‥‥‥‥‥‥‥‥‥‥‥‥‥‥‥‥‥‥‥‥‥‥‥‥118
　　　〔図11〕　規範的要件についての判断の構造‥‥‥‥‥‥‥‥‥119
　　One Point Lecture!　規範的要件を主要事実と解した場合‥‥‥‥120
　　2　黙示の意思表示‥‥‥‥‥‥‥‥‥‥‥‥‥‥‥‥‥‥‥‥‥120
　　3　「評価」のみが問題となる事案‥‥‥‥‥‥‥‥‥‥‥‥‥‥121
　　　〔図12〕　最高裁の判断構造‥‥‥‥‥‥‥‥‥‥‥‥‥‥‥127
　　One Point Lecture!　事件のスジ・スワリ‥‥‥‥‥‥‥‥‥‥129
　　Coffee Break　普通の弁護士の普通の1日‥‥‥‥‥‥古笛恵子・130

第6講　事実認定の難しい事件、和解‥‥133

　Ⅰ　事実認定が難しい事件‥‥‥‥‥‥‥‥‥‥‥‥‥‥‥‥‥‥133
　　1　保険金請求事件‥‥‥‥‥‥‥‥‥‥‥‥‥‥‥‥‥‥‥‥‥133
　　2　痴漢事件‥‥‥‥‥‥‥‥‥‥‥‥‥‥‥‥‥‥‥‥‥‥‥‥136
　Ⅱ　和　解‥‥‥‥‥‥‥‥‥‥‥‥‥‥‥‥‥‥‥‥‥‥‥‥‥‥144
　　1　第1のケース‥‥‥‥‥‥‥‥‥‥‥‥‥‥‥‥‥‥‥‥‥‥145
　　　(1)　検　討‥‥‥‥‥‥‥‥‥‥‥‥‥‥‥‥‥‥‥‥‥‥‥145
　　　(2)　和　解‥‥‥‥‥‥‥‥‥‥‥‥‥‥‥‥‥‥‥‥‥‥‥146
　　2　第2のケース‥‥‥‥‥‥‥‥‥‥‥‥‥‥‥‥‥‥‥‥‥‥147
　　3　まとめ‥‥‥‥‥‥‥‥‥‥‥‥‥‥‥‥‥‥‥‥‥‥‥‥‥148
　　Coffee Break　修習のための八カ条〜すべては1つのダンボールから〜
　　‥‥‥‥‥‥‥‥‥‥‥‥‥‥‥‥‥‥‥‥‥‥‥‥‥倉澤菜美恵・148

目　次

第Ⅱ部　演習問題

第7講　要件事実問題 ················ 154

Ⅰ　解　説 ·· 155

　1　訴訟物 ··· 155

　　(1)　Xの言い分の解釈——処分権主義 ········· 155

　　(2)　訴訟物の特定 ································· 155

　　(3)　訴訟物の個数 ································· 156

　2　請求原因 ··· 156

Ⅱ　検討例 ··· 159

第8講　要件事実・争点整理問題1 ······· 162

Ⅰ　訴訟物 ··· 163

Ⅱ　主張整理 ··· 164

　1　請求原因 ··· 164

　　(1)　貸金返還請求権 ······························· 164

　　(2)　利息請求権 ··································· 165

　　(3)　遅延損害金 ··································· 166

　2　抗　弁 ··· 167

Ⅲ　争　点 ··· 168

　〔図13〕　ブロックダイアグラム（要件事実・争点整理問題1）·········· 169

第9講　要件事実・争点整理問題2 ······· 170

Ⅰ　訴訟物 ··· 172

Ⅱ　主張整理 ··· 172

13

目　次

　　　1　請求原因……………………………………………………………172
　　　2　抗　弁………………………………………………………………173
　　　（1）　債務不履行解除（民540条、541条）……………………………173
　　　（2）　消滅時効…………………………………………………………176
　　　（3）　同時履行（民533条）……………………………………………177
　　　3　再抗弁………………………………………………………………178
　　　（1）　債務承認（抗弁2に対し）……………………………………178
　　　（2）　その他……………………………………………………………179
　Ⅲ　争　点…………………………………………………………………179
　　　1　形式的争点…………………………………………………………179
　　　〔図14〕　ブロックダイアグラム（要件事実・争点整理問題2）………180
　　　2　実質的争点…………………………………………………………180

第10講　要件事実・争点整理問題3 ………182

　Ⅰ　請求の趣旨および訴訟物………………………………………………184
　Ⅱ　主張整理…………………………………………………………………186
　　　1　請求原因……………………………………………………………186
　　　（1）　物権的請求権の要件事実………………………………………186
　　　（2）　所有の摘示………………………………………………………187
　　　〔図15〕　権利自白の成立時…………………………………………188
　　　（3）　登記の存在………………………………………………………188
　　　（4）　本件の請求原因…………………………………………………188
　　　2　抗　弁………………………………………………………………189
　　　（1）　対抗要件具備による所有権喪失の抗弁………………………189
　　　（2）　相続の要件事実…………………………………………………190
　　　3　再抗弁・再々抗弁…………………………………………………190
　　　（1）　主張の法律構成…………………………………………………190
　　　（2）　背信的悪意者の要件事実………………………………………191
　　　（3）　評価根拠事実……………………………………………………191

14

（4）　評価障害事実·· 191
Ⅲ　検討例 ·· 192
Ⅳ　争　点 ·· 193
　1　形式的争点 ··· 193
　　〔図16〕　ブロックダイアグラム（要件事実・争点整理問題３）················ 194
　2　実質的争点 ··· 194

第11講　事実認定問題 ·· 196

Ⅰ　記録の検討方法 ··· 196
　1　記録の構成 ··· 196
　　（1）　３分方式 ·· 196
　　（2）　本書での確認 ··· 197
　　（3）　まとめ ··· 197
　2　事件記録を読む際の留意点 ··· 197
　　（1）　調書の記載事項の確認 ·· 198
　　（2）　各主張書面の検討 ·· 198
　　（3）　証拠の検討 ··· 198
Ⅱ　事件記録 ··· 200
　　［資料１］　民事第一審訴訟事件記録表紙 ··· 200
　　［資料２］　参考・時系列 ··· 201
　　［資料３］　準備手続期日指定書 ··· 202
　　［資料４］　準備手続調書 ··· 202
　　［資料５］　口頭弁論期日指定書 ··· 206
　　［資料６］　第１回口頭弁論調書 ··· 206
　　［資料７］　別紙調書（和解経過表）··· 207
　　［資料８］　訴　状 ··· 208
　　［資料９］　答弁書 ··· 212
　　［資料10］　原告第１準備書面·· 215
　　［資料11］　被告準備書面（１）·· 218

15

目　　次

[資料12]　原告第 2 準備書面 ………………………………………… 219

[資料13]　被告準備書面（ 2 ）………………………………………… 221

[資料14]　書証目録（原告提出分）………………………………… 222

[資料15]　書証目録（被告提出分）………………………………… 223

[資料16]　全部事項証明書（甲第 1 号証）……………………… 224

[資料17]　売買契約書（甲第 2 号証）……………………………… 226

[資料18]　委任状（甲第 3 号証）…………………………………… 227

[資料19]　住宅ローン契約書（甲第 4 号証）…………………… 228

[資料20]　陳述書（甲第 5 号証）…………………………………… 229

[資料21]　陳述書（甲第 6 号証）…………………………………… 230

[資料22]　預金通帳（乙第 1 号証）………………………………… 232

[資料23]　念書（乙第 2 号証）……………………………………… 234

[資料24]　印鑑登録証明書（乙第 3 号証）……………………… 234

[資料25]　委任状（乙第 4 号証）…………………………………… 235

[資料26]　全部事項証明書（乙第 5 号証）……………………… 235

[資料27]　陳述書（乙第 6 号証）…………………………………… 236

[資料28]　原告本人尋問調書 ………………………………………… 239

[資料29]　被告本人尋問調書 ………………………………………… 245

Ⅲ　争点整理 ……………………………………………………………………… 251

1　請求の趣旨………………………………………………………………… 252

〔図17〕　権利・事実・証拠の三層構造 …………………………… 253

2　訴訟物…………………………………………………………………………… 256

3　請求原因………………………………………………………………………… 258

(1)　原告所有……………………………………………………………… 258

(2)　被告名義の登記の存在………………………………………… 262

(3)　請求原因に対する認否………………………………………… 263

(4)　要件事実の整理…………………………………………………… 263

4　争点の特定………………………………………………………………… 265

Ⅳ　事実認定の基礎知識…………………………………………………… 266

1　判断の枠組みの把握………………………………………………… 266

	(1) 直接証拠が存在する場合	266
	(2) 直接証拠が存在しない場合	267
	(3) 直接証拠になる書証の重要性	268
2	類型的信用文書	268
3	証拠力	269
	(1) 形式的証拠力と実質的証拠力	269
	(2) 形式的証拠力	270
	〔図18〕 証拠構造の全体像	271
	〔図19〕 2段の推定	275
	(3) 実質的証拠力	276
4	証拠構造の全体像	280
	〔図20〕 証拠構造の全体像	280

Ⅴ 本件の分析 ……281

1	本件の枠組み	281
2	事実認定の検討	284
	(1) ストーリーの確認	284
	(2) 印鑑の盗用可能性	285
	(3) 売買代金の実質的拠出者	288
	(4) 登記名義人と本件建物の利用者	289
	(5) 原告による奨学金未払と訴訟提起	290
	(6) 所有権一部移転登記の抹消未了	291
	(7) 念書の不提示	292
	(8) 本件建物の重要書類の保管状況	293
	(9) 被告による自宅の売却	293
	(10) 原告による暴力行為	294
4	総合評価	295

・事項索引	302
・条文索引	304
・著者略歴	305

凡　例

凡　例

〈法令等略語表記〉

民	民法（明治29年法律第89号）
改正民法	民法の一部を改正する法律（平成29年法律第44号）による改正後の民法
旧民法	民法の一部を改正する法律（平成29年法律第44号）による改正前の民法
商	商法
会社	会社法
民訴	民事訴訟法
民訴規則	民事訴訟規則
民執	民事執行法
借地借家	借地借家法
不登	不動産登記法

〈判例集・定期刊行物略称表記〉

民録	大審院民事判決録
民集	最高裁判所（大審院）民事判例集
刑集	最高裁判所刑事判例集
集民	最高裁判所裁判集民事
集刑	最高裁判所裁判集刑事
民商	民商法雑誌
判時	判例時報
判タ	判例タイムズ
金法	金融法務事情
ジュリ	ジュリスト
法教	法学教室

〈文献略語表記〉

司研・新問研	司法研修所編『改訂　新問題研究　要件事実』（2023年・法曹会）
司研・紛争類型別	司法研修所編『4訂紛争類型別の要件事実——民事訴訟における攻撃防御の構造——』（2023年・法曹会）
司研・事例事実認定	司法研修所編『改訂　事例で考える民事事実認定』（2023年・法曹会）
大塚ほか・対話	大塚直ほか『要件事実論と民法学との対話』（2005年・商事法務）
土屋＝林・ステップアップ	土屋文昭＝林道晴編『ステップアップ民事事実認定〔第2版〕』（2019年・有斐閣）
高橋・民訴（上）	高橋宏志『重点講義民事訴訟法（上）〔第2版補訂版〕』（2013年・有斐閣）

プロローグ

「**こんにちわぁぁぁ**」と大声が部屋にこだました。ゆっさゆっさと堂々とした川端ゴンの登場である。

「そんなに大きな声を出さなくても、ゴンさんが来たことはわかりますから」と渋谷彩子弁護士。

秋吉まりこ法律事務所である。弁護士として、秋吉まりことイソ弁の渋谷彩子がいる。

「秋吉先生はもうすぐ事務所に戻ってきますから、そちらのソファに座って……」と彩子が言っている間に、ゴンはもうソファに座っていた。

さっそくゴンがしゃべる。

「ウチの息子が相変わらず自宅で仕事してるんやけど、だんだんと部屋が狭うなってきたいうんで、最近もう1部屋仕事部屋にしてなぁ。書類があふれてんねん。ウチが片づけたろ思って片づけてると、『記録がなくなった』言うて騒ぐし」

「あっ、ここで、ゴンさんの息子さんについて説明しておきます。本シリーズの最初の『完全講義　民事裁判実務の基礎』（2009年）から登場し、以後、話は発展していきますが、読者は代わっていますので、これまでの経過を説明します」と彩子。以後は、彩子の独り言です。

――ゴンのひとり息子は、大学を卒業後、銀行に勤めて債権回収の仕事をしていましたが、お金に困っている人からお金を取り上げる仕事は自分に合っていないと考え、困窮者を助ける仕事がしたいと思い、会社を辞め、司法試験を受けることにしました。ロースクールが発足してまもなくの時期で、今はなくなっているロースクールに入学したのですが、順調に卒業したものの、司法試験に苦労し、ようやくぎりぎりの5回目で合格しました。2044番での合格で（当時は2000人を超える合格者がいました）、下位から数えて19番でした（ちなみに、私〔渋谷彩子〕は1回目で上位から19番の合格です）。5回目まで受験した同じロースクール出身者5人の中で唯一の合格者でした。

でも、当時は2000人を超える合格者がおり、司法修習中の就活が大変でした。100件以上事務所の採用申込みをしたのですが、受験5回目の合格、すでに若

プロローグ

くはない、話はうまくないという3拍子がそろっており、面接に呼んでもらえる法律事務所は少なく、呼んでもらっても採用には至りませんでした。

そこで、就職は諦めて最初からゴンの自宅に事務所を構え、「即独」をしました。弁護士になってからは、修習中に関心をもった刑事弁護の仕事にほぼ専念し、ついに無罪判決を勝ち取りました。——

「何をながながと独り言を言ってるンよ」とゴン。

「いえ、こちらの話で。息子さんは、どうされているんですか？」

「そうそう、この前、無罪判決、取ったいう話をしたやん。そうしたら、息子の机の上をふと見ると、チラシが置いてあってん。『無罪判決をいかに取るか！』いうチラシが。見ると、弁護士会の主催やねんけど、講師の一人に息子の名前があってん。嬉しいてなあ」

「息子さん、すごいじゃないですか」と、執務の手を休めないまま淡々と彩子。

「あんたも行ったらよかったんちゃうん？」

「私は、刑事にはなんの関心もありませんので」

「あっ、そう。……私も、刑事には関心はないんやけど、息子が大勢の前で発表するいうんは、小学1年の時に学校で作文の発表をしどろもどろでして以来とちゃうんかなぁ。チラシに一般の方も入場可って書いてあったんで、息子に黙って見に行ってん」

「どうでしたか？」

彩子は、ようやく関心をもったようで、手を休めてゴンを見た。

「100人以上おったなぁ、聞いてる人。ウチは、息子に行く言うてへんから、一番後ろでちっちゃあなって、聞いててん。でも、相変わらずや。ちっちゃい声で、原稿を見ながらしゃべるんやけど、なに言うてるかよう聞こえへん。司会の人がマイクの音量を上げて苦労してたわ。ようやく発表が終わった思たら、質問コーナーがあってん。誰かが質問したら、答えはもうしどろもどろで。何言うてんかわからへん。小学1年のままや。相当あがってたんとちゃうんかなぁ。ウチが会場の後ろから、『落ちついてっ！！』って大声を出してん。そうしたら、みんながなにごとかとウチのほうを見るねん。息子が『あっ、お母さん』言うて、会場は大笑いや。アッハハハ」

2

プロローグ

彩子も同じように笑いだした。

「あとで、息子からえらい怒られてなあ」とゴン。

「どうしたんですか、そんなに大きな声で」

秋吉弁護士が事務所に戻ってきた。

「いや、時間潰しに息子の話をしてましてん」

「今日は、どんなご用事で」と、秋吉弁護士は、持っていたカバンを机の上に置いてから、メモ帳を取り出して、ソファのゴンの向かえに座った。

「センセ、実は、相談があって。家の近くに豆腐屋があって、月山月子って名前の人が経営してるねん。月山月子さん、変わった名前やろ。でも、ほんとにそういう人がおるねん。親が簡単なほうがええやろ、はよう漢字が書けるようになるやろ、ってことで名前をつけたみたいやねんけど。なんか周りの人から、通称で本名と違う勝手な名前をつけてと思われて。それで名前の変更を裁判所に、なんかできるらしいんやけど、家庭裁判所いうんやったかな。そこに申し出て。でも、なんか新しい名前を使ってなアカンいうてな。何年間やけど——」

「月山月子さんの名の変更のご相談ですか？」と秋吉弁護士が優しい口調で口をはさんだ。

「いや、ちゃいますねん。月山さんは、20件くらいのちょっとした商店街の端っこで豆腐屋を経営してましてん。でも、もう5年ほど前に、近くに大きなスーパーができることになってん。それで、商店街の人らが集まってどうするかいう話になってんて。売上げはかなり落ちてきてるうえに、スーパーができると多くのお客さんはスーパーに流れるやろいうんで、商売は諦めたほうがええいうことになって、ほかのお店はみんな閉店してんて。でも、月山さんだけは、当時、豆腐屋の売上げが順調やって、1軒だけお店を続けることにしてんて。でも、スーパーができてからは、売上げが大きく落ち込んで、アカンかってん。もともと順調やったんは周りに豆腐を売るお店がなかったからやってんなって、ようやく気づいて。ウチは、スーパーできてからも、豆腐は月山豆腐店で買うててん。おいしい思うで、月山豆腐店。豆腐いうたら、夏は冷ややっこ、冬は湯豆腐やなぁ。湯豆腐には、豆腐以外に何を入れるかが難しいなぁ。白菜、水菜、春菊、大根、長ねぎいうても、あんまり入れると豆腐の良さが消

3

プロローグ

えてしまうと思うで──」

「湯豆腐の話よりも、その豆腐屋の話をしてもらえますか」と彩子。

「あっ、いつの間にか湯豆腐の話になってたなあ。アッハハハ。ええっんと
……」

「豆腐屋の売上げが落ちたところからですっ」と彩子。

「豆腐屋の売上げが落ちたってことは、豆腐を買いに行くと、よう言うてた
わ。1年近く前に、近所の『もうからんな』で月山さんと会ってん。『もうか
らんな』言うても、商売人が『もうからんな』と言うンと、ちゃうで。ウチの
家から歩いて──」

「お店の名前だってことはわかりますから、早く続くをっ」と彩子。

「ええっと、どこま……」

「『もうからんな』で月山月子さんと会うところかですっ」

「あんたがおると、話しにくいなあ。……まあ、ええわ。その『もうからん
な』いう名前の喫茶店で休んでると、そこに、月山さんが入ってきて、話があ
る言うねん。聞くと、『もう1回、お店を新しくして挑戦したい。そのために
お金を貸してくれへんか』って言うねん。長年豆腐屋をやってきたことを思う
と、かわいそうになってな。大きいところはお金があるからどんどん進出して
ええんやろうけど、小さいお店はたいへんや。がんばりや言うて、200万円を
貸したってん。通帳を、ちょっと待ってや（と、持ってきていた鞄から化粧品や
ペンやらを出した後に、預金通帳の該当欄を示しながら）、これこれ令和7年4月
1日に200万円出してるでしょ。これを貸してん。1年後の令和8年3月31日
に返すって決めてん。それで、最近新しくなった豆腐屋に行ったときに、返済
日が近づいてきたからって言うてん。そうしたら、『そんなん借りてへんで』
言うねん。ほんとビックリしたわ！！！」

「ビックリマーク『！』を3個付けときますね」と、彩子。

「なんやビックリマークって？」

「それより、貸したことを証する借用証書とかはありますか？」と、秋吉弁
護士。

「借用証書は、……書いてもろた記憶がないねん。あるいは、書いてもろて、
どっかに置いたんかなぁ。やっぱり必要ですか？」

4

プロローグ

　彩子が口を挟む。
「そんな大事なものは、もらったかを明確にして、もらったなら、大切なものを保管しておく場所にきちんと保管しておかないと、っていうか、このあたり、同じ会話を『完全講義　民事裁判実務［要件事実編］』でもしてますよ。また失敗したんですか！？」
「そんなに言わんでも」と小さい声でゴン。

5

第 I 部

事実認定
（第１講〜第６講）

総論

　[基礎編]や[要件事実編]で要件事実について検討した。要件事実の整理によって争いのある主要事実と争いのない主要事実に分け、争いのある主要事実について証拠調べをして、その事実が認められるかという立証レベルについて判断していくことになる。

　第1講は、立証レベルの問題として、事実認定の基礎的な部分を学ぶことにしよう。

I　概説

1　事実認定の対象

　これまで要件事実を検討してきたのは、要件事実が何であるかを明らかにし、当該事件で、争いのある主要事実（要件事実）と争いのない（自白が成立した）主要事実を整理するためである。

　争いのある主要事実については、その事実が認められるかを審理・判断する必要がある。これに対し、**自白が成立した主要事実については、弁論主義（第2テーゼ）に従ってそれを基礎にしなければならないので、証拠調べは不要である**（ほかに、公知の事実や裁判上顕著な事実については、証明は不要である。民訴179条）。

　立証命題は「主要事実が認められるか」であって、主要事実が認められないとまで認定する必要はない。立証がされない限り、主要事実が積極的になかっ

たといえる場合も、真偽不明の場合も、その法律効果が生じないという点では同じである。したがって、たとえば、判決書においては、争点として、「XとYは売買契約を締結したか」という形で記載され、売買契約の締結が認められるかを検討することになる（争点として、「売買契約の成否」と記載する例もあるが、積極的に「否」であることを認定する必要はない）。

2 | 事実認定の方法

主要事実の認定は、裁判官の自由な心証に基づいて判断される（自由心証主義。民訴247条）。歴史的には、ある事実を認定するためには、証人２人の証言を要するなど、法律で事実認定について規律されていたこともあるが、証人２人が虚偽の証言をするとそれで認定する要件を満たすことになるし、真実であるのに証人がいないために事実が認定されないということにもなる。このように、一定の要件がある場合には事実を認定しなければならないと定めると、かえって真実から遠ざかることになると考えられたため、民訴法は、事実の認定を裁判官の自由な心証にゆだねたものである。つまり、自由心証主義は、裁判官を信頼して事実認定は裁判官の自由な判断にゆだねたほうがより真実に近づくことができるという考え方に基づくものである。もちろん、裁判官が恣意的に決めてよいものではなく、後に述べる経験則に基づく合理的な判断をしなければならない。

One Point Lecture! 原告または被告が複数の場合の留意点

原告または被告が複数の場合、主張は独立してできることに注意を要します。たとえば、XがY₁（主債務者）とY₂（保証人）を共同被告として訴えを提起した場合、Y₁とY₂の主張や認否は独立しているので、「XとY₁間の主債務の成立」について、Y₁は認め、Y₂は否認することもあり得ます。否認した当事者との関係では、自白は成立していないので、証拠によって認定することが必要になります（Y₁が自白しているということを弁論の全趣旨として考慮することは可能）。

これに対し、証拠は共通であり、どの当事者が提出した証拠であっても、全員のための証拠となります。たとえば、Y₁が提出した証拠は、XとY₁との関係だけでなく、Y₂との関係でも証拠となります。事実認定も共通です。

第Ⅰ部 第1講 総 論

3 証拠方法

　証拠方法とは、証拠調べの対象となるものであり、文書、証人尋問、本人尋問、鑑定、検証等がある。

　個々の説明は本書の性格上行わないが、誤解しやすい点について簡単に説明する。

(1) 文書送付嘱託

　文書送付嘱託（民訴226条）とは、当事者が裁判所から文書の所持者に対して文書の提出を依頼するよう求めるものである。文書送付嘱託を証拠方法としてあげている文献が多いが、実務では、**文書送付嘱託は、独立の証拠調べであるとは解されておらず、文書提出の準備行為と位置づけられている**。つまり、文書送付嘱託を採用し、送付されてきた文書について、当事者が必要なものを文書として証拠提出する扱いである。この点は、民訴法226条の解釈としては、独立の証拠調べと解するのが素直であるが、文書送付嘱託の場合、申出をする当事者においても、文書の内容を知らないことがあり、嘱託先から送付されてきた文書に当該訴訟と関係がないものも多数含まれているということがあるため、実務では、準備行為という位置づけをしている。たとえば、医療過誤訴訟において、原告のカルテを病院に対し送付嘱託することが多いが、入通院期間が長いと膨大な量のカルテが送付されてくることがあり、当該事件に関係するものを当事者が選択して提出することが適当であって、文書送付嘱託は独立した証拠調べとは考えていない。

(2) 調査嘱託

　調査嘱託（民訴186条1項）は、独立の証拠調べとして位置づけられている。**調査嘱託は、客観的な事実について、公的な機関や各種団体に照会する場合に多く利用されている**。たとえば、被害者が警察署に被害申告をした日時、内容が争われている場合、警察署にそのことを照会したりすることなどがある。調査嘱託による調査結果は、口頭弁論に提示されて証拠になる（最判昭45・3・26民集24巻3号165頁）。

(3) 書面尋問

　書面尋問（民訴205条）は、病気等で出頭が困難であったり、反対尋問を実施

10

しなくても信用するに足りる客観的な供述が得られる見込みがある場合に実施される。当事者に異議がないことが必要である。たとえば、警察官に事故現場に駆けつけた時の状況を聞いたりする場合などに利用される。

(4) 鑑 定

鑑定（民訴212条以下）は、裁判官は専門的な知識を有しないので、それを補充するため、その分野の専門家に特別の知識、見解等の報告を求めるものである。医療過誤訴訟におけるその分野の専門医への鑑定、親子関係の確認訴訟におけるDNA鑑定などがよく行われている。鑑定意見は、中立的な専門家の意見であるから、一般的には信用性は高いといえる。

(5) 弁論の全趣旨

以上のような証拠方法によって得られた証拠資料に基づいて、事実認定をするわけであるが、ほかに、弁論の全趣旨も事実認定に供することができる（民訴247条参照）。

弁論の全趣旨とは、口頭弁論に現れた一切の資料から証拠調べの結果を除いたものである。当事者の主張内容や、証拠の提出時期、裁判所の釈明に応じなかったこと、間接事実につき認めていたことなどがある。たとえば、当事者の主張が何度も変遷している場合、具体的には、主要事実が「XからYへの200万円の金銭の交付」であるとして、XがYに現金を渡した場所につき、Y方→あかね喫茶店→やはりY方というように主張を変遷させている場合には、それ自体が金銭交付の事実があったのか疑わしいといえる事情であり、弁論の全趣旨としてしん酌することができる。

以上の証拠方法によって得られた結果（証拠調べの結果）と弁論の全趣旨とに基づいて、裁判所が、自由な心証により、事実が認められるかを判断することになる（民訴247条）。

(6) 証拠能力

民訴法には刑事訴訟法のような証拠制限はないので、伝聞証言なども当然に証拠となる。ただし、著しく反社会的な手段を用いて証拠を収集した場合には証拠能力が否定されると解されている（東京高判昭52・7・15判タ362号241頁参照）。たとえば、相手方の同意を得ていない会話内容を録音したテープなどは、著しく反社会的な手段を用いたとまではいえないので、証拠として認められる。

第Ⅰ部　第1講　総　論

Ⅱ │ 証明度

1 │ 高度の蓋然性

　以上のように、両当事者が証拠を提出し、争いのある主要事実について証明しようとし、あるいは証明を妨げようとして立証活動を展開する。

　では、最終的にどの程度事実が確かであるとわかれば証明がされたといえるのか。

　この点については、法律に規定はなく、解釈にゆだねられているが、**判例は、高度の蓋然性の証明を要するということで固まっている。**

　最判昭50・10・24民集29巻9号1417頁〔ルンバール事件〕は、因果関係が証明されたといえるかが問題となった事案について、次のとおり判示している。

　「訴訟上の因果関係の立証は、一点の疑義も許されない自然科学的証明ではなく、経験則に照らして全証拠を総合検討し、特定の事実が特定の結果発生を招来した関係を是認しうる高度の蓋然性を証明することであり、その判定は、通常人が疑を差し挟まない程度に真実性の確信を持ちうるものであることを必要とし、かつ、それで足りるものである」。

　また、最判平12・7・18判時1724号29頁は、「通常人が疑いを差し挟まない程度に真実性の確信を持ち得るものであることを必要とすると解すべきであり、『相当程度の蓋然性』さえ立証すれば足りるとすることはできない」として、「高度の蓋然性を証明することを要する」ことを確認している。

　なお、判例の理解として、①「高度の蓋然性」と「主観的確信」の2要件を必要としているとする見解もあるが、②「高度の蓋然性」の基準の中に、「主観的確信」を位置づけているとみるのが相当であろう。

　では、高度の蓋然性（通常人が疑いを差し挟まない程度に真実性の確信をもち得る程度）とは、どの程度確かであるとわかればよいのであろうか。数字で表すことは困難であるが、具体的なイメージをつかむために数字で説明すると、50％程度確かである（XがYにお金を貸したかもしれないし、貸していないかもしれず、五分五分である）では足りないことは明らかであって、他方、100％までの確実性を要求することはあり得ず、その間ということになるが、あえて数

字をあげれば、80％程度確かであるという場合に、高度の蓋然性があり、証明
がされたといってよいのではないかと思う（70％程度である、数字では表せない
などという見解もあるので、あくまでイメージをつかむものとして理解していただ
きたい。以下では、一応80％程度確かであるという場合に、高度の蓋然性が証明さ
れたということができるという前提で話を進める）。

2 具体例の検討

(1) ルンバール事件

前記のルンバール事件では、入院中の幼児にルンバール（腰椎穿刺による髄
液採取とペニシリンの随腔内注入）の施術をしたところ、けいれん発作等が生じ、
後遺障害が残存したという事案につき、ルンバール施術とけいれん発作・その
後の病変との間に相当因果関係があるといえるかが争われたものである。最高
裁は、当該幼児は、重篤な化膿性髄膜炎に罹患し入院中であったが、ルンバー
ル実施前には症状が一貫して軽快しつつあったこと、ルンバール実施後、
15〜20分後に突然けいれん発作が生じたものであること、当時、化膿性髄膜炎
が再燃するような事情は認められなかったことなどからすると、他に特段の事
情が認められない限り、経験則上、けいれん発作・その後の病変とルンバール
施術との間に因果関係を肯定するのが相当であると判示した。原審は、幼児は、
重篤な化膿性髄膜炎に罹患し入院中であったことからすると、それが再燃して
けいれん発作が生じた可能性があるとして相当因果関係があるとはいえないと
していた。しかし、ルンバール実施後すぐにけいれん発作が生じていることな
ど前記の事実関係からすると、けいれん発作の原因はルンバールを実施したか
らであると考えるのが相当であり、高度の蓋然性を証明できたと考えてよいわ
けである。

(2) 小 括

以上は、因果関係に関するものであるが、他の点についても同様に考えるこ
とができる。「高度の蓋然性」というと非常に高いものを求めているように誤
解しやすいので、注意が必要である（伊藤眞「証明度をめぐる諸問題」判タ1098
号4頁は、最高裁は高度の蓋然性といいながらも高い証明度を要求しているもので
はないことを指摘している）。

第Ⅰ部　第1講　総　論

───── *One Point Lecture!* 　高度の蓋然性とは ─────

　　高度の蓋然性について、本文で80%という数字をあげましたが、これについては批判が強く、数字では表せないという見解が多いです。もっとも、事案によっては、証明度が数字で明らかになることがあり、数字の問題は避けられないことがあります。

　　たとえば、札幌地判平24・9・5判時2169号51頁は、患者Ａが、Ｙが経営する病院に入院し治療を受けていましたが、大動脈解離に伴う大量出血により死亡し、Ａの相続人Ｘらがゼに対し、債務不履行による損害賠償を請求した事案ですが、Ａの検査画像上、胸部大動脈に病変を疑うべき所見があり、直ちに大動脈置換術を実施すべきでしたが、その手術をした場合、手術が成功して生存していた確率は、過去の症例からすると、71%であった（29%は手術を実施しても死亡していた）、というものです。医師の過失とＡの死亡との因果関係が争点ですが、適切な医療行為をしていれば71%は生存していた場合に、高度の蓋然性が認められるかが争われており、札幌地判は、高度の蓋然性を否定しています（71%では高度の蓋然性があるとはいえないとの判断。ただし、次に述べる相当程度の可能性を肯定しています）。

───── *One Point Lecture!* 　高度の蓋然性の留意点 ─────

　高度の蓋然性については、次の2点に注意を要します。

　1つは、高度の蓋然性がなくとも、損害賠償を認めている場合です。

　最判平12・9・22民集54巻7号2574頁は、次のとおり判示しています。

　「疾病のため死亡した患者の診療に当たった医師の医療行為が、その過失により、当時の医療水準にかなったものでなかった場合において、その医療行為と患者の死亡との間の相当因果関係の存在は証明されないけれども、医療水準にかなった治療が行われていたならば患者がその死亡の時点においてなお生存していた相当程度の可能性の存在が証明されるときは、医師は、患者に対し、不法行為による損害を賠償する責任を負うものと解するのが相当である。けだし、生命を維持することは人にとって最も基本的な利益であって、その可能性は法によって保護されるべき利益であり、医師が過失により医療水準にかなった医療を行わないことによって患者の法益が侵害されたものということができるからである」。

　　この判決は、人の生命が最も尊いものであることから、生存についての相当程度の可能性を保護法益として、その侵害に対する損害賠償を認めたものです。重大な後遺症についても同様の判断がされています（最判平15・11・11民集57巻10号1466頁）。つまり、本来は医師の過失があったことと患者の死亡との間の因果

関係につき高度の蓋然性があったことが証明できなければ、原告の請求は棄却されますが、上記の判例は、因果関係の立証ができない場合に、保護法益自体を変えることによって（保護法益は「生命」であったが、それを「生存についての相当程度の可能性」に変更）、その保護法益が侵害されたことについて証明できると（「生存についての相当程度の可能性があったこと」が高度の蓋然性をもって証明できると）、損害賠償が認められるとしたものです。

　これは、名誉毀損における真実性の証明と同じ構造です。名誉毀損による不法行為に基づく損害賠償請求において、真実性の証明があれば、違法性が阻却されますが、それが証明できなくとも、真実であると信じるについて相当の理由があれば、故意または過失が否定されます（最判昭41・6・23民集20巻5号1118頁、最判平9・9・9民集51巻8号3804頁）。ある事実について証明度を軽減しているようにみえますが、実体法が、「真実性の証明」（違法性阻却事由）と「真実と信じるについての相当の理由」（故意または過失の否定事由）の2種類の事実を定めたものです。

　もう1つは、損害額の認定です。損害額については、民訴法248条において、「損害が生じたことが認められる場合において、損害の性質上その額の立証をすることが極めて困難であるときは、裁判所は、口頭弁論の全趣旨及び証拠調べの結果に基づき、相当な損害額を認定することができる」と定めています。たとえば、家財道具について火災保険に加入していましたが、火災で家屋が全焼したとして保険金を請求する場合、いかなる家財道具があったかを個別に立証することは極めて困難であり、裁判所において、証拠調べの結果を踏まえ、おおむねこのようなものであろうということで、相当な額を損害として認めることが行われています。また、損害額のうち、将来の損害については、厳密な認定は不可能であり、たとえば、幼児が事故で死亡した場合の逸失利益については、平均的な就労可能年齢まで働き、全労働者の平均的な賃金を取得するという方法で認定しています。

　過去の事実については、高度の蓋然性をもって証明することが可能であっても、将来の予測は不可能であって、損害額については、事実認定という形式をとりながらも、裁判所の裁量に委ねている部分が大きいといえます。

3 刑事事件との比較

　刑事事件においても、被告人を有罪と認定するためには、合理的な疑いを差し挟む余地のない程度の立証が必要である。これは、反対事実が存在する疑い

第I部 第1講 総論

を全く残さない場合をいうものではなく、抽象的な可能性としては反対事実が存在するとの疑いを入れる余地があっても、健全な社会常識に照らして、その疑いに合理性がないと一般に判断される場合には、有罪認定が可能であるとされている（最判平19・10・16刑集61巻7号677頁）が、その証明の程度は、民事事件よりも高いものを要求していると考えられる。すなわち、刑事事件においては、強制的な捜査手法がある一方で、疑わしきは被告人の利益にという大原則があり、100％に近い心証で判断していると考えられるのに対し、**民事事件においては、対等な当事者間において、公平の観点から立証の程度としてどの程度のものを求めるか**というものであって、刑事事件ほど高度な証明力を要求する理由はない。学説においては、民事事件においては、裁判所の心証が相当程度の蓋然性に達していればよいとする優越的蓋然性説も有力である（伊藤眞「証明、証明度および証明責任」法教254号33頁等参照）。

One Point Lecture! どのような証拠が必要か？

　司法修習生から、どういった証拠があれば証明として十分なのか、たとえば貸金返還請求であれば、消費貸借契約書を提出すれば足りるのかという質問を受けることがあります。

　これについては、当事者双方がどのような主張をし、いかなる証拠を提出しているかによって異なり、具体的な事件で判断するしかないというほかありません。

　たとえば、XのYに対する貸金返還請求において、Yが消費貸借契約を否認している場合、XY間の消費貸借契約書が提出され、その成立に争いがなく、Yにおいてそれ以上の主張をしなければ、消費貸借契約書からXがYに対し金銭を貸し渡したとの事実を高度の蓋然性をもって認めることができ、証明できたといえます。他方、Yにおいて、Yが消費貸借契約書を作成したことは認めながらも、「Xが知人から融資を受けるにあたってYに対する債権があることを示すために消費貸借契約書を書いてほしいと頼まれて書いたものであり、お金を借りたことはない」というような主張をしたとすると、消費貸借契約書から当然に消費貸借契約を認めることはできず、Yが主張するような事情があったかについて、他の書証や人証調べ等をして検討する必要があります。最終的に、Yが主張するような事実の可能性も相当程度あるとなれば、消費貸借契約の成立は認定できないことになりますし、Yの主張することはまず考えられないということになれば、高度の蓋然性の証明がされたといえます。

　裁判上の証明は、科学的に明らかにすることではありませんので、絶えず別の

可能性があることが留保されており、その可能性の検討を経て、証明されたといえるのかを判断することになります。

　以上のように、契約書が提出されたことによって主要事実が認定できることもあれば、それだけでは足りないこともあり、当事者双方の主張や他に提出されている証拠によって、各証拠の位置づけが異なるといえます。

4 ｜ 解明度

　証明度は、前記のとおり、訴訟において、当該事実があるものとして認定してよいかという問題であり、高度の蓋然性を要するとするのが確定した判例である。

　これに関連し、学説上、「解明度」という概念がある。解明度は、当該訴訟において、どの程度、事実関係を解明できたかというものであり、今後、新たな証拠調べをしても心証が変わることがないといえるかという確実性の程度である。

　解明度が十分に高ければ、「訴訟が裁判をするのに熟したとき」（民訴243条1項）といえるので、弁論を終結して判決をすることになり、解明度がその程度に至っていない場合には、審理を続行することになる。――と理論的にはいえても、現実の民事訴訟はそのようなものではない。もともと当事者が訴訟で提出できる証拠には限りがあるし（手元に証拠がない場合には、文書提出命令等を求めるほかない）、少額な訴訟では、当事者（代理人弁護士）は証拠の収集・提出に熱心ではなく、双方当事者が弁論終結を求めると、解明度が不十分なまま判決をせざるを得ない事件もある。

　解明度が十分でも、主要事実を推認させる証拠とそれを妨げる証拠が拮抗しており、高度の蓋然性の判断が微妙な事件もあれば、解明度が不十分でも、高度の蓋然性が認められる事件もあり、証明度と解明度は直接結びつくものではない。ただし、一般的にいえば、解明度が不十分な事件は、事実認定や判断が難しいといえる。

─── ***One Point Lecture!***　証拠の偏在と証明度 ───

　証明責任を負っていない当事者も、適切な時期に証拠を提出しなければならない（民訴156条）が、特に、証拠が一方に偏在している事案については、証拠を

第Ⅰ部　第1講　総　論

所持している当事者が積極的に立証活動をすべきであり、証拠を提出しないことによって不利益を受けることがあると考えられます。

　最判平4・10・29民集46巻7号1174頁は、原子炉設置許可処分の取消訴訟において、「Y（行政庁）がした設置許可処分に不合理な点があることの主張立証責任は、本来Xが負うべきものと解されるが、原子炉施設の安全審査に関する資料をすべてYが保持していることなどの点を考慮すると、Yにおいて、まず、Yの判断に不合理な点がないことを相当の根拠、資料に基づき主張立証する必要があり、Yがその主張立証を尽くさない場合には、Yがした判断に不合理な点があることが事実上推認されるものというべきである」と判示しています。

　医療事故の手技上の過失についても、同様のことがいえます。たとえば、手術がうまくいかず患者が死亡した場合、医師に過失があったことの主張・立証責任は患者側が負っていますが、カルテは医師が所持しており、患者側は手術室で何が起こったのかわからないのですから、医師において、患者が死亡した原因を説明し、過失が認められないことについて相当の証拠を提出すべきであり、仮に医師側が、裁判所の釈明にも応じず、何の主張・立証もしなければ、過失があったと事実上推認することができると考えられます（なお、これは、証明度（12頁参照）を下げているわけではなく、本来証拠を所持している側が証拠を提出しなければ、弁論の全趣旨から、不利な証拠であるから提出しないものと考えることができ、過失があったことが高度の蓋然性をもって推認できるという構造です）。

　もちろん、証明責任が転換されているわけではありませんので、当事者双方が主張・立証を尽くした結果、真偽不明であれば、証明責任を負っている側が敗訴することになります。

　この関係で、事案解明義務についても、触れておきます。

　事案解明義務の理論とは、証明責任を負う当事者が事案解明のための事実および証拠に接近する機会に乏しく、他方、相手方がその機会をもつ場合は、証明責任を負う当事者が自己の主張を裏付ける具体的な手がかりを示しているなどの一定の要件を満たせば、証明責任を負わない相手方に事案解明義務が生じるという考え方です。事案解明義務の理論については、具体的な要件や効果が明確ではなく、そのような理論を認めることは困難であろうと考えられます。確かに、証明責任を負わない当事者が証拠資料をすべて持っているという事案もありますが、その場合には、その当事者があえて証拠を提出しない場合には、前記のとおり、主要事実（あるいは間接事実）を事実上推定することができるので、事案解明義務の理論を使わなくとも、支障はないと考えられます。

Ⅲ 経験則

1 意 義

経験則とは、人間生活における経験から帰納される事物に関する一切の知識、法則であり、一般常識から科学上の法則までを含む。

経験則には、たとえば、ある薬を処方すると特定の症状が出るというような専門的な経験則と、雨が降れば持っている傘をさすというような一般的な人間行動にみられる経験則がある。前者については、そのような経験則があることにつき文献を書証として提出するなり、鑑定を求めるなりして立証することを要し、後者については、特に立証を要しないのが通常である（なお、このほかに特定の業界の取引慣行のような、専門的な知識は不要であるが特定の業界にのみ妥当するという経験則も考えられるが、公知の事実ではないから、そのような経験則は当事者が立証する必要がある）。

2 役 割

経験則の活用場面としては、①直接証拠から主要事実を認定する場合や間接証拠から間接事実を認定する場面のように、その証拠の証明力を判断する場面、②間接事実から主要事実を推認したり、再間接事実から間接事実を推認するように、ある事実から別の事実を認定する場面、③補助事実から直接証拠や間接証拠の証明力を判断する場面等がある。

経験則の最も重要な活用場面は、間接事実から主要事実を推認するところである。事実認定は、裁判官の自由な心証にゆだねられているが、恣意的な認定が許されるわけではなく、経験則に即した認定をする必要がある。

経験則には、Ａという事象からＢという結果が必ず起こるもの（自然科学法則）から、ＡからＢが起こるのが通常であるという高度の蓋然性があるもの、ＡからＢが起こる可能性があるという可能性にとどまるものまで、程度はさまざまである。

たとえば、Ｘ宛てのＹ作成の100万円の領収書がある場合、通常、金銭の授受もないのに領収書を作成することはなく、100万円の授受があったことにつ

第Ⅰ部　第1講　総　論

いて高度の蓋然性を認めることができるが、税金対策のために架空の領収書を
作成することがないわけではなく、必ず100万円の授受があったと認められる
ものではない。

　また、100万円の領収書のほかに、同日にXの銀行口座から100万円の引出
しがされているという事実が加わると、経験則上、より強くXからYへの金
銭の授受が推認できるし、さらに、Yの銀行口座に100万円の入金があるとな
お推認の程度は強くなるという関係にある。

　逆に、XY間で架空の領収書が多数作成されていることがわかれば、当該領
収書も架空の疑いがかなり強くなり、経験則上、当該領収書から100万円の授
受の事実を推認することはできないということもありうる。

Ⅳ　直接証拠と間接証拠

1　意　義

　証拠には、直接証拠と間接証拠があり、その違いを知っておく必要がある。

　まず、その前提として、主要事実、間接事実、補助事実の確認からしておこ
う。

　**主要事実は、法律要件の発生、障害、消滅、阻止を規定し、主張・立証責任
の対象となるものであり、間接事実は、その主要事実を推認させるあるいは推
認を妨げる事実である。補助事実は証拠の信用性に関する事実である。**

　間接事実から主要事実を認めることを「推認」とよび、「事実上の推定」と
同義である。つまり、「推認」とか「事実上の推定」というのは、証拠によっ
て認定した1つあるいは複数の間接事実から経験則を適用して主要事実を認定
することである（ある間接事実から1つ上位の間接事実を認めることも「推認」で
あり、以下も同様である）。

　**直接証拠は、主要事実を直接証明する証拠であり、間接証拠は、間接事実を
証明する証拠である**（補助事実を証明する証拠も間接証拠と説明されることがあ
る）。

　なお、反対方向の証拠、すなわち、主要事実がなかったことを直接証明する
証拠あるいは主要事実の推認を妨げる間接事実の証拠についても、それぞれ直

Ⅳ　直接証拠と間接証拠

〔図1〕　直接証拠と間接証拠

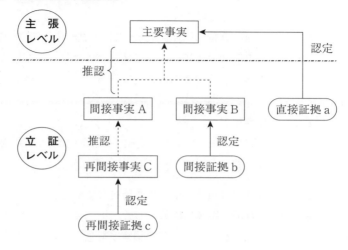

接証拠、間接証拠とよぶ例もある。

2 具体例

――〈*Case* ①-1〉――――――――――――――――

　Xは、令和7年12月10日午後11時頃、所有している甲建物が全焼する被害にあった。Xは、この火災が放火によるものであり、犯人は日頃から仲が悪かったYに違いないと考え、Yに対し、民法709条に基づき不法行為による損害賠償請求をした。Yは、全く知らないとして事実を否認した。

　Xは、証拠として、消防署の回答書（火災の原因は、ガソリンをまいてそれに放火したことによるとの内容）を提出し、目撃証人として、A、B、Cを申請し、裁判所に採用された。

　Aは、「12月10日午後11時頃、甲建物にガソリンをまいて放火する人物を目撃したが、その人物はYであった」と証言した。

　Bは、「12月10日午後10時50分頃、甲建物の近くで自動車からタンクを降ろしているYを見た。近くを通るとガソリンの臭いがした」と証言した。

Cは、「12月8日午後10時頃、居酒屋『まーちゃん』で飲んでいると、XがYを罵倒していた」と証言した。

他方、Yは、普段は甲建物の近くのコンビニにその時刻頃に立ち寄ることはあるものの、その日は午後10時過ぎに仕事が終わり、コンビニには立ち寄らずにそのまま帰宅し、甲建物付近には行っていないと供述した。

(1) 不法行為の要件事実

〈*Case* ①-1〉の訴訟物は不法行為に基づく損害賠償請求権であるが、その要件事実を簡単に確認しておこう。

① Xは、令和7年12月10日当時、甲建物を所有していた。
② Yは、同日午後11時頃、甲建物に放火した。
③ 甲建物は、②により全焼し、○○円の損害が発生した。

不法行為の要件事実は、ⓐYがXの権利または法律上保護されるべき利益を侵害したこと、ⓑYの故意または過失を基礎づける評価根拠事実、ⓒ損害の発生およびその額、ⓓⓐの加害行為とⓒの損害との因果関係である（[基礎編] 319頁、[要件事実編] 454頁参照）。

①はⓐであり、②はⓐとⓑを、③はⓒとⓓを示している。

最も重要な争点は、「Yが甲建物に放火したか」というものである（放火したとなると、損害額が次の争点となる）。

(2) A、B、Cの証言

では、「Yが甲建物に放火した」という主要事実との関連で、A、B、Cの証言を検討しよう。

Aの証言は直接証拠であり、BとCの証言は間接証拠である。

主要事実は「Yは甲建物に放火した」というものであるが、Aは問題となっている主要事実を目撃し、主要事実そのものについて証言している。つまり、Aの証言どおりだとすると、Yが放火した人物であり、直ちに主要事実を認めることができ、間接事実から主要事実を推認するという経験則を使う場面はない。

これに対し、Bの証言は、Bの証言どおりだとすると、午後10時50分頃にY

〔図2〕 事実認定の構造

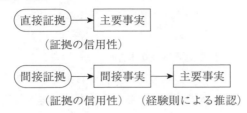

が甲建物の近くで自動車からガソリンが入っているようなタンクを降ろしていたという事実は認められるが、この事実（および他の間接事実を総合して）から、経験則を使って、Ｙが甲建物に放火したという事実を推認できるかということが問題となる。Ｃの証言も、Ｂの証言と同様である。

事実認定の構造としては、①直接証拠から主要事実を認定する場合と②間接証拠から間接事実を認定し、その間接事実から経験則を使って主要事実を推認するというものがある。間接事実を推認させる間接事実（再間接事実とよばれている）もあり、理論的には、さらにその間接事実も考えられる。

いずれも「**証拠→事実（主要事実の場合もあれば、間接事実の場合もある）**」という場合は、証拠の信用性の判断が問題となるのに対し、「**事実→事実**」では**経験則を使ってより上位の事実を推認できるかという問題**である。

なお、Ｄが「Ａから、Ｙが甲建物に放火しているのを目撃したという話を聞いた」と証言した場合、民事では、刑事のように伝聞法則のような制限はないので、Ｄの証言も当然証拠になるが、伝聞証拠は直接証拠ではなく、間接証拠である。つまり、Ｄの証言内容が信用できるとしても、認められる事実は、「Ｄが、Ａから、Ｙが甲建物に放火しているのを目撃したという話を聞いた」という事実であり、Ａの話が信用できるかという問題がある。伝聞証拠は、その評価が難しく、一般的には直接経験に基づく証言よりも信用性が落ちる。

補助事実は、**証拠の信用性に関する事実**であり、文書であれば形式的証拠力や実質的証拠力に関する事実、人証であれば、その証言の信用性に関する事実がある。

たとえば、〈*Case*①-1〉であれば、Ａは、放火している人物を約5メート

ル離れた位置から目撃したという事実、Aは眼鏡をかけており、矯正視力は1.0であるという事実などが補助事実であり、これらの事実に基づいて、証言の信用性を検討することになる。

(3) 間接事実による主要事実の推認

直接証拠がない場合、いくつかの間接事実から主要事実を推認することはよく行われている。**主要事実を推認させる方向の間接事実と、推認を妨げる方向の間接事実があるので、それらを総合して、主要事実が認められるかを検討する**。

たとえば、主要事実を推認させる間接事実として、a、b、cがあり、他方、dという主要事実の推認を妨げる間接事実がある場合、次のようなケースが考えられる。

〔図3〕 間接事実による主要事実の推認

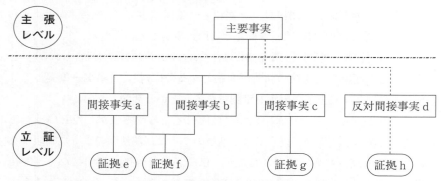

立証レベルの──は主要事実を推認させる方向の、-----は妨げる方向の間接事実。証拠fは、間接事実aとbの認定に役立つ証拠である。

① a、b、cの間接事実によっては、主要事実を推認することができない場合

この場合は、証拠（e、f、g）によると、a、b、cの事実が認められるが、これらの事実を総合しても、主要事実を推認することができないので、dが認定できるかは問題にならない。

② a、b、cの間接事実によって主要事実を推認することができるが、dが

認められることによって、主要事実を推認できない場合

　この場合は、証拠（e、f、g）によると、a、b、cの事実が認められ、主要事実が推認できるようにみえるが、他方、証拠（h）によるとdの事実が認められ、これらを総合すると、主要事実を推認することはできない。

③　a、b、cの間接事実によって主要事実を推認することができ、dの事実は認められるけれども、やはり主要事実を推認できる場合

　この場合は、証拠（e、f、g）によると、a、b、cの事実が認められ、これらによると主要事実を推認することができる。証拠（h）によると、dの事実は認められるけれども、前記推認を妨げるものではない。

　なお、主要事実を推認させる間接事実のほか、その間接事実を推認させる再間接事実というように連なるので、今どこの議論をしているかを整理しておく必要がある。たとえば、主要事実を推認させる間接事実を推認させる再間接事実を推認させる再々間接事実が問題になっているとすると、その再々間接事実から主要事実にたどり着くまでにはかなりの道のりがあり、その推認の過程で過誤が入る可能性があるので、そのような事実を確定させることにどれだけの意義があるのかを検討することも必要になる。

One Point Lecture!　間接反証

　間接反証とは、「証拠上認められた間接事実Bから主要事実Aが推認できる場合、相手方が、Bと両立し、Aの推認を妨げる間接事実Cを証明することによって、BからAが推認されるのを覆す活動をいい、Cについては証明を要する」と説明されています。

　しかし、Cについてどの程度証明しなければならないかは、間接事実Bから主要事実Aを推認できる強さとの相関関係によって決まるのであって、一律に高度の蓋然性の証明（本証）が必要なものではありません。つまり、BからAが強く推認できる場合には、Cの事実が証明されないと、推認を妨げることはできないと考えられますが、BからAが推認はできるが、さほど強いものでなければ、Cにつき、高度の蓋然性の証明ができなくとも、その可能性があることを立証すれば、BからAへの推認を妨げることが可能な場合があります。

　このように、間接事実Bから主要事実Aへの推認を妨げるために、相手方において、別の間接事実Cを立証することはよく行われていますが、一律に証明が必要なわけではなく、間接反証という概念は不要であると考えられます。

第Ⅰ部　第1講　総　論

Ⅴ｜本証と反証

　本証とは、主要事実につき立証責任を負う当事者のする立証活動をいい、立証責任を負っているので、高度の蓋然性をもって確かであるといえる程度まで立証しなければならない。

　他方、反証とは、立証責任を負っていない当事者のする立証活動をいい、主要事実につき真偽不明の状態にすれば足りる。「反証で足りる」というのは、真偽不明の状態にすればそれで十分であるという意味である。

　事実認定を検討するにあたり、両者の違いは重要である。

Ⅵ｜判断の順序

1｜原　則

　争いのある主要事実について、書証その他の証拠や弁論の全趣旨を総合して、当該主要事実が認められるかを検討する。その結果、主要事実が認められる場合もあれば、認めることができない場合もある。

　争点が請求原因が認められるかという点のみ（抗弁がない）の事案であれば、請求原因を構成する主要事実がすべて認められると、請求は認容され、どれか1つでも認められないと請求は棄却される。

　たとえば、XがYに対し所有権に基づく明渡請求として、乙建物を占有するYに対し、乙建物の明渡請求をし、Yが、乙建物につき令和7年11月5日当時のA所有を認めているが、AからXへの売買を否認し、自己の占有も否認し、抗弁は提出していない、という事案で、ブロック・ダイアグラムで整理すると（○は認める、×は否認）、次のようになる。

---

　①　A　令和7年11月5日当時、乙建物を所有（○）
　②　A→X　同日　乙建物を売買（×）
　③　Y　現在、乙建物を占有（×）

---

　②および③について証拠調べをする必要があり、その結果、②および③のいずれも認められた場合にXの請求が認容され、②、③のいずれかでも認める

26

ことができない場合には、Xの請求は棄却される。

では、抗弁、再抗弁等が主張され、争いのある主要事実が複数ある場合、どのような順序で判断するとよいのであろうか。

結論としては、**いかなる順序で判断するかについては決まりはなく、主文を導くのに足りるように判断すれば足りる**。

以下のような事例を例として考えてみよう。

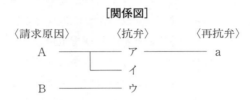

判断の順序としては、①請求原因、抗弁、再抗弁と判断する方法（A、B、ア、イ、ウ、aの順）、②請求原因をまず判断し、その後は関連する順で判断する方法（A、B、ア、a、イ、ウの順）、③関連するものをまとめて判断する方法（A、ア、a、イ、B、ウの順）などがありうる。①の方法が基本となるが、どの方法でも差し支えない（ただし、密接に関係する事項、たとえば、抗弁が錯誤取消し、再抗弁が重過失であれば、続けて判断するのが相当であるし、規範的要件における評価根拠事実と評価障害事実については、総合評価をするのであるから、同時に判断する必要がある）。

上記は、すべての主要事実について判断した場合であるが、イの抗弁が認められて請求が棄却されるというのであれば、Aとイ（あるいはイのみ）を判断すれば足りる。

注意することは判断漏れがないようにすることである。たとえば、抗弁が3つあるとき、抗弁が認められるとして請求を棄却する場合、どれか1つの抗弁が認められることを示せば足り、他の抗弁を排斥する必要はないが、請求を認容する場合にはすべての抗弁を排斥する必要がある。

また、抗弁が認められることが明らかな場合、請求原因の判断をせずに（仮に請求原因が認められるとしても）、抗弁を認めて請求を棄却しても差し支えない。典型的な例としては、消滅時効の抗弁が認められる場合、仮に請求原因が

第I部　第1講　総　論

認められるとしても、消滅時効の抗弁が認められるので、請求は理由がないという判決がされることがある。

2 留意点

次の点には注意を要する。

　まず、**全部を排斥する抗弁と一部を排斥する抗弁がある場合、まず全部を排斥する抗弁から判断する**。全部を排斥する抗弁が認められると、他の一部抗弁は判断する必要がないからである。たとえば、100万円の貸金返還請求において、Yが全額の消滅時効と50万円の弁済の抗弁を主張した場合、前者から判断することになる（それが認められると、弁済の抗弁は判断する必要はないが、弁済の抗弁が認められても、必ず消滅時効の抗弁を判断する必要があるため）。

　相殺の抗弁は、最後に判断する。相殺については既判力が生じる（民訴114条2項）からである。たとえば、100万円の貸金返還請求に対し、100万円の弁済と100万円の反対債権（YのXに対する債権）による相殺の抗弁が出された場合は、主位的に弁済、予備的に相殺の抗弁が出されていることになり、弁済から判断する。

　権利濫用、信義則違反等の一般条項に基づく抗弁は、全部抗弁のうちの最後に判断するのが一般的である。

28

書証

第2講は、民事裁判実務で最も重要な証拠である書証について検討する。

I 文書の申出

文書を証拠として提出するには、次の2つがある。
① 提出者が文書を所持する場合は、それを提出すればよい（民訴219条）。
② 文書の提出義務を負う相手方または第三者が文書を所持する場合は、文書提出命令の申立てをすることになる（民訴219条、221条）。

ほかに、文書の所持者に提出義務はないが提出される見込みがある場合には、文書送付嘱託の申立て（民訴226条本文）をすることができる（文書送付嘱託は文書提出の準備行為と解されていることについては10頁参照のこと）。

なお、「文書」と「書証」の用語の使い方であるが、民訴法では使い分けがされており、証拠調べの対象となるものを「文書」、文書の証拠調べの意味で「書証」という用語を使っている（民訴219等）が、民事訴訟規則では、使い分けがされておらず（民訴規則55条2項）、実務的にも同じ意味で使われているので、以下では、特に両者を区別せずに使用する。

II 文書の分類

1 公文書と私文書

文書には、公文書と私文書がある。

第Ⅰ部　第2講　書　証

公文書は公務員がその職務上の権限に基づいて作成した文書であり、私文書は公文書以外のすべての文書をいう。事実認定においては、後に述べるとおり、公文書について成立の真正が推定されている（民訴228条2項）。

2 ｜ 原本、写し（謄本）、正本

細かな点であるが、実務的に原本、写し（謄本）、正本の区別は重要であるので、触れる。

(1)　原　本

原本は、文書の作成者が一定の内容を表すために確定的に作成した文書をいう。原本は、通常1通のみであるが、契約当事者双方が所持するために複数作成されることもある。

(2)　写し・謄本

写し・謄本は、原本と全く同じ内容を写したものをいう。典型例としては、原本をコピーしたものである。写しと謄本の用語であるが、作成権限のある公務員（登記官、市町村長等）が職務上の権限に基づいて作成したものを「謄本」という。なお、原本全部ではなく、その一部を写したものは「抄本」とよばれる。

(3)　正　本

正本は、謄本の一種であるが、法律の規定がある場合に限り、権限のある公務員が作成するもので、原本と同一の効力を有する。原本を外部に出すことができない場合に、原本と同一の効力を有するものとして作成される。たとえば、判決書は、原本は1通のみで、裁判所に保管されているため、当事者には正本が送達され、強制執行は執行文の付与された判決書の正本に基づいてされる（民執25条）。

(4)　区別の重要性

文書を書証として提出する場合には、原本、正本または認証謄本でしなければならない（民訴規則143条1項）。原本を確認すると、紙の材質、作成日から現在までの経年変化の有無、署名に用いられた筆記具の種類等、コピー機ではわからない情報を入手できることがある。では、原本を失くしたが、その写し（コピー）を所持している場合、あるいは、原本は相手方が所持し、その写し

しか所持していない場合は、どうなるのか。写ししかない場合には、写しを原本として（言葉が混乱しそうだが）、提出することが認められている。つまり、写し自体を民事訴訟規則143条1項にいう「原本」として提出しているので、同条に違反することはなく、提出は問題なく認められる。後はその文書がどれだけ信用できるかの問題である。

　事実認定の関係では、正本や認証謄本については、存在する原本に基づいて公務員が作成しているので、そのまま信用することができる。

　文書が証拠として提出された場合、原本と写しの区別が重要である。写しは、原本の一部を改ざんしてコピーをとれば、原本とは異なる内容のものを容易に作成することができる。写しが提出された場合、相手方において特にその内容を争わないのであれば、原本が提出されたものと同様に扱ってよいが、相手方において改ざんされているとして争う場合には、なぜ原本がないのかを確認し、その信用性については慎重に検討することが必要になる。

One Point Lecture! 　書証の検討の留意点
（土屋＝林・ステップアップ70頁参照）

書証の検討をするにあって、留意点を記載しておきます。
① 　原本確認の重要性
　　書証の内容が争われている場合、原本を確認することによって心証を形成できる場合があります。たとえば、裁判所に提出された写しには、原本にはない記載が書き加えられていたり、原本のある部分がざらざらで砂消しゴムで消したような跡があったりするなど、写しではわからないことが判明することがあります。成立につき争いになっている書証では、原本確認が重要です。
② 　物理的側面からの検討
　　古い文書のはずなのに、パソコンやワープロの文字の品位が高すぎる場合、記載の書き始めの部分が欄外からされている場合など、その文書の物理的な側面から、作成に不自然な点があることがわかることがあります。
③ 　作成時期等からの検討
　　印紙や切手が当時発行されていなかったり、郵便番号、消費税率、市町村の合併等から、作成時期がわかることもあります。

第Ⅰ部　第2講　書　証

Ⅲ　形式的証拠力（文書の成立の真正）

〈**Case** ②-1〉

　X（川端ゴン）は、令和7年4月1日、Y（月山月子）に対し、200万円を貸したとして、貸金返還請求権に基づき、200万円の返還請求の訴えを提起した。Yは、借りたことはないとして、請求原因を否認した。Xは、証拠として、Y名義の200万円の借用証書を裁判所に提出した（甲1号証）。

【書式1】　甲第1号証：借用証書（〈Case ②-1〉、〈Case ②-2〉）

```
┌───────┐
│収　入 │                    借用証書
│印　紙 │
└───────┘


川端　ゴン　様
1　本日，債務者は，川端ゴンより，200万円を以下の約定で借り受け，金員
　を受領した。
2　弁済期日は令和8年3月31日とする。
3　債務者が第三者から仮差押え，仮処分又は強制執行を受けた場合あるいは
　破産の申立てをし又は第三者からその申立てをされた場合は，債務者は，直
　ちに貸付金の返済をする。


債務者は，上記契約を証するため本書を作成し，差し入れます。
令和7年4月1日


　　　　　　　　大阪府田中市田中町1－1－10
　　　　債務者　月山月子
```

　裁判所に提出する証拠については番号が付され、慣例により、原告が提出する証拠は甲号証とよばれ、提出順に1から番号が振られる。被告が提出する証拠は乙号証とよばれ、同様に1から番号が振られる（当事者が多数の場合は、甲、乙、丙、丁としたり、アルファベットを用いたり、適宜工夫されている）。甲第1号

Ⅲ　形式的証拠力（文書の成立の真正）

証、あるいは甲１とよばれたりしている。

1 ｜ 文書の作成者

　文書は、そこに記載されている意味内容を証拠に用いるものである。たとえ
ば、【書式１】の甲１であれば、川端ゴンが月山月子に対し200万円を貸したこ
との証拠とするものである。作成者の意思や判断が証拠とされるのであるから、
作成者が誰であるかを明らかにする必要がある。文書が提出された場合、誰が
作成したのかが文書自体から明白な場合を除き、文書の作成者が誰であるかを
明らかにして提出する必要がある（民訴規則137条１項参照）。

　【書式１】の甲１の場合、文書自体に作成名義人が表示されており、X（川
端ゴン）は、Y（月山月子）が作成したものとして甲１を提出したものと考えら
れる。

　**文書が意味をもつのは、その文書が作成者の意思に基づいて作成されている
からであり、その文書が作成者の意思に基づいて作成されたことを文書の形式
的証拠力がある、あるいは文書が真正に成立したという。**

　つまり、〈*Case* ②-1〉で、X が Y に対して200万円を貸し付けた証拠とし
て Y が作成した借用証書（甲１）を提出しているのであり、この借用証書を X
が勝手につくったのであれば、X が Y に対して200万円を貸し付けたとする主
要事実の認定に何の役にも立たない。

　したがって、文書が提出された場合、まず、文書の成立の真正（形式的証拠
力）が問題となる。

2 ｜ 成立の真正についての認否

　文書が提出されると、**文書の成立の真正につき認否を求める必要がある。**

　なぜ認否をする必要があるかといえば、**文書の成立の真正は、文書の提出者
が証明しなければならない（民訴228条１項）**が、相手方においてその成立を認
めている場合には、**特に立証をすることなく、文書の成立を認めることができ
る**からである。文書の成立に関する自白は、補助事実に関する自白であり、裁
判所や当事者を拘束するものではないが、相手方が成立を認めている場合には、
通常、真正に成立したものと考えることができる（もちろん実は偽造の文書だが、

33

第Ⅰ部　第2講　書　証

何らかの事情があって、当事者が成立を認めているということもあり得ないわけではないが、証拠上、そのような事情が現れなければ、相手方が成立を争わない限り、成立の真正については、高度の蓋然性の証明ができたといえる）。

なお、用語の使い方であるが、「Y 作成の文書」と「Y 作成名義の文書」とは使い分けがされている。「Y 作成の文書」とは、Y が作成した文書という意味であり、Y が作成したことが認められた場合（真正に成立した場合）である。「Y 作成名義」というのは、Y が作成したかはさておき、Y の名前でその文書が作成されているという意味である。

【書式1】の甲1号証は Y 作成名義の借用証書である（Y 作成の文書であるかはとりあえずは不明である）。

(1)　署名文書

では、【書式1】の甲1号証について、文書の成立の真正が問題となるが、Y の認否を検討しよう。

〈Case ②-2〉

　Y は、甲1号証の成立について次のとおり認否した。文書の成立を認めているのはどれか。

①　私が甲1号証に署名したことは認めます。X から、X が金融機関から融資を受けるにあたり、第三者に債権をもっていることを示すために書いてほしいと言われて書いたものにすぎず、お金を借りたことはありません。

②　私が署名したことは認めます。令和7年3月頃に、X からマンション建築反対運動に協力してほしいと頼まれ、本文はこれから書くので、とりあえず署名だけしてほしいと言われて白紙に署名したことがあります。甲1号証は、X がその署名を使って作成したものと考えられます。

③　私は、甲1号証を見たことはありません。署名は私の筆跡ではなく、誰かが勝手に書いたものです。

---

①については、「成立を認めている」。文書の成立の真正というのは、真実その内容の法律行為が行われたかという問題はさておき、当該文書をその作成名

義人が作成したかという問題であり、単に作成するだけと頼まれたとしても、Yがその文書を作成しているので、文書の真正な成立は認められる（後に述べる実質的証拠力の問題はある）。

②については、「成立を否認している。ただし、Y名義の署名をYがしたことは認めている」。まず、**文書の成立の認否は、そこに記載された意味内容の文書を作成したかについてする**のであり、文書の署名がYのものであるかについてするのではない。Yは、借用証書を作成していなければ、当然認否は「否認」となる。ただし、民訴法228条4項で、署名がある場合には文書の成立の真正を推定しているので、**成立を否認する場合には、署名をYがしたものであるかについても認否する必要がある。**②ではYは署名を認めている。

③については、文書の成立を否認しており、署名も否認している。

(2) 押印文書

文書には、作成者の署名ではなく、記名押印（名前がパソコン等で印字されており印鑑が押されている）がされていることも多いので、その場合も検討しておこう（ほかに署名押印の場合もある）。

なお、署名とは、筆記具を用いて自己の名前をサインすることであり、記名は印刷された文字で名前が記されていることである。

【書式2】　押印文書：借用証書（〈Case②-1〉、〈Case②-3〉）

```
┌─────┐                    借用証書
│収　入│
│印　紙│
└─────┘


 川端　ゴン　様
  1　本日，債務者は，川端ゴンより，200万円を以下の約定で借り受け，金員
   を受領した。
（中略）


 令和7年4月1日
             大阪府田中市田中町1－1－10
             債務者　月　山　月　子　㊞
```

第Ⅰ部 第2講 書 証

〈Case ②-3〉

Yは、次のとおり認否した。成立の真正を認めているのはどれか。

④ 確かに私が作成しました。

⑤ 甲1号証は見たことがありません。月山月子の名前の横に押されている印影が私の印鑑によるものであることは認めますが、令和7年3月頃、Xから、Xが建物を借りるにあたって保証人になってほしいと頼まれ、私の印鑑を貸したことがあり、Xはその時に勝手に甲1号証に押したものと思います。

⑥ 甲1号証は全く知りません。月山月子の名前の横に押されている印影も私が持っている印鑑によるものではありません。Xが勝手に印鑑を押したものだと思います。

---

④は成立を認め、⑤、⑥は成立を否認している。ただし、⑤については、月山の印影が自己の印鑑によることを認めているが、この点は、後に述べる文書の成立の推定の関係で意味をもってくることになる。このため、**成立を否認する場合において、印影があるときには、その印影が自己の印鑑によるものであるかについて認否する必要がある**。

One Point Lecture! 　印鑑、印章、印影、実印、銀行印、三文判 認印、押印、捺印とは？

「印鑑」と「印章」は、ハンコを表す言葉で、違いはありません。「印影」は、ハンコを押した結果（紙側）を指します。歴史的には、ハンコを「印章」とよび、印章の同一性を確認するために、印影の登録をさせ、その印影の登録簿を印鑑とよんでいたようですが、転じて、登録した印章を印鑑とよぶようになりました。今では、「印鑑」と「印章」の区別はなく、世間一般では「印鑑」とよばれており、本書も「印鑑」という用語を使っていますが、判決文では、「印章」のほうがよく使われているように見受けられます。

「実印」、「銀行印」、「三文判」、「認印」は、印鑑の違いで、「実印」は印鑑登録をした印鑑を、「銀行印」は、銀行に届け出ている印鑑を指します。文具店などで市販されている印鑑は、「三文判」や「認印」とよばれています。

「押印」と「捺印」は、どちらも「印鑑を押すこと」であり、違いはありません。

Ⅲ　形式的証拠力（文書の成立の真正）

── **One Point Lecture!**　偽造文書の作成者 ──

　Ｘにおいて、ＹがＸの名前を勝手に使って商品を買ったので、その代金の支払を余儀なくされたとして、Ｙに対して不法行為による損害賠償を請求し、その訴訟で、Ｘが「Ｘ名義の署名のある契約書」を証拠として提出したとします。Ｘは、作成者はＹであるとして提出することになります（作成名義人はＸであるが、作成者はＹであるとの主張）。これに対するＹの認否ですが、Ｙが自らその文書を作成したことを認めるのであれば、「認める」になります。Ｙが、Ｘが作成したものであると主張するのであれば、「否認する。Ｘが作成した」と認否することになります。

　同じ文書でも、作成者を誰とするかによって、形式的証拠力が認められたり、認められなかったりするので、注意が必要です。

　また、作成者を明らかにする必要のない文書もあります。たとえば、Ｘが、Ｘの名誉を毀損する内容の文書をＹが配布したとして、Ｙに対して損害賠償を請求し、Ｘがその文書を証拠として提出する場合、Ｙがその文書を配布したことが問題であり、その文書の作成者が誰であるかは問題ではないので、作成者を明らかにする必要はないといえます。

3 ｜ 文書の提出と認否の記録化

　証拠の提出や文書の成立の認否は、裁判所の訴訟記録に記載される。
（【書式３】の「備考」欄の①～⑥は、上記のＹの認否に対応しているという趣旨で記載したものであり、実際の記録にはない）

【書式３】　書証目録

（甲　号証）	書　証　目　録 （原告提出分）						
（この目録は，各期日の調書と一体となるものである。）							
番号	提　　　出			陳　　　述			備考
	期　　　日	標　目　等		期　　　日	成立	成立の争いについての主張	

第Ⅰ部　第2講　書　証

1	第　1　回 □弁　　　論 □準備的弁論 ■弁論準備	借用証書	第　1　回 □弁　　　論 □準備的弁論 ■弁論準備			①
1	第　1　回 □弁　　　論 □準備的弁論 ■弁論準備	借用証書	第　1　回 □弁　　　論 □準備的弁論 ■弁論準備	否	Y名義の署名をYがしたことは認める。白紙に署名した。	②
1	第　1　回 □弁　　　論 □準備的弁論 ■弁論準備	借用証書	第　1　回 □弁　　　論 □準備的弁論 ■弁論準備	否	Y名義の署名は何者かが偽造した。	③
1	第　1　回 □弁　　　論 □準備的弁論 ■弁論準備	借用証書	第　1　回 □弁　　　論 □準備的弁論 ■弁論準備			④
1	第　1　回 □弁　　　論 □準備的弁論 ■弁論準備	借用証書	第　1　回 □弁　　　論 □準備的弁論 ■弁論準備	否	Y名義の印影がYの印鑑によるものであることは認める。Xが勝手に押した。	⑤
1	第　1　回 □弁　　　論 □準備的弁論 ■弁論準備	借用証書	第　1　回 □弁　　　論 □準備的弁論 ■弁論準備	否	Y名義の印影についても否認。Xが偽造した。	⑥

Ⅲ　形式的証拠力（文書の成立の真正）

4 │ 成立の真正についての立証

(1)　成立を認めている場合

　相手方が成立を認めている場合（①と④。認めている場合には証書目録の「陳述」の「成立」欄には何も書かない扱いとなっている）については、前記のとおり、補助事実に関するものであり、自白の拘束力はない（最判昭52・4・15民集31巻3号371頁）が、特に立証を要することなく、成立を認めることができる。また、文書が提出されても、相手方において何らの意見も述べなかった場合には、文書の成立の真正を争わない趣旨と考えられるので、この場合も、特に立証することなく、文書の成立の真正を認めることができる。

　なお、文書の真正な成立を否認する場合には、その理由を明らかにしなければならない（民訴規則145条）。否認の理由としては、前記のとおり、「預けていた印鑑を勝手に押された」、「何者かが偽造した」などがある。

(2)　文書の成立の真正を争っている場合

　民訴法228条1項は、「文書は、その成立が真正であることを証明しなければならない」と定める。文書を提出した者において、当該文書の成立の真正を証明しなければならないという規定である。

　ただし、公務員が職務上作成した文書（公文書）については、真正に成立したと推定され（民訴228条2項）、成立の真否について疑いがあるときは、裁判所は、職権で、当該官庁等に照会をすることができる（同条3項）。したがって、公文書の真正の成立が争われることはまずない。問題となるのは私文書である。

㋐　民訴法228条4項による推定

　私文書の成立の真正を証明するにあたり、重要な規定として、民訴法228条4項があり、「私文書は、本人又はその代理人の署名又は押印があるときは、真正に成立したものと推定する」と規定している。

　本人または代理人が署名または押印している場合には、当該文書は本人または代理人が署名または押印する前に文書の内容を確認するのが通常であるという経験則に基づいている。

　なお、本人または代理人の「署名又は押印」とは、本人または代理人が自己

39

第Ⅰ部　第2講　書　証

の意思に基づいて署名または押印した場合であり、単に本人や代理人名義の署名・押印があればよいのではない。

　この推定規定の意味については、争いがあるが、実務的には、**法定証拠法則を定めたものであると解する**ことでほぼ異論はない。

　つまり、**本来、ある事実が認められるかについては、裁判所が自由な心証によって決めることができるが、本人または代理人がその意思に基づいて署名または押印している場合には、その文書が真正に成立したものと事実上推定すべきことを規定したものであり、自由心証主義の例外である**と解されている。もっとも、このような規定がなくとも、本人または代理人が署名または押印している場合には、当該文書は本人または代理人の意思によって作成されたものと事実上推定できるであろうから、特に意味のある規定ではないということもできる。

　法定証拠法則ではなく、法律上の事実推定を定めたものと解する見解もある。甲事実（本人または代理人の意思に基づく署名または押印）を証明すれば、乙事実（文書の成立の真正）が推定されるという考え方である。この見解に立てば、法律上の推定規定であるから、甲事実を証明すれば、相手方において、乙事実がないことを証明しなければならない（単に真偽不明にするだけでは足りず、本証が必要である）。しかし、たとえば、Ａが当該文書に署名・押印したことは認められるが、当該文書ができあがった後に署名押印したのか、白紙に署名押印したのか真偽不明であるという場合、法律上の推定を覆すことができていないとして、文書の成立の真正を認めるのは相当ではなく、実務的にこの見解はとられていない。

　以上のとおり、**本人または代理人が署名あるいは押印したことを認めている場合や、証拠上その事実が認められる場合には、民訴法228条4項により、成立の真正が推定されるので、署名または押印した者が積極的に反証する必要がある**（事実上の推定なので、真偽不明の状態にすれば足りる）。

　〈**Case** ②-2〉の②（Ｙの署名）は、Ｙがその文書の署名は自己のものであることを認めているので、民訴法228条4項の推定が働き、Ｙにおいて積極的に反証をする必要がある（真偽不明にすれば足りる）。

40

Ⅲ　形式的証拠力（文書の成立の真正）

㈡　２段の推定

では、〈*Case* ②-3〉の⑤（Ｙの印鑑が押されている場合）はどうであろうか。民訴法228条４項の「署名」とは自らサインをする場合であり、単にＹの名前が印刷されているだけでは「署名」に当たらず、「押印」についても、前記のとおり、Ｙが自らの意思で押印した場合を規定しているのであり、単に印影がＹの印鑑によるものであるというだけでは足りない。したがって、同項の推定規定は適用されない。

しかし、Ｙの印鑑が押されているということは、通常であれば、Ｙが押印したものと考えることができる。これは、**我が国の慣行上、自己の印鑑はみだりに他人に貸し渡すことはなく、厳重に保管されており、他人に貸し渡すときは委託の趣旨にしたがって押印される**との経験則を根拠としている。最判昭39・5・12民集18巻４号597頁も、「私文書の作成名義人の印影が当該名義人の印章によって顕出された事実が確定された場合には、反証がない限り、当該印影は本人の意思に基づいて押印されたものと事実上推定できる」旨判示している。

したがって、**Ｙ名義の印影がＹの印鑑であることについて争いがないか、証拠上認めることができる場合には、Ｙが押印したものと事実上推定することができる。**事実上の推定であって、立証責任を転換したものではないから、Ｙは、たとえば、**印鑑を他の用件で預けたところ、勝手に契約書に印鑑を押されてしまった**といった事実を立証し、Ｙが押印したか真偽不明の状態にすれば、**文書の真正な成立は認められない**ことになる。Ｙが何らの反証もしない場合には、事実上の推定により、Ｙが押印したと推認される。

㈢　まとめ

以上をまとめると、Ｙの印鑑が押印されている場合には、事実上、Ｙが押印したものと推定することができ、そうすると、次に、民訴法228条４項により、文書の成立の真正が推定されることになる。これを一般に**「２段の推定」**とよんでいる。図で示すと〔図４〕のようになる。

〔図４〕における①と②を併せていわゆる２段の推定といわれており、文書のＹ名義の印影がＹの印鑑であることにつき争いがないかＸが立証すると、Ｙが積極的に反証する必要が生じることになる。

なお、Ｙの署名がある場合やＹが押印したことに争いがない場合は、①の

第Ⅰ部　第2講　書　証

１段目（事実上）の推定は問題とならず、②の推定（民訴228条４項）のみが問題となる。

〔図４〕　２段の推定

〈形式的証拠力〉　Yが当該文書を作成した。（成立の真正）

　　　　②　民訴法228条４項で推定（たとえば、白紙に署名押
　　　　　　印したことなど、当該文書を作成する意思がなかった
　　　　　　ことを立証し、Yが作成したことにつき真偽不明にす
　　　　　　れば、推定は覆る）

当該文書のY名義の署名または押印は、Yがした。

　　　　①　事実上の推定（Yの印鑑が押されていれば、通常Y
　　　　　　が押したものと考えられることから、事実上推定でき
　　　　　　る。印鑑の盗難や他の目的で印鑑を交付したところ悪
　　　　　　用されたことなどを立証し、Yが押印したことにつき
　　　　　　真偽不明にすれば推定は覆る）

当該文書のY名義の印影は、Yの印鑑によるものである。

5 推定が覆る場合

(1)　１段目の推定（事実上の推定）が覆る場合

まず、１段目の推定が覆る場合を検討する。

これは、印鑑は慎重に管理されており、第三者が容易に押印することはできないという経験則を根拠としている。したがって、具体的な事案において、この経験則が破られた場合には、事実上の推定は覆るということになる。

推定が覆る場合としては、①印鑑を他の者と共用している場合、②印鑑の紛失、盗難、盗用があった場合、③別の目的で預けた印鑑が悪用された場合、④本人による印鑑の押印が考えにくい場合などがある。

①は、１段目の推定は、第三者が容易にYの印鑑を押印することはできないという経験則を前提としているから、印鑑を他の者と共用している場合（たとえば、家族で同じ印鑑を使っている場合）には、推定は働かないと考えられる（最判昭50・6・12判時783号106頁）。つまり、Yの印鑑が押されていたとしても、他の者もその印鑑を使用している場合には、その者が押したことも十分に考え

42

られ、Yが押印したという事実上の推定は働かない（共用していることから、Yの印鑑が押されていたとしても、それだけで事実上Yが押印したと推定することはできないという意味であって、Yも使用している印鑑が押されていることはYが押印したことを認める方向の間接事実にはなる）。

②は、**盗用型**といわれているもので、XがYの印影が押されたと主張する日以前に、Yがその印鑑を紛失したことや盗難にあったことを立証すれば（その可能性が相当程度あることを立証し、Yがその印鑑を押したことについて真偽不明の状態にすれば）、推定は覆るといえる。また、印鑑の管理状況からして、容易に印鑑を持ち出すことができる者（たとえば妻や子など）が押印した可能性がある場合には、Yがこの事実（妻が容易にYの印鑑を持ち出すことができたこと）を立証すれば、事実上の推定は覆ることが比較的多いといえる。この場合には、**印鑑の保管状況、盗用者とされている者の印鑑の所在に関する知識、印鑑を使用できた可能性の程度等を検討する**ことになる。

③は、**冒用型**といわれているもので、印鑑を別の目的で預けたときに悪用されたことを立証すれば（その可能性が相当程度あることを立証し、Yがその印鑑を押したことについて真偽不明の状態にすれば）、推定は覆る。たとえば、YがXの賃貸借契約の保証人になることを承諾してXにYの印鑑を預けたところ、金銭消費貸借契約書に押印されたという場合であれば、YがXに印鑑を預けており、それが利用された可能性が相当程度あることを立証することによって推定を覆すことができる。この場合、**印鑑を預託した経緯や趣旨（目的）、返還を受けた時期、状況、当該文書の作成状況、時期等を検討する**必要がある。

④については、Yがその印鑑を押したということは不合理であることを立証すれば（他の者が押した可能性が相当程度あることを立証し、Yがその印鑑を押したことについて真偽不明の状態にすれば）、推定は覆る。最判平5・7・20判時1508号18頁は、妻の借入金債務の連帯保証人欄に夫の印鑑が押されていたという事案で、原審は文書の成立の真正を認めたが、最高裁は、「夫は、契約当時、長期間出稼ぎのために留守にしているのが常態であったほか、夫の生活状況に比べて保証の金額が相当の高額であるなどの事実が認められる場合、夫が契約書作成当時在宅中であったかなどについて審理することなく、文書の成立の真正を推定したことは、審理不尽の違法がある」旨判示した。Yの印鑑が押され

第Ⅰ部 第2講 書 証

ていることから Y が押したと事実上推定できるのは、Y の印鑑は Y が保管しており、その印鑑が押されていると Y が押したと考えるのが通常であるという経験則を前提としている。したがって、家に印鑑を置いた状態で長期間出張しており、印鑑を保管していなかったことが明らかになれば、家にいる家族が印鑑を盗用した可能性がかなり高く、Y の印鑑は Y が押すのが通常であるという経験則に基づく事実上の推定は覆ったといえる。

〈*Case* ②-4〉

　X が銀行、A が主債務者、Y が保証人、A（妻）と Y（夫）が夫婦であり、X が Y に対して保証債務の履行請求をし、契約書を証拠として提出した。

　ⓐ　契約書の保証人欄に Y 名義の署名押印がされていた。Y は、印影は自己の印鑑によるものだが、署名したことも押印したこともなく、A が勝手にしたものであると主張した。成立の真正をどのように判断するか。

　ⓑ　契約書の保証人欄に、Y 名義の記名押印がされていた。Y は、保証人欄の Y 名義の押印について、自己の印鑑によるものであることは認めたが、「印鑑を家に保管しており、A はいつでも押印することができるので、A が勝手に押印した」と主張し、A がいつでも自由に Y の印鑑を押印することができたことを立証した。事実上の推定は覆るか。

　ⓐのケースについては、まず、「保証人」欄の Y 名義の署名を誰が書いたかを検討する必要がある。仮に、証拠調べの結果、Y が署名していることが認められる場合には、印影による事実上の推定（第1段の推定）は不要であって、民訴法228条4項による推定規定のみで足りることになる。逆に、A が Y 名義で署名していると、民訴法228条4項による「署名」を根拠とした推定は働かない。

　Y の印鑑が押されているので、Y が押印したものと事実上推定することができる（第1段の推定）が、署名を A が行ったと認められる場合には、署名だけ A が行って押印を Y がすることは通常考えがたく事実上の推定は覆ったといえる（もっとも、この場合でも、権限を有する A が直接本人である Y の名義で署名

44

Ⅲ　形式的証拠力（文書の成立の真正）

するいわゆる署名代理の可能性があるので、次に述べる他の事情も検討するのが通常である）。

ⓑのケースについては、まず、Yの印鑑が押されているので、Yの意思によって押印されたものと事実上推定することができる。そこで、Yは、反証する必要が生じる。

では、Yが妻Aと一緒に住んでおり、2人ともYの印鑑を自由に使用できる場合はどう考えるべきであろうか。Yの印鑑が押されており、Yが保管している以上、Yが押印したと事実上推定することはできるが、Yにおいて、Aが勝手に押印したと主張し、Aはいつでも自由にYの印鑑を使用することができたことを立証したとする。この事実上の推定は覆るのであろうか。

結論としては、これだけでは何ともいえないというところである。確かに、Yが主張するように、Aが勝手に押した可能性はあるが、他方、Yは真実は押印しているのに、Aが勝手に押したと言っているだけかもしれない。つまり、両方の可能性があるわけで、これだけではどちらともいえず、他の事実関係を検討することが必要になる。

つまり、他の事実関係として、契約の交渉にYが関与したことはあるか、貸金の使途は何か、Yが保証をする動機があるかなどを証拠に基づいて検討する必要がある。たとえば、Xとの交渉はすべてAが行い、契約書の交付もAにされ、保証人欄にY名義の記名押印のある契約書もAからXに交付され、XとYが全く会ったことがなければ、Yが押印したとの事実上の推定は覆ることが多いであろう。また、貸金の使途について、AがAの友人に貸したというのであれば、Yが契約書に押印したことについて否定する方向の事実であるし、他方、Yのために使用したことがわかれば、これはYが契約書に押印した方向に傾く事実であるといえる。

ところで、このようにみてくると、筆跡から署名者を推認するというような契約書自体から判明する以外の事実は、Yが保証したという主要事実を推認させるあるいは推認を妨げる間接事実であることがわかる。たとえば、貸金の使途がYのためであったということであればYが保証したことを推認させる間接事実であるし、Aの友人に貸与するためであったとすると、Yが保証したという主要事実の推認を妨げる方向の間接事実になる。

45

第Ⅰ部　第2講　書　証

　このように、Ｙが契約書に押印したかという文書の成立の真正に関する補助事実の判断が、Ｙが保証したという主要事実を推認させる（あるいは推認を妨げる）間接事実と重なっていることがわかる。主要事実の推認に役立つ間接事実が補助事実（文書の成立の真正）の判断にも役立つことを**間接事実の補助事実的機能**とよぶ（88頁参照）。

(2)　2段目の推定（民訴228条4項）が覆る場合

　2段目の推定が覆る場合としては、①白紙に署名（または押印）したものを他人が悪用して文書を完成させた場合、②文書作成後に変造がされている場合、③他の書類と思い込ませて署名（または押印）させた場合などがある。これらの場合には、文書作成者としては、その文書を作成する意思はないから、その可能性が相当程度あることを立証すれば、民訴法228条4項の推定を覆すことができる。

〈*Case* ②-5〉

　ＸがＹに対し100万円を貸したが10万円しか弁済を受けていないと主張して、90万円の貸金返還請求をし、証拠として、Ｙが100万円を借り受けた旨記載された消費貸借契約書を提出した。Ｙは、借りたのは10万円であり、契約書も「10万円」と記載されていたものに署名したが、署名後に「0」が1つ加えられ、「100万円」になっていると主張した。この場合、契約書の成立の真正についてＹはどう認否すべきか。また、その後の審理はどうすべきか。

　文書の成立の真正は、証拠として提出された文書について行われる。このため、成立の真正についての認否も、「100万円」と記載された文書について行われることになり、成立は否認である。ただし、Ｙが署名したことは認めているので、「成立は否認する。ただし、Ｙ名義の署名をＹがしたことは認める。Ｙが署名した後に金額欄が10万円から100万円に書き換えられた」と認否することになる。

　Ｙが署名したことは争いがないので、民訴法228条4項により、真正に成立したと推定される。そこで、Ｙは、署名した当時は「10万円」と記載されていたことを立証する必要が生じる。審理としては、契約書の記載から「0」が後

46

で加えられたといえるかという契約書自体からわかる事実と、金銭の授受の裏付け（Xの100万円の出所、Yの使途等）などが審理される。この結果、当初から、契約書の金額欄は100万円と記載されていたという心証に至れば成立の真正は認められ、真偽不明であれば成立は認められないことになる（民訴法228条4項は、事実上の推定であり、立証責任を転換したものではないので、文書の成立の真正についての立証責任は、文書の提出者であるXが負う）。

6 実務の実情

実務的には、第1段目の推定（Yの印影からYが押印したとの事実上の推定）については、Yの反証により覆る場合がかなりあるといえる。もともと、社会一般においては、Yの印影が押されているのであるから、Yが押印したといえることが圧倒的に多いといえる（そのために経験則に基づいてYの印影があればYが押印したものと推定している）が、訴訟になるのは、何らかの争いがあるためであり、訴訟はいわば病理的な現象を扱っている。その場面においては、経験則に安易に乗っかると真実を見誤ることが少なくない。**経験則には必ず例外があることを念頭において、具体的な事件について慎重に検討することが重要である**といえる。

第2段目の推定（Yが署名または押印していることによる民訴法228条4項の推定）については、白紙に署名押印したとか、保証契約書とは知らずに署名したなどという主張がされることがあるが、通常そのようなことは考えにくく、その主張が認められて**推定が覆ることは少ない**といえる。もっとも、全くないわけではなく、YがXにうまくだまされて内容を見ずに署名押印したり、あるいは、Yが署名押印した後で内容が変更されたりしていることもあるので、そのような主張がされた場合には、安易に排斥することなく、他の証拠を検討する必要があるといえる。

また、この点では、どのような文書かということも考慮する必要がある。たとえば、借用証書で不動文字（印刷文字）で記載されている場合には、借用証書とは知らずに署名したと主張したとしても、その主張は認められないことが圧倒的に多い。他方、不動文字がなく、すべて手書きで記載されている場合には、署名後に内容を記載したり、変更したりすることは比較的容易であるから、

第Ⅰ部 第2講 書 証

そのような主張がされた場合には、文書の作成経過等を証言によって検討することが必要になる。

7 その他の問題点

(1) 筆跡が争われている場合（〈Case ②-2〉の③のケース）

Y名義の署名があるが、Yがその成立を否認している場合（③のケース）には、Y名義の署名がYのものであるかを検討することが必要となる。Yが署名していることに争いがない（または証拠上明らかな）別の文書でのYの署名と比べて、契約書のY名義の署名がYの自署といえるかを検討することになる。明らかでない場合には、筆跡鑑定をすることもある。筆跡鑑定は、専門家に契約書に記載されたY名義の署名とYの筆跡が同一であるかを鑑定依頼するものである。ただし、偽造しようとする者は、Yの筆跡に似せて署名をすることも可能であり、鑑定結果の信用性が争われることもある。このため、**筆跡鑑定の結果は、有力な証拠であるが、他の証拠も検討したうえで、判断することが必要である**といえる。

(2) 印鑑による違い

Yの印鑑であれば、実印（印鑑登録がされている印鑑）や銀行印（銀行に届けている印鑑）、いわゆる三文判であっても、Yの印鑑による印影がある場合には、本人の意思によって押印されたものと事実上推定することができるが、推定の程度は異なる。つまり、**実印であれば、一般に慎重に保管され、安易に他人に預けることはしないであろうから、それだけ強く推認されるのに対し、いわゆる三文判であれば、比較的安易に預けることもありうる**といえる。したがって、印鑑の違いは、文書の成立の真正の判断にあたり、1つの事情になるといえる。

(3) 文書の個数

〈Case ②-6〉

Xが主債務者 Y₁ と保証人 Y₂ に対し、同じ訴訟で、それぞれ主債務、保証債務の履行請求をし、証拠として、主債務者欄に Y₁ の署名押印が、保証人欄に Y₂ の署名押印がある契約書を提出した。Y₁ と Y₂ は、自己の署名押印についてその成立を否認したが、証拠調べの結果、Y₁ 名義の署

名については成立の真正が認められたが、Y_2 名義の署名については、偽造であって、成立の真正が認められなかった。この文書は、真正に成立したといえるか。

　物理的に 1 つの文書に複数の者が署名している場合には、作成者の数だけ文書があると考えるとわかりやすい。〈*Case* ②-6〉では、主債務者 Y_1 と保証人 Y_2 が署名押印しており、文書としては、2 つ（X と Y_1 間の主債務の契約書と X と Y_2 間の保証の契約書）あると考えるとよい。

　Y_2 作成部分は偽造であり、文書の成立の真正が認められないのであるから、その部分は事実認定に使うことはできないが、Y_1 作成部分は、真正な成立が認められるのであるから、証拠として使うことができる。結局、Y_1 のみが署名押印している文書ということになる。

　では、逆に、保証人 Y_2 作成部分は成立の真正が認められたが、主債務者 Y_1 作成部分について成立の真正が認められなかった場合はどうか。

　この場合も同じである。Y_2 に対する関係で、文書の成立の真正が認められるので、Y_2 に対する保証債務の履行請求については、有力な証拠となるが、Y_1 に対する貸金返還請求の関係では、証拠とはならない。なお、保証債務の附従性から、保証債務の履行請求において、主債務の成立が要件事実なので、その事実が認められない結果、Y_2 に対する請求が棄却されることは当然ありうる。

(4) 代理文書

　文書の作成者について、Y 名義の文書が存在する場合、作成者としては、次の 4 通りがある。

① Y が作成した場合
② Y の依頼を受けた使者 A が作成した場合
③ Y から権限を授与された代理人 A が作成した場合
④ 無権限の A が作成した場合

　①は通常の場合である。④は他人名義で偽造した場合であり、作成者の認否につき、提出者が Y 作成として提出すれば、「否認する。A が作成した」とな

第Ⅰ部　第2講　書証

り、提出者がA作成として提出すれば、「認める」となる（37頁参照）。

ここでは、②と③の場合をみてみよう。

【書式4】　代理文書

売買契約書

　月山月子（以下「甲」という）と川端ゴン（以下「乙」という）は，次のとおり合意した。

　第1条　甲は，乙に対し，別紙物件目録記載の自動車を100万円で売ることを約し，乙はこれを買い受けた。

　第2条　（以下略）

　　　　令和7年7月7日

　　　　　　　　　　　　　　　甲　月山月子

　　　　　　　　　　　　　　　乙　川端ゴン代理人

　　　　　　　　　　　　　　　　　秋吉まりこ

　【書式4】の例で、乙の作成者が誰であるかについては、代理人（秋吉まり子）名が記載され、代理人が署名しているのであるから、代理人作成文書と考えることに問題はない。民訴法228条4項も代理人が作成する文書を予定している。その文書の成立の真正に争いがない、あるいは証拠上成立の真正が認められる場合、代理人がその文書記載の内容の意思表示をしたことが認められる。上記の例では、秋吉まり子が川端ゴンの代理人として売買契約をしたことが認められる。代理権の授与が推認されるわけではないので、甲（月山月子）が乙（川端ゴン）に対し100万円の支払を請求する場合、本人（川端ゴン）が代理人（秋吉まり子）に代理権授与をしたことを別途証明しなければならない。

　では、いわゆる署名代理（Aが直接Xの名前で署名する）についてはどうか。具体的に考えてみよう。

50

Ⅲ　形式的証拠力（文書の成立の真正）

—— 〈*Case* ②-7〉 ——

自動車売買契約書

月山月子（以下「甲」という）と川端ゴン（以下「乙」という）は，次の
とおり合意した。
第1条　甲は，乙に対し，別紙物件目録記載の自動車を100万円で売るこ
　　　　とを約し，乙はこれを買い受けた。
（中略）
　　　令和7年7月7日

　　　　　　　　　　　売主　　月山月子　㊞

　　　　　　　　　　　買主　　川端ゴン　㊞

　　X（月山月子）は、自動車の売買契約を締結するにあたり、買主欄にY
（川端ゴン）名義の署名のある上記契約書を持参してきたのはA（秋吉まり
子）であったが、Xとしては、Yと契約を締結したという認識であった。
　　Xは、Yに対し、売買契約に基づき代金請求をした。請求原因は、「X
は、令和7年7月7日、Yに対し、甲自動車を100万円で売った」である。
　　Yは、請求原因を否認した。
　　Xは、証拠として、甲1号証として上記契約書を提出し、甲1号証はY
作成の文書であると述べた。
　　Yは、代理権を与えていないのに、Aが勝手にYの名義で署名したと
主張し、甲1号証の成立の認否につき「成立を否認する。Aが権限なく作
成した」と述べた。

　Xは、売買契約の交渉をAとしているが、Yの主張を踏まえて、どうすべ
きであろうか。次の方法が考えられる。

①　主張を代理構成（要件事実としては、①X・A間の契約、②Aの顕名、③
　　YのAに対する代理権授与）に変更し、甲1号証の買主欄をA作成の文書

51

第Ⅰ部 第2講 書 証

　と訂正する。

　②　甲1号証の作成者はYであるという主張を続ける。

　では、①と②はどう違ってくるのであろうか。

　①の場合には、Yの認否は「成立を認める」と変更されることになり、甲1号証からX・A間の契約、Aの顕名は争いがなくなると考えられるが、YからAへの代理権授与については、甲1号証からは推認できないので、甲1号証とは別に、Xが立証しなければならない。

　②の場合には、甲1号証が本人Yの意思に基づくものであるか否かは代理権授与の有無によって決まるので、文書の成立の真正を考える過程で、YからAへの代理権授与の有無を検討することになる（司研・事例事実認定17頁）。

　このように、判断構造は異なるが、YからAへの代理権授与の有無が争点であることに変わりはない。

Ⅳ　実質的証拠力

1　実質的証拠力の意義

　文書の形式的証拠力（文書の成立の真正）が認められた場合、次に、その文書が要証事実との関係で、どの程度の証拠力をもっているかが問題となる。これが実質的証拠力である（証明力、証拠価値ともいわれる）。つまり、**実質的証拠力とは、文書については形式的証拠力（文書の成立の真正）が認められることを前提として、それが要証事実との関係で、どの程度の証拠力をもっているかという問題である。実質的証拠力が高いというのは、その証拠を主要なものとして、要証事実が認められる場合であり、実質的証拠力が低いというのは、その証拠から要証事実を推認することはできず、せいぜい1つの事実にすぎない場合をいう。**もちろんその中間段階もあり、理論的にはあらゆる段階が存在するが、通常、実質的証拠力については、その証拠から要証事実が推認できる程度に応じ、「強く推認させる」、「推認させる」、「弱いながらも推認させる」という程度の分類を考えれば足りる。

Ⅳ　実質的証拠力

2 処分証書・報告文書と類型的信用文書

(1) 処分証書と報告文書の違い

　実質的証拠力の関係で、文書の分類としては、処分証書と報告文書の違いが重要であるとされている。

　処分証書をどう定義するかについては、2つの見解がある。1つは、**意思表示その他の法律行為が記載された文書をいうとする見解**（記載された説）であり、もう1つは、**意思表示その他の法律行為がその文書によってされているものをいうとする見解**（よってした説）である。

　記載された説は、外見上、意思表示がされている（とみえるもの）を処分証書と考えるのに対し、よってした説は、その文書で意思表示をした場合に処分証書と考えるというものである。具体的には、売買契約書は、当事者間でその契約書を取り交わすことによって契約成立とすることが多いので、その場合にはいずれの説でも処分証書であるが、口頭で契約を済ませたが、後日、税務申告の関係等で契約書が必要になったとして、当事者間で日付をさかのぼらせて作成した場合、記載された説では処分証書であるのに対し、よってした説では処分証書ではないと解するのである。

　この結果、「記載された説」では、成立の真正が認められても、請求原因のレベルで争い得るのに対し、「よってした説」に立つと、成立の真正が認められると、意思表示をしている以上、後は虚偽表示等の抗弁で争うしかないことになる。

One Point Lecture! 処分証書

　処分証書は、かつては、判決書、手形、遺言書など書面でしなければならない文書のみを指し、契約書は含まれないという見解も有力でした。しかし、現在では、契約書も、少なくともその文書で意思表示をしているものについては、処分証書と解する見解が多数です。

　報告文書とは、**処分証書以外の文書で、作成者の経験した事実認識等が記載されている文書**である。領収書や商業帳簿、日記、診断書等がある。たとえば、領収書は、金銭の授受があった場合にその事実認識を記載したものであり、報

53

第Ⅰ部　第2講　書　証

告文書とされている。

　たとえば、借用書を考えてみよう。

借　用　書

X　様

　私は、本日、貴殿から、100万円を借り、受領しました。

令和7年7月7日　　Y

　上記のような借用書があった場合、①YがXから100万円を借りたこと、②XからYへの100万円の授受がされたこと、の2つを表しているが、借入れの合意（①）は、この借用書でしているので、処分証書であるが、金銭の授受（②）については、意思表示ではなく、金銭の授受があったことを示す報告文書である。

　処分証書と報告文書の違いが重要とされるのは、処分証書である場合には、次に述べるとおり、実質的証拠力が非常に高く、その記載どおりの事実を認めることができるからである（最判昭32・10・31民集11巻10号1779頁、最判昭45・11・26集民101号565頁、最判平11・4・13判時1708号40頁、最判平14・6・13判時1816号25頁参照）。

　では、なぜ、処分証書は実質的証拠力が非常に高くその記載どおりの事実を認めることができるのかといえば、その文書によって意思表示をしているからであると考えられる。売買契約であれば、当事者間で、当該売買契約書を作成したことをもって契約成立という扱いをしているのであるから、当然ながら実質的証拠力は高い。後日何らかの必要性があって日付を契約時にさかのぼらせて契約書を作成した場合は、過去に契約が締結されたという事実認識を記載したものであって、その実質的証拠力は異なるといえる。したがって、処分証書とは、意思表示がその文書によってされているものをいうとする見解（よってした説）が相当である。

　大きな差異が生じるのは、保証契約のように要式性が法律で要求されている

場合である。保証の意思表示は書面でしなければ効力が生じない（民446条2項）。口頭で保証契約を締結し、後日書面が必要であるということで保証契約書を作成したとしても、その書面（報告文書）でもって保証の意思表示をしたわけではないので、保証の効力は生じないということになり（書面作成時に新たな保証契約を締結したと解する余地はある）、書面で意思表示をした場合（処分証書）に限り、効力が生じるのである。

これに対し、民法550条には書面によらない贈与は解除できる旨の規定があるが、この書面は、贈与の意思表示自体が書面によってされていることは必要ではなく、贈与されたことが確実に看取しうる程度の記載が書面にあれば足りると解されている（最判昭60・11・29民集39巻7号1719頁）。したがって、同条の書面は、処分証書である必要はなく、後日、贈与者が報告文書を作成すれば、その書面が同条の書面になる。

(2) 処分証書の実質的証拠力

処分証書については実質的証拠力は非常に高いといえる。

処分証書は、意思表示をその文書によって行っているのであるから、実質的証拠力が非常に高いのは、ある意味当然のことである。たとえば、XとYで甲土地を1000万円で売買するという売買契約書を作成し、売主Xと買主Yが署名押印しており、成立の真正が認められるのであれば、通常、XY間で契約書どおりの内容の売買契約を締結したものと認めることができる。したがって、処分証書については、成立の真正が認められると、要証事実を認めることができる。

(3) 報告文書の実質的証拠力

報告文書は、前述のとおり、作成者の経験した事実認識が記載されている文書であり、領収書や商業帳簿、日記、診断書等いろいろなものがある。このため、実質的証拠力もその文書によって大きく異なる。たとえば、**領収書は、金銭の授受があった場合に作成されるものであり、金銭の授受がないのに作成されることは通常なく、契約書等の処分証書と同様に、一般的に、高い実質的証拠力を有している**といえる。つまり、Y作成のXに宛てた100万円の領収書が提出されると、XがYに100万円を支払ったと通常認めることができる。これに対し、たとえば、Xが書いた日記に、「本日、Yに対して100万円を支払っ

第Ⅰ部 第2講 書 証

た」と記載されていても、日記は自分でいくらでも書くことができることからすると、**当事者の日記**などは**実質的証拠力は低い**といえる。

　したがって、**報告文書**については、**作成者、作成の時期、記載内容等を検討し、実質的証拠力がどの程度あるのかを検討すること**が必要である。

　報告文書で、その文書の内容、作成者の属性、作成状況等に照らし、通常は信用性を有する文書として、次のものがある（司研・事例事実認定27頁）。

　① 　紛争が顕在化する前に作成された文書——取引中にやりとりされた見積書等
　② 　紛争当事者と利害関係のない者が作成した文書——第三者間の手紙等
　③ 　事実があった時点に近い時期に作成された文書——作業日報等
　④ 　記載行為が習慣化されている文書——商業帳簿、カルテ等
　⑤ 　自己に不利益な内容を記載した文書——領収書等

　もっとも、以上の文書でも、誤って記載されることはあるし、故意に事実と異なる記載をすることもあるので、そのような主張がされた場合には、慎重に検討する必要がある。

　たとえば、領収書は、金銭の授受がないのに作成することはないので、一般的に高い実質的証拠力を有しているが、税金対策で経費を多く見積もるために金銭の授受がないのに領収書を作成することがないとはいえず、当事者からそのような主張がされた場合には、およそあり得ないとして直ちに排斥するのではなく、その事実の有無を十分に検討する必要がある。

One Point Lecture! 当事者の日記

　本文で、当事者の日記は実質的証拠力が低いことを指摘しました。一般論としてはそのとおりですが、実際に訴訟を担当していると、実質的証拠力が高い日記もあります。女性大学院生が男性大学教授から研究室でセクシュアルハラスメント（セクハラ）を受けたとして損害賠償を請求する事案がありました。その場にはその大学教授とセクハラ被害を受けたとする大学院生しかおらず難しい事件だという印象をもちましたが、大学教授は毎日詳細な（ノート1枚に細かい字で）日記を付けており、セクハラがあったとする日の日記も提出し、大学院生がセクハラを受けたとする時刻には別の会合に出席していたことを立証しました。大学院生は、別の日かもしれないとして主張を変えるなど一貫しなかったことから（他にも理由はありますが）、大学院生の請求を棄却しました。その事件では大学

56

教授が詳細な日記を付けていたことがセクハラの事実を否定した大きな要因といえます。日記の実質的証拠力が高いこともあります。

(4) 処分証書と報告文書の区別は必要か

処分証書は、意思表示がその文書によってされているものをいうと定義した。しかし、その書面を見ただけでは、それが処分証書であるのか報告文書であるのかは、不明である。

つまり、たとえば、【書式4】（50頁）の売買契約書の場合、令和7年7月7日にその売買契約書を作成して売買契約を締結したのか（処分証書）、令和7年12月に税務申告の都合で売買契約書を日付をさかのぼらせて作成したのか（報告文書）は、その書面を見ただけでは、当然ながらわからず、審理して初めてわかるものである（事案によっては、結局、いつ作成されたのかは不明ということもありうる）。

そうすると、処分証書である場合には実質的証拠力が非常に高いといったところで、処分証書であるかについて審理しなければならないのであれば、これから審理を進めるにあたって処分証書か否かということは、指針にはならない。また、報告文書の中にも、前述のとおり、領収書のように実質的証拠力の高い文書もある。

(5) 類型的信用文書

そこで、これから審理を進めるにあたって、指針となるものとして、類型的信用文書という概念が使われる。**類型的信用文書とは、通常、それに記載された事実が存在しなければ作成されない文書であり、その記載および体裁に照らして、類型的にみて信用性が高いと考えられる文書である。**契約書のように処分証書であるか報告文書であっても領収書のように信用性の高い文書がこれに該当する。**類型的信用文書については、その成立の真正が認められると、特段の事情がない限り、その文書に記載された内容をそのまま認めることができる。**

たとえば、【書式4】（50頁）の売買契約書の場合、令和7年7月7日にその売買契約書を作成して売買契約を締結している場合（処分証書）はもちろん、令和7年12月に税務申告の都合で売買契約書を日付をさかのぼらせて作成した場合（報告文書）であっても、売買契約を締結していないのに売買契約書を作

第Ⅰ部 第2講 書 証

成することは通常ないので、売買契約書は類型的にみて信用性の高い文書であるといえる。

　審理を進めるにあたっては、まず記載および体裁に照らして類型的にみて信用性が高い文書（類型的信用文書）に当たるか否かを考えることが必要になる。

3 │ 実務の実情

　類型的信用文書が証拠として提出された場合、その成立の真正が認められ、相手方において特に主張をしなければ、その記載どおりの事実を認定することになる。相手方において実質的証拠力がないことを示す何らかの主張をした場合には、それについて審理することが必要であり、通常、文書の記載どおりの事実が認められるケースが多いが、文書の記載どおりとは認められないケースもありうる。後者の場合には、なぜ文書の記載内容とは異なる事実認定になるのかを判決書で判示する必要があるとされている。

　いくつか判例をあげると、最判昭32・10・31民集11巻10号1779頁は、書証の記載およびその体裁から、特段の事情がない限り、その記載どおりの事実を認定すべき場合に、何ら首肯するに足りる理由を示すことなく、その書証を排斥するのは、理由不備の違法があるとし、最判昭45・11・26集民101号565頁は、売買契約公正証書等の存在にもかかわらず、売買契約を認めなかったことを違法とし、最判平11・4・13判時1708号40頁は、和解契約書や合意文書、領収書等が提出されている場合、これらの書証の成立の立証がされた以上、特段の事情がない限り、弁済の事実が認定されるべきであるとし、最判平14・6・13判時1816号25頁は、原審が契約書よりも本人尋問の結果を重視して事実認定をしたのに対し、契約書の記載以上に本人尋問の結果を信用すべき特段の事情がない限り、契約書の記載どおり認定される旨判示している。なお、最判平9・5・30判時1605号42頁は、文書が真正に成立したことおよびその理由の記載は、判決書の必要的記載事項ではないと解すべきであるが、文書の成否それ自体が重要な争点になっている場合には、判決書のあり方としては、当該文書の成否に関する判断およびその理由を記載することが相当である旨判示している。

　以上のとおり、**類型的信用文書については、形式的証拠力が認められると、特段の事情がない限り、その記載どおりの事実が認められる**ということができ

る（処分証書である場合には、直ちに、その記載どおりの事実が認められる）。

―― 〈*Case* ②-8〉 ――――――――――――――――――

　Xは、Yに対し、令和6年11月10日に300万円、令和7年11月10日に400万円の合計700万円を貸したとして、貸金返還請求をし、証拠として、令和6年11月10日付け（300万円）および令和7年11月10日付け（400万円）の各借用証書を提出した。これに対し、Yは、令和6年11月10日に300万円を借りたことは認め、令和7年11月10日に400万円を借りたことを否認し、書証の成立は認め、「400万円の借用証書は、300万円に利息分を加えて400万円にしたものであり、新たに400万円を借りたものではない」と主張した。

　2通の借用証書とも成立に争いがなく、借用証書の実質的証拠力は一般に高いので、合計700万円を貸し付けたとして、Xの請求は認容されそうである。

　しかし、〈*Case* ②-8〉では、Yは、1年後に300万円に1年間の利息100万円を付けて400万円とすることを合意し、借用証書を作成したと主張している。ある程度の期間が経過すれば、それまでの貸金額や弁済額を確認し、あらためて借用証書を作成する（法的には準消費貸借）ことは珍しいことではない。一般には、その時に古い借用証書を返還するか廃棄するが、そのまま債権者が古い借用証書を所持していることもある。そうすると、300万円と400万円の借用証書が提出された場合、直ちに合計700万円の貸付けがあったと認められるものではなく、双方の主張に基づいて他の事実関係を調べる必要がある。

　たとえば、400万円の金銭の交付についての証拠があるのか、300万円を弁済していないのに400万円を新たに貸し付けるのは不自然ではないか、Yの400万円の使途は何かなどについて、証拠に基づいて検討する必要があり、借用証書があることから直ちに令和7年11月10日に400万円の貸付けがあったという認定はできない。

　このように、**類型的信用文書は、一般的に実質的証拠力が高いといえるが、個別には必ずしもそうとはいえない場合もあるので**、当事者の主張を慎重に検討すべきであるといえる。

第Ⅰ部 第2講 書 証

4 本来存在すると考えられる書証が存在しない場合

逆に、本来存在すると考えられる書証がない場合は、どう考えるか。

たとえば、金銭の授受が争点の場合、ある程度以上の金銭を受領すれば、領収書を交付するのが通常であると考えられることからすると、領収書が存在しないということは、金銭の授受がなかったことの有力な間接事実であるといえる。もっとも、たとえば、友人同士の間では領収書を交付しないこともあり、悪質な貸金業者によっては領収書を発行しないこともある。このため、領収書等の本来存在すると考えられる書証がないことから、直ちに金銭の授受は認められないと判断するのではなく、他の間接事実から金銭の授受が認められないかを検討することが必要である。

最判平7・5・30判時1554号19頁は、領収書がないことを理由として弁済の事実を認めなかった原審の判断を違法とした事例であり、仙台高判昭62・11・16判夕662号165頁は、土地の売買に関して、売買契約書や領収書が作成されておらず、所有権移転登記もされていないが、土地の範囲を記載した協約書が存在すること、買主は賃料等を支払うことなく土地を占有しているが、特に売主から異議が述べられなかったことなどの事情を総合して、売買契約の成立を認定している。売買契約書や領収書が存在しないことから、当然、契約や弁済は認められないと考えるのではなく、それを推認させる間接事実について検討することが不可欠である。

つまり、**契約書があれば、その内容で契約したことは、通常、認めることができるが、それと同程度に、契約書がないから契約が成立したとは認められない**ということにはならない。契約書がないことは、契約締結を否定する有力な事実ではあるが、決定的なものではなく、間接事実による推認によって契約締結が認められることもある。

もっとも、会社間では、取引にあたって書面を作成するのが通常であるから、書面が作成されていなければ、いまだ契約締結に至っていないと認定される場合が多いであろう。

なお、貸金債権について、契約成立時に借主は借用証書を作成することが多いが、その借用証書を借主が所持している場合には、弁済がされたものと推認

60

できる（最判昭38・4・19集民65号593頁）ことに注意を要する。なぜなら、借用証書は、債務が完済されるまでは貸主が所持し、完済された時に借主に返還するのが通常であるからである。このため、借主において、領収書を所持していなくとも、借用証書を所持している場合には、債務が完済されたものと推認でき、貸主において、なぜ借主が借用証書を所持しているのかにつき、合理的な説明ができるかが重要な争点になる。

他方、貸主が借用証書を所持していたとしても、全額の弁済を受けても借用証書を返還しないこともあるので、貸主が借用証書を所持していることから、まだ弁済が終わっていないと推認できるものではない。貸主が借用証書を所持している事実は、貸し付けたことの証拠にはなるが、弁済の有無にはほとんど役立たないといえる。

5 陳述書

報告文書の１つに陳述書がある。現在の民事裁判実務においては、陳述書が広く用いられている。

陳述書とは、通常、訴え提起後に、当事者、当事者に準じる者、あるいは第三者の供述を記載して、裁判所に提出する文書である。純粋な第三者については、証人尋問前に当事者が事情を聴取して、陳述書を作成することはほとんどなく、当事者や当事者側の関係者の供述が主として時系列に従って記載されている。本人が自ら作成することもあるが、代理人である弁護士あるいは司法書士が聞き取って作成することが多い。

当事者やそれに準じる者の陳述書の実質的証拠力については、反対尋問を経ていないことなどから、法廷での供述と比較して一般的に低く、主張と同じ程度といえる。したがって、背景事情や争点に至る経過については、陳述書から事実を認定することはあるが、争点について陳述書のみによって認定することはまずないといえる。

では、実務においてなぜ陳述書がよく使われているかといえば、主として次の２つの機能があるからである。

① **主尋問補完機能**（わざわざ尋問で時間をかけて聞くまでもないという事項について陳述書に記載し、尋問では真に争点に絞った内容を聞くことにより、人

第Ⅰ部 第2講 書 証

証調べの効率化を図る）

② **証拠開示機能**（人証調べに先立って陳述書が提出されることにより供述する内容が想定できるので、反対尋問の準備をすることができ、専門的な事件でも主尋問と同日に反対尋問をすることが可能になる）

たとえば、貸金返還請求事件において契約書がないという事案であれば、Xとしては、金銭の授受を裏付ける証拠として、XとYは書面を作成せずに金銭の貸し借りをするほどに親しい間柄であり、契約書がなくとも不自然ではないことを立証する必要があるが、XとYが出会ってから現在に至るまでの経過は陳述書に記載し、尋問ではお金を貸すことになった経緯や金銭の授受の状況に絞って尋問することにより、効率的な尋問が可能になるといえる。また、たとえば、医療過誤訴訟において、被告病院の医師を尋問する場合、専門的な内容を聞くことになるが、陳述書があらかじめ提出されることにより、証言する内容がおおむね予想できるので、あらかじめ反対尋問の準備をすることができるようになる。

陳述書は、書証の1つであるが、他の証拠とは異なった特徴があるといえる。

Ⅴ　まとめ

以上のとおり、文書については、文書の成立の真正（形式的証拠力）が問題となり、それが認められた場合に、その文書が要証事実との関係で、どの程度の証拠価値があるか（実質的証拠力）の問題となる。契約書や領収書等の一般的に実質的証拠力が高いと考えられる類型的信用文書については、特段の事情がない限り、その記載内容どおりの事実を認めることができる。したがって、要証事実が主要事実である場合、そのような文書により、特段の事情がない限り、主要事実を認めることができるといえる。ただし、**訴訟になる事案**では、**特段の事情があることも多い**ので、当事者の主張（特段の事情）について、十分に検討する必要がある。

┌─── ***One Point Lecture!*** 　証拠による認定の注意点 ───

証拠から事実を認定する場合、いきなり法律効果を認定してはいけません。たとえば、甲1（売買契約書）がある場合、「甲1によれば、XはYに対して売買代金請求権を有する」と判断してはいけないのです。証拠から認定できるのは、

必ず事実であり、主要事実が認定されることによって、法律効果が発生するわけです。必ず、甲1（売買契約書）→ XY 間の売買契約の締結（主要事実）→ X が Y に対して売買代金請求権を有する、という順で考える必要があります。

♣Coffee Break　やってみないと ─────────

（城地秀美・77期司法修習生）

◆簡単な自己紹介

　私は、社会人経験を経て、司法試験を受験しました。2021年4月に、関西大学法科大学院に進学するまでは、主婦として、現在中学1年生、小学4年生の息子たちの子育てが中心の生活を送っておりました。専業主婦だった私が、なぜ司法試験に挑戦することを決めたのかについて、経緯を簡単にご紹介します。

　私は、結婚してから約10年間、専業主婦として、子育てをしながら、PTAやホストファミリー（留学生の受入れ）等のボランティア活動を行っており、次男が幼稚園に入園した頃、仕事について考えるようになりました。その頃は、子育てをしながら、自宅で仕事をしたいと考え、独占業務があり、在庫を抱えずに業務を行える士業が、自営業をするには一番の近道であると考えました。私の母が、法科大学院制度が創設された頃、自己研鑽のため、自宅で翻訳業を行いながら、ロースクールへ学びに行っていたので、その影響も大きいです。

　もっとも、私は、学生時代本気で勉強したことがなく、大学受験にも失敗し、地方大学の他学部出身で、法律の知識が全くない状態でした。そのため、ハードルの低い行政書士試験に挑戦することにしました。行政書士事務所で補助事務のアルバイトをしながら、法律の勉強を始めました。これが人生初の本格的な勉強でした。勉強を進めるうちに、法律の勉強の楽しさや行政書士業務の限界等を知り、行政書士試験の合格がわかった3カ月後には、関西大学法科大学院へ入学しました。

◆ロースクールでの学びと挑戦

　ちょうどロースクール進学を考えていた頃、次年度の未修者コース入学者が3年生になる年に、在学中受験が開始されるとの発表がされていました。そこで、私は、「予備校に通わず、すぐに未修者コースへ入学できれば、最短で2年で司法試験が受けられる！」と考え、未修者コースに入学しました。

入学当時は、「2年で司法試験に合格なんてできるのか？」と半信半疑ではありましたが。

主婦であり、時間的制約があったことから、より効率的に勉強を行う必要がありました。ロースクールでは、授業中は、復習の時間を節約するため、その場で理解し、わからない点は、授業後に必ず先生に質問に行っていました。常に人の3倍速で行う気概で勉強していたといえると思います。

ロースクール3年生で司法試験を受験する時には、合格するかは全くわかりませんでしたが、5回の受験チャンスがあるので、そのうちの1回を早めに使っても損はしないと考えました。初めて受けた司法試験の成績は、決して自慢できるものではありませんが、無事、初回受験で合格することができました。

◆なぜ早期に司法試験に合格できたか？

このようにスムーズに司法試験に合格できたことは、第1に、周りの環境に恵まれたことにあります。司法試験受験年度は、長男の中学受験年度とかぶっており、親子でダブル受験となりました。夫のサポートなしには、司法試験は受けられなかったと思います。また、関西大学法科大学院の先生方、クラスメイト、オフィスの方々にも、本当に恵まれ、受験勉強に集中することができました。

そのほか、短期合格の秘訣を挙げるとすると、とにかく行動をすることにあると思います。私は、やりたいと思ったことは、すぐに行動に移すタイプです。これまで、行政書士として開業することや、ロースクールへ入学すること、司法試験の在学中受験に挑戦すること、大手法律事務所へ就職することなどを、周りに報告するたびに、いろいろな心配の声をいただきました。開業なんて大変じゃない？　ロースクールと家庭の両立はできるの？　2年間の勉強で司法試験を受けるなんてできるの？　大手の法律事務所は忙しいけど、その年齢からのスタートで大丈夫？　などなど。どれも、本当にごもっともな意見だと思います。でも、どれも、やってみないとわからないことばかりです。そして、たとえば司法試験に失敗したとしても、法律の知識を得ることはできるので、法務の職に就くことは可能ではないか、在学中受験に失敗しても、本試験を受けたからこそ得られるものはあるのではないかと考えると、大切な経験になると考えました。

実は、私は、行政書士事務所で働く前に、美容関係の仕事を少ししており

ました。しかし、その仕事は、自分には合わず、すぐに辞めることになりました。この経験から、やはり門戸の広い仕事ではなく、資格が必要で、頭を使う仕事をしなければと思えるようになり、行政書士試験の勉強に本腰を入れるきっかけになりました。この美容の仕事をしていなければ、行政書士試験の勉強をだらだらと続け、結局合格できずに終わる、との結果も十分にあり得たと思います。今思えば、これも大切な経験になりました。これ以外にも、やってみてダメだったという経験は、数えきれないほどあります。

◆挑戦し続ける！

　私は、司法試験に挑戦することを決めて、本当によかったと思っています。学生の頃は、ほとんど真面目に勉強をした覚えがなく、楽なほうばかり選択していました。しかし、行政書士試験の勉強で、初めて勉強の面白さを知り、ロースクールで、学校のありがたさ、贅沢さを知りました。そして、現在、司法修習生として、毎日、本当に貴重な体験をさせていただいています。この歳になって、目標に向けて、全力で頑張ることの気持ちよさを知ることができました。

　自分もそうでしたが、特に若い方は、何かに挑戦する際に、全力で頑張ってもできなかった時に、傷つくのが怖いと感じたり、そもそも全力で頑張れるかわからないとの不安な気持ちから、躊躇することが多いのではと思います。でも、何度もいいますが、やってみないとわかりません。やってみたい、と少しでも思えているということは、そのことに向いているということだと思います。向いていない人は、やってみたいとすら思わないと思います。少しでもやってみたい、と思えることがあれば、ぜひ挑戦してみてください。私も、いくつになっても、挑戦をし続けたいと思います。一緒に、楽しみながら、いろいろなことに挑戦しましょう！

証言

　文書と並ぶ重要な証拠方法としては、「証言」がある。第3講では証言について検討する。

　なお、原告、被告の当事者あるいはその法定代理人への尋問は当事者尋問（民訴207条以下）、それ以外は証人尋問（同法190条以下）であり、証人が述べた内容は「証言」（同法196条等）、当事者が述べた内容は「陳述」（同法209条等）あるいは「供述」とよばれているが、本書では両者を含む場合には、「証言」ということもある。

I　総論

　民事訴訟は、大別すると、契約関係の訴訟（意思表示によって法律効果が発生するもの）と事故関係の訴訟（意思表示によらずに法律効果が発生するもの）に分けられる。

　契約関係の訴訟においては、契約書等の書面を取り交わすのが通常であり、その書面の成立の真正や意思解釈等が問題となることが多い。これに対し、事故関係の訴訟では、契約書等の文書はないのが通常であり、目撃者の証言等が重要になってくる。

　書証と人証は、次の特徴があるとされている。

I　総論

> 書証―固定的、断片的
> 人証―流動的（変容可能性）、全体像

　Ｙ がＸ に宛てた令和 8 年 4 月 1 日付け100万円の領収書がある場合、その書証の内容は、誰かが変造しない限り、変わることはない。これに対し、証言の場合には、固定しておらず、いかなる内容の証言をするかは、法廷で実際に聞くまでわからないし、証言の途中でも、間違えていたとして証言内容を変えることもある。

　また、**書証は「点」**であるといわれることが多いが、その領収書は、一般的に、令和 8 年 4 月 1 日にＸ がＹ に100万円を渡したという事実があったことを物語っているが、そこに至る過程やなぜ金銭の授受がされたのかは何もわからない。これに対し、**証言は「線」**であるといわれるが、Ｘ が「Ｙ からどうしてもお金を貸してほしいと頼まれて令和 8 年 4 月 1 日に現金100万円をアカネ喫茶で貸し、その場で領収書を書いてもらった」というような証言をすることによって、その領収書がいかなるものであるかがわかり、全体的な出来事を理解することができる。

　証言については、文書とは異なって固定しておらず、誤解して証言したり、わざと虚偽のことを証言することもあり、その信用性の判断は難しい。

　書証では作成者とされている者によって作成されたかをまず検討する必要があるが、証言では、証人が他人になりすましていた場合など例外的に形式的証拠力が問題となるのであり、通常は問題にならない。

　実質的証拠力については、①その証拠の信用性、②要証事実を推認させる力

〈表 1〉　**書証と証言の形式的証拠力と実質的証拠力**

証拠力＼証拠	形式的証拠力	実質的証拠力	
		信用性	要証事実の推認力
書　証	成立の真正	類型的信用文書は高い	個別の判断
証　言	通常問題にならない	個別の判断	個別の判断

67

第Ⅰ部 第3講 証 言

の程度があり、①については、書証の場合、類型的信用文書であれば、信用性は高いといえるが（57頁参照）、証言については、類型的に信用性が高いということはなく、個別の判断である。②については、証言、書証とも、その内容が要証事実との関係でどの程度関連性を有しているかという問題である。

───── **One Point Lecture!** ストーリー ─────

　当事者双方からされる、**要証事実をめぐる一定の物語性をもった主張や供述等を「ストーリー」と呼んでいます。**前記の「線」がストーリーであるといえます。

　司研・事例事実認定45頁でストーリーとしてあげているのは、借りた金額が2000万円か1000万円かの争いで、本件借用書には「二千万円」と記載されているが、その「二」が、中央に「一」が引かれ、その上に「一」が記載されているようにも見える事案について、Ｘのストーリーは、「Ｙに2000万円を貸し付け、その際、Ｙは借入金額について『二千万円』と記載された本件借用証を作成した。弁済期前に1000万円の返済を受けたが、残りの1000万円は返済されていない」というものであり、Ｙのストーリーは、「自ら経営している会社の設備投資のため、Ｙ個人が同社に貸し付けることにし、うち1000万円をＸから借り入れ、その際、借入金額について『一千万円』と記載された借用書を作成した。平成23年4月25日に1000万円全額を弁済した。本件借用書に『二千万円』とあるのは、私が『一千万円』と記載した後に、Ｘが『一』を加筆したものである」というものです。

　このように、当事者の主張の違いを、簡潔に物語性をもったものとしてまとめたものを「ストーリー」と呼びます。どちらのストーリーが是認できるかについては、動かしがたい事実との整合性等を検討することによって判断することになります。もっとも、争点が複数ある事件については、どちらかのストーリーが正しくて、他方が誤っているということばかりではなく、争点1についてはＸの、争点2についてはＹのストーリーが合理的であるということもありますので、注意を要します。

───────────────────────────────

Ⅱ 証言の信用性

　証言についても、直接証拠と間接証拠の区別がある。**直接証拠とは、主要事実を直接証明する証拠**であり、**間接証拠とは、間接事実を証明する証拠**である。より重要なのは直接証拠である。

II　証言の信用性

―― 〈*Case* ③-1〉――

（21頁と同じ）

　Xは、令和7年12月10日午後11時頃、所有している甲建物が全焼する被害にあった。Xは、この火災が放火によるものであり、犯人は日頃から仲が悪かったYに違いないと考え、Yに対し、民法709条に基づき不法行為による損害賠償請求をした。Yは、全く知らないとして事実を否認した。

　Xは、証拠として、消防署の回答書（火災の原因は、ガソリンをまいてそれに放火したことによるとの内容）を提出し、目撃証人として、A、B、Cを申請し、裁判所に採用された。

　Aは、「12月10日午後11時頃、甲建物にガソリンをまいて放火する人物を目撃したが、その人物はYであった」と証言した。

　Bは、「12月10日午後10時50分頃、甲建物の近くで自動車からタンクを降ろしているYを見た。近くを通るとガソリンの臭いがした」と証言した。

　Cは、「12月8日午後10時頃、居酒屋『まーちゃん』で飲んでいると、XがYを罵倒していた」と証言した。

　他方、Yは、普段は甲建物の近くのコンビニにその時刻頃に立ち寄ることはあるものの、その日は午後10時過ぎに仕事が終わり、コンビニには立ち寄らずにそのまま帰宅し、甲建物付近には行っていないと供述した。

　〈*Case* ③-1〉では、Aの証言は、Yが甲建物に放火したという主要事実を直接立証するものであり、直接証拠である。他方、Bの証言はYが犯行時刻直前に犯行現場近くで放火に使ったかもしれないガソリンのようなものが入ったタンクを所持していたという間接事実を立証することで、Cの証言はYが放火する動機があるという間接事実を立証することで、主要事実（Yが甲建物に放火した）を推認させようとするものであり、間接証拠である。

　仮に、Aの証言の信用性が高ければ、Aの証言から主要事実（Yが甲建物に放火した）を認めることができ、BやCの証言を検討する必要性はないといえる。この意味で、まず検討すべきは直接証拠である。

　そこで、まず、A証言の信用性を検討してみよう。

69

証言の信用性の判断にあたっては、いくつかの検討すべき視点があるが、大別すると、①動かしがたい事実（客観的事実）との整合性、②証言自体に関すること、③利害関係に分けられる。そして、②証言自体に関することには、ⓐ証言の正確性、ⓑ証言内容の合理性、具体性、一貫性に分けることができる。

以下、順次、検討する。

〔図5〕　**証言の信用性**

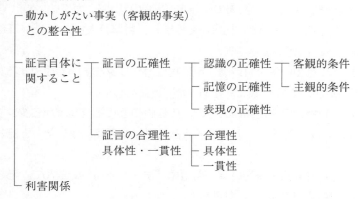

1　動かしがたい事実（客観的事実）との整合性

証言の信用性を検討するにあたり、最も重視されるのは、**証言内容が客観的に認められる動かしがたい事実（客観的事実）と整合しているか**という点である。つまり、**証言内容が動かしがたい事実と一致している場合には、証言は信用でき、逆に重要な点で相違している場合には、信用できない**ということになる。たとえば、〈*Case*③-1〉で、仮に、Bの証言内容が、「自動車からタンクを降ろしているYを目撃した時、雨が降っており、傘越しに見た」というものであったとすると、その日にその場所で降水がなければ（この事実は客観的に調べることができる）、その証言は、別の日と勘違いしている可能性が高く、信用性に乏しいといえる。

もっとも、証言者が誤解して証言する場合もあり、たとえば、日付については、1年勘違いをして証言したりする証人も珍しいことではないので、客観的事実と1年食い違っているから信用できないと判断する前に、証言内容が誤解

に基づくものではないことを確認しておく必要がある。証言は、法廷で、その場ですぐに答えるものであり、証人の緊張も加わって、質問を誤解して答えたり、不正確な答えをすることもあるので、その点も踏まえて検討する必要がある。

動かしがたい事実としては、次の2つがある（司研・事例事実認定46頁、48頁）。

① 争いのない事実
② 成立の真正が認められ信用性が高い書証から認定できる事実

①は、訴訟当事者が相手方の主張する事実を認めている場合であるが、当事者双方の認識が一致しているため、その存在に疑いを生じさせるような特別の事情がない限り真実であると考えられるから、弁論の全趣旨（民訴法247条）によって確実に認定することができる。また、②は、客観的にみて信用性のある文書から確実に認定することができるものといえる。

なお、①成立の真正が認められ信用性が高い書証による裏付けがある供述内容は、動かしがたい事実と整合して信用性が高く、その供述に基づく事実を認定できる。②当事者双方の供述が一致する場合には、本来対立する当事者双方の認識が一致しているのであるから、特別の事情がない限り、その供述は信用してよく、その供述による事実を認定してよい。③自己に不利な嘘はつかないという経験則があるので、当事者が不利益な事実を自認している場合も、真実である可能性が高いものとして認定できることが多い（ただし、供述者にとって供述した事実よりも不利な事実を隠そうとして些細な不利益事実を供述する場合などは、上記経験則を適用することができず、不利益事実の自認として認定することができないので、注意が必要である）。争点整理手続が適切に行われた場合には、②当事者双方の供述が一致する事実および③不利益事実の自認は、争いのない事実に収れんされることが少なくないであろう。以上のほか、④利害関係のない第三者の供述内容は、供述者の供述内容の合理性、一貫性、具体性などを考慮して信用できることがある。

───── **One Point Lecture!** 「動かしがたい事実」とは？ ─────

「動かしがたい事実」という用語は、最近は判決書でもいくらか用いられていますが、多くはなく、もっぱら事実認定の説明のために使われているように思わ

第Ⅰ部 第3講 証 言

れます。判決書では、「客観的事実」という用語がよく用いられていますが、これは「動かしがたい事実」と同義と考えて差し支えありません。

たとえば、最判平24・2・13判タ1368号69頁は、刑事事件で、被告人は、空路マレーシアから帰国したが、空港税関の検査により、バッグの中のチョコレート缶から覚せい剤合計約1kgが発見され、覚せい剤営利目的輸入罪と関税法違反の罪で起訴された事案で、第1審は裁判員裁判による無罪判決、控訴審は事実誤認を理由として破棄し、最高裁が控訴審判決を破棄して無罪としたものですが、被告人は、偽造旅券の密輸を頼まれただけで違法薬物の認識はなかった旨の弁解をしましたが、その信用性について、最高裁は、次のとおり判示しています。

「上記弁解は、被告人が税関検査時に実際に偽造旅券を所持していたことや、その際、偽造旅券は隠そうとしたのに、覚せい剤の入った本件チョコレート缶の検査には直ちに応じているなどの客観的事実関係に一応沿うものであり、その旨を指摘して上記弁解は排斥できないとした第1審判決のような評価も可能である」。

つまり、ここでは、動かしがたい事実（客観的事実）として、①被告人が税関検査時に実際に偽造旅券を所持していた、②その際、被告人は、偽造旅券は隠そうとしましたが、覚せい剤の入ったチョコレート缶の検査には直ちに応じたという事実があり、被告人の弁解は動かしがたい事実と合致しており、排斥できないとしたものです。

「動かしがたい事実」や「客観的事実」というのは、証言の信用性の判断にあたり、非常に重要であり、書証の実質的証拠力の判断にあたっても、重視されています

ちなみに、この最高裁判決からしばらくして、空港の税関を視察で訪問した際、担当者から、「これまでの覚せい剤密輸は靴底に隠すなどいかにして持ち込むかということに力点を置いていたが、この最高裁判決が出てから、堂々とバッグに入れて持ち込み、見つかったら、『覚せい剤とは知らなかった』という弁解が出てきて困っている」ということを聞きました。最高裁判決をよく勉強している人がいるものです。

2 証言の正確性

法廷で証人として証言するまでには、①ある事実（Yが甲建物に放火した事実）を認識したこと→②その記憶を法廷で証言するまで保ち続けたこと→③法

廷で正確に表現すること、という過程を経る。

それぞれの場面において、誤りが生じることはないか、どの程度正確性を有しているかを検討することになる。

(1) 認識の正確性

ある出来事を目撃したという場合、事実認識が正確にできるような状況にあったかという知覚条件の検討が不可欠である。知覚条件としては、①客観的条件と②主観的条件がある。

客観的条件は、目撃した当時の客観的な状況であり、目撃した当時の時刻、夜間であれば、街灯や自動販売機の有無など照明の程度に関する事実、目撃者であるＡが、コンタクトレンズを装着しており、約５メートルの距離から目撃していた事実などがそれに該当する。

主観的条件は、目撃者の意識性である。たまたますれ違っただけで、ぼんやりとしか見ていなかったのか、意識的に目撃しようとして見ていたのかという点である。〈*Case* ③-1〉では、Ａは、放火の実行現場を目撃しているので、意識的に目撃していると考えられる。これに対し、放火犯と思われる人物が歩いてくるのとすれ違ったとしても、何か異常がなければ意識的には人物を見ないので、その目撃証言の信用性は、意識的に見ていた場合と比べて劣るということができる。

〈*Case* ③-1〉で、Ａの証言については、放火する現場をどのくらいの距離から目撃したか、照明はあったか、Ａの視力はどの程度か、どのくらいの時間目撃したか、放火している人物に特徴的な点はあったかなど、どの程度正確に認識したのかを知ることが重要なポイントである。

一般的には、特異な身体的特徴のある人や面識のある人の同一性については、比較的正確に認識することが可能であるといえるが、面識のない人を観察して、その人相や身体的特徴を正確に認識することは容易ではないといわれている。

〈*Case* ③-1〉で、ＡがＹとは面識がなかったとすると、放火していた人物の人相や身体的特徴を正確に認識することは容易ではなく、特に一瞬しか見ていない場合には、どの程度正確に認識できたかが問題となる。もっとも、面識がなくとも、近い距離からある程度時間をかけて目撃できた場合にはかなり正確に認識していることもあるので、このあたりを慎重に検討する必要がある。

第Ⅰ部　第3講　証言

(2)　記憶の正確性

　目撃した時点から法廷で証言するまでには、通常かなりの期間が経っている（もともと紛争が生じても直ちに訴訟提起ということにはならず、当事者間で話合いが行われたり、弁護士に相談したり、証拠の収集をしたりしたうえで、訴えの提起となることが多く、訴えの提起後も争点整理がされた後に証人尋問となるので、かなりの時間が経過している）。この間、**記憶を失ったり、記憶が変容したりすることがあるので、正確に記憶を保っていたか**が**問題**となる。

　一般的には、〈*Case* ③-1〉のように、放火現場を目撃するというような非常にまれな体験をした場合には、そのことは鮮明に記憶に残っていると考えられるが、他方、日常的な出来事であれば記憶に残っていないのが通常である。たとえば、預金の引き出しにつき、誰が銀行の窓口で引き出したかという点が争点だったとして、銀行の窓口担当者を証人尋問しても、日々銀行の窓口で対応している担当者が数年前の特定の引き出しについて覚えていることはまずないといえる。もっとも、その時、その顧客と預金の引き出しをめぐってトラブルになったということがあれば、特異な出来事として数年経っても覚えていることもある。〈*Case* ③-1〉では、Aは、特異な出来事を目撃したのであり、記憶に鮮明に残っていると考えられるが、Bの証言については、特異な出来事ではなく、他の日と勘違いをしている可能性もあるので、なぜその日といえるかを検討することが必要になる。

　また、複数の人が目撃した場合などでは、自分としては、加害者が左手で殴ったと認識していたとしても、後日、他の目撃者から右手で殴ったという話を聞かされると、自分の認識違いだったかと思うようになったりするものであり、他者からの誘導にも注意する必要がある。

(3)　表現の正確性

　証人が証言する場合、**的確に表現できたかについても注意を要する。**つまり、証人は法廷で証言することには慣れておらず、誤解して答えたり、質問を取り違えて答えたりすることもあるので、質問に対し正確に答えているかについて注意しておく必要がある。誤解している可能性がある場合には、証人に再度確認する必要がある。

74

3 証言内容の合理性・具体性・一貫性

(1) 証言の合理性

　証言内容が通常あり得ないということであれば、合理性を欠き、信用性に乏しいということになる。たとえば、さほど親しくない人に、書面を作成することなく多額の金銭を貸し付けたというような証言内容であるとすると、通常そのようなことをするとは考えがたく、信用性に乏しいということがいえる。もっとも、時として、普通に考えればあり得ないというようなことをすることもあるので、当該事案においても、なお合理性がないといえるかについて検討することが必要であり、あり得ないことであるとして他の証拠を検討することなく証言を排斥することはできない。

(2) 証言の具体性

　証言が具体的であればあるほど、一般的にその信用性は高いといえる。たとえば、〈*Case* ③-1〉で、Aが放火の目撃状況だけではなく、周囲の状況などについても具体的に証言しており、現実に目撃していなければそれだけの証言ができないという証言内容であれば、信用性が高いといえる。もっとも、証言者が当事者と利害関係を有している場合には、具体的に証言したとしても、当事者から現場の状況を聞かされて、目撃していないにもかかわらず、目撃したかのように証言することも可能であるので、注意を要する。

(3) 証言の一貫性

　証言内容が一貫しているかも、信用性判断の1つのポイントである。すなわち、真実を述べているならば、時と場所を変えることによって証言内容が変わることはないはずだからである。このため、主尋問と反対尋問で異なったことを答えたり、あるいは、訴訟以前での供述内容と異なっていたりすると、信用性は低いといえ、一貫して同じ内容を答えていると信用性は高いということができる。もっとも、もともと記憶があいまいなのに、推測で証言している部分については、証言内容が異なっても、直ちに証言が信用できないということにはならない。たとえば、〈*Case* ③-1〉で、Aの尋問において、放火していた人物の服装を質問された場合、はっきりとした記憶がなく、主尋問で「緑っぽい服であったように思う」と答え、反対尋問で、「黒の服だったかもしれない」

第Ⅰ部　第3講　証　言

と答えた場合、もともと記憶があいまいであれば、証言が変遷しているということではなく、信用性に影響を与えないとみるべきであろう。他方、本来正確に記憶しておくべき点について、証言があいまいであると、信用性に乏しいということがいえる。たとえば、〈*Case* ③-1〉で、放火犯人を目撃した位置を質問された場合、どの場所から目撃したかの記憶がはっきりしないということは通常ないので、それについてあいまいな一貫しない証言内容であったとすると、信用性に乏しいといえる。別の例でいえば、ある学生が昨日行われた授業に出席していたかが要証事実であるとすると、教員がどのような内容の授業をしたかということや、A君が教員の意見に反対して議論になったことなどは、居眠りをしていない限り記憶していると考えられ、これらについてあいまいな証言をすると証言の信用性に欠けると考えられるのに対し、教員が犬の絵柄のネクタイをしていたということは、特に関心がある者でない限り見ていないものであって、その点について答えられなくとも、信用性に影響しないと考えられる。要は、**当然知っているはずの重要な点について、証言内容が一貫しているかが問題**になるといえる。

　また、証言が変遷していても、合理的な理由があれば、証言の信用性判断に影響しないと考えることができる。つまり、ある時期には忘れていたことが後に思い出して証言を変えることはありうるし、勘違いをしていたことがわかって証言を変えるということもありうる。**証言の変遷がある場合、証言を変えるようになった理由を合理的に説明できるか**がポイントといえる。

(4)　留意点

　前述のとおり、証言に合理性、具体性、一貫性がなければ、その証言は信用できないということはいえるが、逆に、合理性、具体性、一貫性があることから、直ちに信用性があると考えてはならない。なぜなら、意図的に虚偽の証言をする者はできるだけ合理的で自然な内容の話を考えてするであろうから、真実でなくとも、合理的、具体的な証言をすることは難しいことではないからである。つまり、全く架空の話をつくり上げることは困難であっても、現実に体験した事実の中に架空の話を入れることは難しいことではない。したがって、証言の信用性判断にあたっては、**証言の合理性、具体性、一貫性というような評価よりも、動かしがたい事実（客観的事実）との整合性を重視すべきである**

といえる。

4 利害関係

　証言者と事件当事者との利害関係の有無は、証言の信用性判断にとって重要である。すなわち、証言者がXの友人である場合と両当事者とは何らの関係もない第三者である場合とを比べると、当然ながら、**第三者の証言のほうが一般的に信用性が高い**といえる。つまり、AがXの友人であるなど当事者の一方の側に立っている場合には、証言者としては、特に意識していなくとも、どうしてもその当事者側の視点でみるので、真実を話しているつもりでも、証言内容がその当事者に有利になることは致し方ないといえる（たとえば、ボクシングの試合を観戦していて、一方の選手を応援している場合には、その選手のパンチがよく当たり、相手選手のパンチが効いていないようにみえるものであり、同じ試合を目撃していても、立場の違いによって証言内容が異なることは大いにありうる）。一方当事者に反感をもっている場合も同様である。

　これに対し、たまたま通りかかった目撃者のように、**当事者のいずれとも何らの利害関係を有しない場合には、故意に虚偽の証言をする動機も利益もなく、その証言の信用性は一般的には高い**といえる。

　〈*Case*③-1〉では、AがXやYと何らかの関係を有しているかは重要である。たとえば、Aも、Xと同様にYと不仲であった場合には、Yに不利益に証言する可能性があるし、Yの知り合いであれば、Yに有利に証言する可能性がある。これに対し、どちらとも関係のないたまたま通りかかった第三者であれば、あえてどちらかに有利に証言するということは考えがたく、その証言内容はより信用性が高いといえる。もっとも、第三者は、たまたま目撃しただけで、あまり関心をもっていないことも多いので、前記のとおり、目撃状況等の正確性の検討が重要である。

　刑事事件であるが、痴漢事件について、その車両に同乗して目撃し、被告人を捕まえた人物の証言の信用性について、最判平22・7・26集刑301号33頁は次のとおり判示している。参考になるので、原文どおり掲げる。

　所論は、Nが、犯人と被告人とを取り違えた可能性があると主張する。

第Ⅰ部　第3講　証　言

(1)　しかし、Nは、第1審公判において、被告人を犯人として捕まえるに至った
経緯等について、「私が被害者に『どうしたの。』と声を掛けると、犯人は、電車
内を被害者から約2m離れた位置まで移動したが、その際、私は、移動する犯人
の背中に向かって、『おじさん次で降りるからな。』と声を掛けた。その後、私
は、電車が次の停車駅である石神井公園駅までの間を走行中、ずっとではないも
のの、犯人をちらちらとたまに見て、その背中を目で追っていた。私と犯人の間
には乗客がたくさんいたが、周囲の乗客が上記のとおり私が犯人に声を掛けたこ
とに反応して、犯人の周囲には若干の空間ができていたので、犯人の背中は見え
た。電車が同駅に停車する直前に、犯人に対して『一緒に降りるぞ。』と言い、停
車と同時に、ドアが開く前に、犯人の方に向かい、その左そでをつかんで一緒に
降車した。このとき降車する乗客の流れがあったが、私が犯人のところへ行くた
めに降車する乗客の流れに逆って進まなければならないところでは、周囲の乗客
が空けてくれた。捕まえた犯人は被告人であった。」と供述している。
(2)　Nは、たまたまその場に居合わせた乗客であって、被告人とも被害者とも格
別の関係を有しない第三者であり、殊更に被告人に不利益な虚偽の供述をするこ
とは想定されない。
　その供述内容は、痴漢被害を認識した経緯、犯人を特定して声を掛けた状況、
石神井公園駅に至るまでの犯人との位置関係、その間における犯人の視認状況、
そして同駅で犯人とともに降車した状況を通じて、不自然な点はなく、信用性を
疑うべき事情は見当たらない。Nの供述する一連の経過に照らせば、同人が犯人
を別人と取り違えた証跡はないものと認められる。

5 その他

(1) 故意や過失による誤った証言

　故意による虚偽の陳述と過失による誤解がある。故意の理由としては、相手
方に対する恨みや金目当てで虚偽の証言をすることが考えられる。過失による
誤解としては、たとえば、満員電車で痴漢にあったと思っているが、実は鞄が
当たっていたということもあり得る。双方の言い分が真っ向から対立する場合
には、こうした可能性も念頭におきつつ、慎重に検討する必要があるといえる。

(2) 証言態度

　尋問中に詰まって答えた、下を向いて答えたなどの証言態度も、信用性の判
断にあたって考慮することはできるが、初めての法廷であれば誰でも緊張する

ものであり、よどみなく答えることは難しく、他方で堂々と嘘の証言をする者もいるので、証言態度で心証をとることは危険である。あくまでも、前述のとおり、動かしがたい事実との整合性等によって心証をとるのが相当であろう。

(3) 伝聞供述

民事訴訟においては、刑事訴訟とは異なって、伝聞証拠であるとして証拠能力が否定されることはなく、当然証拠になりうる。

ただし、**一般的にいえば、直接経験に基づく証言のほうが伝聞証拠よりも信用性が高い**といえる。つまり、伝聞証拠であれば、Aが目撃した内容をBが聞いてそれを証言するのであるから、Aが直接証言する場合と比べ、AからBに言い伝えられる時に、聞き間違いや誤解が生じる可能性がある。また、Bは、直接目撃したわけではないので、証言において、目撃状況を詳しく質問されても答えようがなく、その信用性の判断が難しいといえる。もっとも、個別には、動かしがたい事実との整合性等を検討した結果、伝聞証拠でも信用性が高い場合はもちろんある。

Ⅲ │ まとめ

証言の信用性の検討にあたっては、**動かしがたい事実との整合性を中心に、証言内容は合理的なものかなど証言の内容を検討することが重要である**。仮に、一部の証言に客観的事実と矛盾がある場合には、それが重要な点での相違なのか瑣末なものであるのかを見極めて、信用性の判断をすべきである。

証言者が、当事者と利害関係を有しない第三者の場合は、故意に嘘の証言をするとは考えがたく、一般的には実質的証拠力は高いといえるし、伝聞証拠よりも直接体験した者の証言のほうが実質的証拠力が高いといえる。ただし、第三者は利害関係がないため、関心をもっていないことも多く、事実認識の正確性の検討等をすることが不可欠であるし、伝聞証拠でも信用できる場合もあるので、確実に認定できる動かしがたい事実を前提として、各証言内容を具体的に検討する以外にはないといえる。

第Ⅰ部 第3講 証言

♣ *Coffee Break*　生かされた命を燃やして～ JR 福知山線脱線事故で得た教訓
（藤原正人・代表社員弁護士〔弁護士法人ウィステリア法律事務所〕）

　2005年4月25日は私の人生において、忘れられない1日となりました。当時、私は21歳、同志社大学の4年生で、大学2年生から始めた司法試験の受験生でした。「弁護士になれれば格好いいかな」という程度の本当に軽い気持ちで始めた受験勉強の開始から早2年、合格する見込みもない状況の一方で、就職活動を終えた周りの友達が残りの大学生活を満喫する姿があまりにもうらやましく、当時は、自分の選択が間違っていたのではないかと悩むことも多かったです。

　その日はいつもと変わらぬ朝を迎え、司法試験予備校に向かうために JR 伊丹駅から JR 尼崎駅へ向かう電車に乗りました。普段は1両目に乗ることがほとんどだったのですがその日はなぜか3両目に乗りました。もし、1両目に乗っていればもうこの世にはいなかったかもしれません。

　私は、当時、旧司法試験の短答式試験の直前であったため、音楽を聴きつつ、司法試験予備校で配布されたテキストの中の六法の条文を素読しながら、電車に乗り込みました。集中していたため、電車の異変は特に意識していませんでした。しかし、その日の平凡な朝は、突如として悪夢へと変わりました。

　列車は兵庫県尼崎市の JR 福知山線を走行していました。私はドア付近にもたれて、立っていましたが、列車がカーブに差しかかると突然、異常な振動を感じました。次の瞬間、ものすごい音とともに体が激しく揺れ、視界が歪みました。何が起こったのか理解する間もなく、私は転倒し、周囲の人々の悲鳴が響き渡りました。電車内はまるで人間洗濯機状態となり、「このまま死ぬんだろうな」と死を覚悟しました。一方で、その瞬間、「このまま何も達成しないまま、死んでたまるか」という強い気持ちがわいてきたのを記憶しています。それまで勉強もなんとなくの惰性でやってきて、真剣にならないくせに、周りをうらやんでは自分の人生に対して不平不満ばかりもっていたのが、自分が本当に死ぬかもしれないという状況になって初めて、自分の置かれた環境がどれだけ恵まれていたのか、もっと生きて、いろいろなことにチャレンジしたいという執念ともいえる感覚を強く感じた瞬間だったと思います。

　電車は脱線し、建物に激突したあと砂煙を上げながら、止まりました。1

両目は、建物の下に潜り込んでいたのでどこにいったのかもわからない状況で、2両目は、強く圧迫された形で建物に巻き付いて大破しているような状況でした。私が乗車していた3両目は左向きに180度回転してとまっていたと思います。車内は一瞬にして混乱と恐怖が支配しました。私は脱線時の急激な揺れによって積みあがった人の山の中にいました。何とか身を起こし、周囲を見渡すと、目の前には血を流した女性や「痛い」と泣き叫ぶ女性がいました。しばらくして、誰かが「爆発する！」と叫んだことから、私は自力で割れたドアの窓から靴の片方をなくしたまま、必死に脱出しました。その場から離れようとした際、司法試験受験のための勉強セット一式が入ったカバンを電車の中に置いたままだったので、意識が朦朧とする中、取りに戻ろうとしました。その時、カバンは偶然にも私の足元に放り投げられ、強い運命を感じました。

　死者107名、負傷者562名の痛ましい事故の中で、自分が生き残ったことに何か意味があるのではないかと感じ、生かされた人間としての責任を強く感じました。この経験を通じて、なんとなく弁護士になれたら格好いいなという意識が、生かされた命を弁護士として少しでも社会に役立てたいというものに変わりました。

　そして、私は、事故に遭った翌日から、ケガした足を引きずりながら、阪急電車を利用して予備校に向かい、勉強を再開しました。その年、なんとか短答式試験には受かったものの、論文試験では力及ばずに不合格、翌年、ロースクールに入学し、2年間の学生期間を経て、2008年に司法試験に合格し、司法修習（62期）を経て2010年より弁護士業務をスタートしました。

　そのあとは、日々の弁護士業務に忙殺されながらも、いつの間にか月日は流れて気がつけば、40歳を過ぎました。現在、私は小さな弁護士法人を経営し、一般民事事件から企業法務、刑事事件まで多種多様な事件を担当させていただく立場になりました。これまでの弁護士人生を振り返る（「振り返る」と語れるほどたいしたものではないことは自認しております）と、業務をしていて辛かった時、苦しかった時は、事故のことをふっと思い出すことがあり、「あのときもしかしたら死んでいたかもしれない」「どうせ儲けものの人生だからもうちょっとだけ頑張ろう」と、少しだけ背伸びして頑張ってきたから、今があるようにも思います。

　これから弁護士業務をスタートされる方の中には、仕事をしていく中で、

第 I 部　第 3 講　証　言

　辛いこと、苦しいことがたくさんあるかもしれません。時に悩むことが多く、
抱え込んでしまうこともあるかもしれません。実際、仕事をしていく過程で、
不幸にも自ら命を絶ってしまったり、取り返しのつかない過ちに手を染めて
しまったりする方もいらっしゃいます。しかし、私が、この事故から得た教
訓は、命より大切なものはないということです。時には逃げてもよいし、た
とえ大きな失敗したとしても、誠意をもって対応し今後の教訓にすればよい
のだと思っています。悩みや苦しみは誰かに相談することだってできます。
それでも、私たちは弁護士として、他人の痛みや苦しみを理解し、それを和
らげるために全力を尽くすことができるはずです。
　相変わらず、仕事をしていてもわからないことは出てくるし、判断に悩む
出来事に悪戦苦闘している毎日ですが、私は、これからも、弁護士として福
知山線脱線事故で生かされた命を燃やして、目の前の一人ひとりに向き合い、
真摯に業務を行っていきたいです。その結果、相談に来られた方を少しでも
笑顔にすることができるのであればこんな素敵な仕事ってないのかなって思
っています。

判断の構造

　第4講では、これまで述べてきた事実認定の総論、書証、証言を前提として、ある「主要事実」を認定できるかについて、いかなる証拠があるのかという観点から判断の構造を検討しよう。

I　判断の枠組み

　すでに述べたとおり、処分証書や領収書等の重要な報告文書のような類型的信用文書については、一般的に実質的証拠力が高いと考えられる。また、直接証拠と間接証拠は区別される。この両者の観点から、主要事実が認定できるかを検討するにあたっては、次の4つの類型がある。

　第1類型：直接証拠である類型的信用文書があり、その成立に争いがない場合
　第2類型：直接証拠である類型的信用文書があり、その成立に争いがある場合
　第3類型：直接証拠である類型的信用文書はないが、直接証拠である供述証拠がある場合
　第4類型：直接証拠である類型的信用文書も直接証拠である供述証拠もない場合

　上記の4つの判断枠組みは、①一般的に実質的証拠力が高いと考えられる類型的信用文書は存在するか（成立の真正につき争いがない場合と争いがある場合がある）、②主要事実を目撃した供述のような直接証拠は存在するかという観点から、判断構造の枠を示したものである。
　では、各類型ごとに判断の構造をみていこう。

第Ⅰ部　第4講　判断の構造

〈表2〉　主要事実の認定判断の類型

	類型的信用文書	直接証拠の供述
第1類型	あり（成立争いなし）	―
第2類型	あり（成立争いあり）	―
第3類型	なし	あり
第4類型	なし	なし

Ⅱ　第1類型——直接証拠である類型的信用文書があり、その成立に争いがない場合

　契約書や領収書のように類型的に実質的証拠力が高いと考えられる文書について成立に争いがない場合には、当該文書が、主要事実との関係で、どの程度の証拠力（実質的証拠力）を有しているかの問題となる。通常、こうした文書は実質的証拠力が高く、特段の事情がない限り、その文書に記載されている内容の事実を認めることができ、直接証拠である場合には、主要事実を認めることができることになる。契約をしていないのに契約書を作成することはないし、金銭を受け取っていないのに領収書を作成することはないという経験則に基づく。したがって、これを覆すには特段の事情として、文書の信用性を争う者が実質的証拠力がないとする具体的な事実を主張しなければならず、その事実の当否が争点となる。

　たとえば、XがYに対して消費貸借契約に基づいて貸金の返還請求をしたところ、Yにおいて、消費貸借契約書の成立を認めながらも、Xが金融機関から融資を受けるにあたり半年後には入金があることを示すために頼まれて架空の消費貸借契約書を作成したと主張すれば、その事実が認められるかについて審理することになる。主要事実は、XとYが消費貸借契約を締結したことであり、Yには立証責任はなく反証で足りるから、架空の消費貸借契約書を作成したことについて高度の蓋然性の証明までは必要ではなく、その可能性が相当程度あることを立証すれば（仮に、80％確かであるとわかった場合に立証できたと考えるのであれば、架空の消費貸借契約書を作成した可能性が20％以上あること

84

〔図6〕 認定判断の第1類型の構造

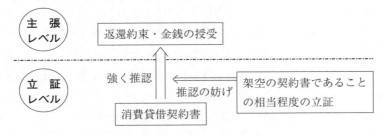

を立証すれば)、消費貸借契約書から消費貸借契約の事実を認定することができないことになる。他方、その可能性はまず考えられない（20％以下の可能性しかない）というのであれば、消費貸借契約書から消費貸借契約の事実を認めることができる。

　以上のとおり、審理の結果、直接証拠である消費貸借契約書から主要事実である消費貸借契約の締結の事実を認めることができれば、他の間接事実・証拠を検討する必要はない。他方、それができない場合には、第3類型または第4類型の判断が必要になる。

III　第2類型——直接証拠である類型的信用文書があり、その成立に争いがある場合

1　成立の真正に関する争い方による分類

　類型的信用文書の成立に争いがある場合としては、①Yが文書に署名したことに争いはないが、Yが白紙に署名した、変造されたなど文書の成立を否認している場合、②文書にY名義の署名があるが、Yが署名について否認した場合、③文書にY名義の記名押印があり、Yは文書の成立を否認したが、印影が自己の印鑑によるものであることを認めた場合、④文書にY名義の記名押印があり、Yが文書の成立を否認し、Y名義の印影についても、Yが自己の印鑑によるものではないと主張した場合がある。

①　Yが文書に署名したことに争いはないが、Yが白紙に署名した、変造されたなど文書の成立を否認した場合

第Ⅰ部　第4講　判断の構造

　　この場合は、**民訴法228条4項により、文書の真正な成立が推定される**ので、Yの反証が認められるかが争点となる。なお、同条は、事実上の推定であって、法律上の事実推定ではないので、立証責任が転換されているわけではない（40頁参照）。したがって、本人が白紙に署名した、後に勝手に書き加えられたなどの可能性が相当程度あることを立証し、文書の成立の真正について真偽不明にすれば、反証に成功したことになる。

One Point Lecture!　否認か抗弁（虚偽表示）か？

　否認と虚偽表示の抗弁との違いは、次のように考えることができます。

　Xは、自己が所有する甲土地について債権者から差押えを受けそうなので、甲土地の所有権を一時的にYに移したいと思い、Yと相談のうえ、XがYに甲土地の贈与を原因とする所有権移転登記をした場合、XとYの意思表示は、XからYに贈与するという表示行為をすることにつき一致していますが、効果意思（その意思表示によって認められる法律効果に対応する意思）がないので、通謀虚偽表示の抗弁を提出していると考えられます。

　他方、Xが金融機関から融資を受けるにあたり、弁済が可能であることを示すために、Yに依頼して、Yを注文者、Xを請負人とする架空の請負工事契約書を作成してもらったという場合、XとYは、単に請負工事契約書という書面を作成する意思しかなく、請負契約を締結する効果意思は双方とも有していないのですから、XとYとの間で請負契約を締結した事実を否認しているといえます。この考え方については、XとYとの間で請負契約が成立していないとすると、請負契約書を信頼してXに融資をした金融機関は民法94条2項で保護されなくなるという批判があるかもしれません。しかし、もともと契約書に登記のような推定力が生じるわけではなく、契約書を信頼したとしても民法94条2項で保護されるわけではありません（金融機関がYに対して責任を追及したければ、不法行為等を検討すべきです）。

---

②　文書にY名義の署名があるが、Yが署名について否認した場合

　　この場合は、**Xにおいて署名はYがしたことを立証する必要がある。**しかし、私文書に本人の意思に基づく署名がある場合、文書全体の成立が推定される（民訴法228条4項）。したがって、この推定が働くときは、反証が認められるかが判断の中心になる（証明責任が転換されているわけではないので、Yが署名したか真偽不明であれば、文書は真正に成立したとは認め

Ⅲ　第2類型——直接証拠である類型的信用文書があり、その成立に争いがある場合

られない）。Yが署名したと認められる場合は、Yの争い方によって①の
問題となる。

③　文書にY名義の記名押印があり、Yは文書の成立を否認したが、印影
が自己の印鑑によるものであることを認めた場合

　　この場合は、Yが押印したと事実上推認でき、民訴法228条4項により、
文書の成立の真正が推定できる。いわゆる2段の推定である。したがって、
**Yにおいて、別の件で預けていた印鑑が勝手に押されていたなど、反証を
する必要がある**（証明責任が転換されているわけではないので、Yが押印した
か真偽不明であれば、文書は真正に成立したとは認められない）。1段目の推
定が認められると、2段目の推定の問題（①の問題）となる。

④　文書にY名義の記名押印があり、Yが文書の成立を否認し、Y名義の
印影についても、Yが自己の印鑑によるものではないと主張した場合

　　**Xにおいて印影がYの印鑑によるものであることを立証しなければな
らない**。Y名義の印影がYの印鑑によるものと認められると、③の問題
となる。

以上の検討の結果、直接証拠である類型的信用文書の真正な成立が認められ
ると、次は、第1類型の問題となる（類型的信用文書の実質的証拠力が疑われる
という特段の事情の主張・立証がなければ、その文書の記載どおりの事実が認めら
れる、という結論になる）。

その文書が真正に成立したと認めることができない場合には、第3類型ある
いは第4類型の問題へと移る（直接証拠となる供述がなく、間接事実の主張もな
ければ、その文書に記載された事実は認めることができない、という結論になる）。

〈表3〉　**成立の真正に関する争い方による分類**

	成立の真正の認否	
Y名義の署名あり	認（①） 民訴法228条4項	否（②）
Y名義の押印のみ	認（③） 2段の推定	否（④）

第Ⅰ部 第4講 判断の構造

2 | 文書の真正な成立の立証方法

(1) 立証方法

Yが文書の成立を否認した場合、民訴法228条4項による推定規定やYの印鑑が押印されていることによる事実上の推定が働かないときは、Xにおいてその成立の真正について立証することが必要になる（民訴228条1項）。立証方法としては、①文書の体裁や内容等文書自体からYが作成したことを直接立証する方法と、②文書の体裁や内容等とは別の観点から、Yが作成したことを立証する方法がある。

①は、たとえば、売買契約書に記載されたY名義の署名がYのものであるかについての筆跡の検討、契約書に押印されているY名義の印影がYの印鑑と同一であるかの印影の検討、印鑑の保管状況や盗印者とされている者が印鑑を使用できた可能性の程度に関する尋問などの方法がある。また、契約書の金額欄が署名後に変造されたと主張するのであれば、金額欄の記載が不自然であることなどが問題になる。これらは、いずれも文書の成立の真正について直接関連するものである。

これに対し、②は、契約書とは直接関連のない事実、たとえば、Yは売買契約締結後に売買の目的物を利用しているという事実を立証することによって、売買契約書の成立の真正を立証するものである。

ところで、②については、**補助事実（文書の成立の真正）を立証する事実**であるとともに、**主要事実（契約の締結）の推認に役立つ間接事実である**といえる。つまり、売買の目的物を利用しているという事実は、売買契約が締結されたという事実を推認させる事実であり、かつ、売買契約書が真正に成立したことを推認させる事実でもある（**間接事実の補助事実的機能**とよばれている）。

この場合、どのような判断構造になるかを考えてみよう。

〈*Case* ④-1〉

Xは、Yに対し甲自動車を200万円で売ったが、50万円は支払われたものの、残金150万円を支払わないとして、Yに対し売買契約に基づき150万円の支払を求める訴訟を提起し、甲1号証として売主X・買主Yの署名のある売買契約書を提出した。Yは、売買契約の締結を否認し、甲1号証

Ⅲ 第2類型——直接証拠である類型的信用文書があり、その成立に争いがある場合

については、成立を否認した。ほかに、Yが甲自動車を使用している事実（a事実）とYからXに対し50万円が支払われている事実（b事実）が認められた（Xは、50万円につき代金の一部であると主張している）。

甲1号証については、審理をしたが、Y名義の署名につき、Yがした可能性が高いが、別人が署名した可能性もあり、成立の真正を認めるには至らなかった（高度の蓋然性の証明ができなかった）。

判断の構造としては、次の2つがある（〔図7〕参照）。

(2) 総合判断型

立証命題は、主要事実（売買契約の締結）が認められるかということであるから、その推認に役立つ事実は間接事実として位置づけ、a事実やb事実、売買契約書から売買契約の締結を認めればよいとする考え方である。

(3) 直接証拠型

契約書は、処分証書（類型的信用文書）であり、直接証拠であるから、その成立の真正が認められると、第1類型となり、主要事実は認められることにな

〔図7〕 総合判断型と直接証拠型

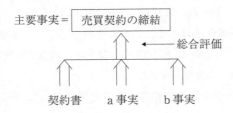

第Ⅰ部　第4講　判断の構造

〔図8〕　認定の段階

```
100%        80%                                              0%
┌─────────┬──────────────────────────┬─────────────┐
│ 高度の   │                          │ 相当程度の   │
│ 蓋然性   │   相当程度の可能性        │ 可能性もなし │
└─────────┴──────────────────────────┴─────────────┘
```

る。そうすると、その成立の真正を判断すべきであり、a事実やb事実は、成立の真正の判断に役立つ補助事実として位置づけるべきであるとする考え方である。

(4)　小　括

直接証拠型は、目的物の利用や代金の一部支払があった場合には、売買契約書の作成をYがしたと考えられ、そうすると、売買契約が認められることになる、という構成である。しかし、目的物の利用や代金の一部支払があった場合には、端的にそこから売買契約を認めれば足りることであって、何も売買契約書の作成を間に挟む必要はないであろう。

そうだとすると、契約書の成立の真正は、契約書の筆跡や印鑑の保管状況等、契約書に関する事情のみに基づいて判断するのが相当である。この結果、①Yが署名（押印）したと認めることができる、②認めることはできないが、その可能性が相当程度ある、③相当程度の可能性があるともいえない、ということがある（〔図8〕参照）。契約書の成立の真正についてはそれで一応判断を終え、②の場合には、間接事実を検討して、これらを総合して、主要事実が推認できるかを検討するのが相当である（①の場合には、第1類型の問題となり、③の場合には、契約書は主要事実の推認に役立たない）。

筆者としては、「総合判断型」が相当であると思うが、「直接証拠型」の判決もないわけではなく、どちらの方法も使われている。

Ⅳ	第3類型——直接証拠である類型的信用文書はないが、直接証拠である供述証拠がある場合

第3類型では、その供述が一般的に信用性が高いものであるか否かによって、判断構造が変わってくる。

Ⅳ　第3類型──直接証拠である類型的信用文書はないが、直接証拠である供述証拠がある場合

1 │ 一般的に信用性の高い証言がある場合

当事者と利害関係を有しない第三者の目撃証言のように、虚偽証言のおそれに乏しく、その証言が正しいものであれば、直ちに主要事実が認められるような場合には、まず、その証言の信用性を検討する必要がある。

たとえば、〈*Case* ③-1〉（69頁）においては、まず、Aの証言の信用性を検討すべきである。目撃状況に関する客観的条件や主観的条件を踏まえて（73頁参照）、Aが認識した人物の特徴とYの特徴が一致するかを吟味することが必要であり、さらに証言の一貫性、利害関係の有無等を踏まえて、その信用性を検討することになる。その結果、Aの証言が十分に信用できるということになれば、Aの証言からYが甲建物に放火したという主要事実を認定できるということになる。

このように、検討の結果、**理論的には、その証言は十分に信用することができるということになれば、その証言から主要事実を認定することができ、他の間接事実・証拠を検討する必要**はないが、書証は作成された当時の状態から動かないのに対し、証言は人の記憶に頼るところが大きく、大きな勘違いをしている可能性がないわけではなく、証言のみで主要事実を認定することは危険な面があることは否定できない。したがって、**「目撃者Aの証言の信用性は高い」**と判断したうえで、**他の証拠・間接事実について検討する**のが相当である。

その結果、証人の証言に沿う間接事実が認められると、証言の信用性がより高まるという関係にある。この構造は、類型的信用文書の場合と同じであり（89頁参照）、証言の信用性は、証言の信用性と直接関係する事実に基づいて判断し、それとは別に、間接事実を検討し、これらを総合して主要事実が認められるかを判断する方法（総合判断型）と間接事実を証言の信用性判断に使う方法（証言認定型）がある。

では、〈*Case* ③-1〉（69頁）を基に具体的に考えてみよう。

総合判断型は、次のような判断構造である。

Aは至近距離から放火の現場を目撃しており、証言の信用性が高く、その人物の特徴から放火をした人物はYであった可能性がかなり高いとする。ほかに、BやCの証言により、放火時刻の10分前にYが甲建物の近くで自動車

91

からガソリンが入っているようなタンクを降ろしていた事実（a事実）、その2日前にXが居酒屋でYを罵倒していた事実（b事実）が認められたとする。a事実やb事実は、主要事実（Yが甲建物に放火した事実）を推認させる事実である。a事実はある程度強く推認させる事実といえる一方で、b事実はかなり弱いが、1つの間接事実にはなる。そうすると、Aの目撃証言のほか、こうした間接事実を総合して主要事実が認められるという構造になる。

証言認定型は、a事実やb事実をAの証言の信用性判断の補助事実として使う方法である。つまり、a事実やb事実が認められることによって、Aの証言の信用性が高まり、Aの証言から主要事実が認定できるという構造である。

前述のとおり、前者が相当であると考えるが、判断している内容は同じである。

〔図9〕 **総合判断型と証言認定型**

〔**総合判断型**〕

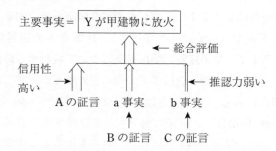

〔**証言認定型**〕

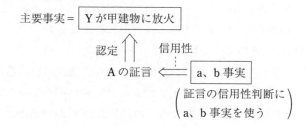

Ⅳ　第３類型──直接証拠である類型的信用文書はないが、直接証拠である供述証拠がある場合

2 | 当事者やその関係者の供述が直接証拠である場合

　これに対し、直接証拠といっても、当事者やその関係者の供述は、一般的に実質的証拠力は低いといってよいので、その信用性の検討よりも、他の証拠・間接事実の検討を優先すべきである。

　たとえば、Ｘ が Ｙ に対し200万円を貸したとして、200万円の貸金返還請求訴訟を起こしたとする。契約書等の類型的信用文書はないが、Ｘ が本人尋問で、「私は、２月22日、私の自宅で、Ｙ に対し現金200万円を交付して貸し付けました」という供述をしたとしても、Ｘ がそのような供述をするのはいわば当然のことであり、一般的に実質的証拠力は低いので、第三者による目撃証言などと異なって、この供述自体から、直ちに主要事実を認定できるものではない。

　金銭の授受については、たとえば、Ｘ の銀行口座から２月22日に200万円が引き出されている事実、同日に Ｙ の銀行口座に200万円が入金されているという事実が認められることによって、Ｘ から Ｙ への200万円の授受があったという主要事実が推認できるという関係にあり、このような間接事実が認められることによって、Ｘ の供述は真実であると認められることになる。この場合、間接事実から主要事実を推認することができたのであって、「２月22日、私の自宅で、Ｙ に対し現金200万円を交付して貸し付けました」という Ｘ の供述の信用性が高いことから、主要事実を認定したわけではない。

　これらを図で示すと、〔図10〕のとおりである。

　なお、司法研修所では、第１、第２類型に当たらない場合、当事者本人の供述であっても、それが直接証拠である場合には第３類型として本人供述の信用性を検討すべきである、という見解をとっているようである。Ｘ が「私（Ｘ）は Ｙ に対し200万円を貸し付けた」という本人供述をしている場合、直接証拠であり、その信用性が高ければ、その供述から主要事実を認定できるので、その信用性を検討すべきであるという考え方である。

　しかし、本人の供述は、一般的に実質的証拠力が低いとされており、主張とほとんど変わりはないものである。そのような信用性に乏しい供述を検討するよりも、他の間接事実や証拠を検討し、有力な間接事実や証拠があるならば、端的にそこから主要事実を認めることができるかを検討するのが相当である。

93

〔図10〕 間接事実から主要事実を推認するイメージ

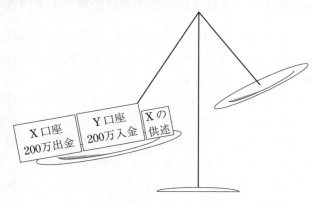

何も本人の供述を間に挟むことではなく、他の間接事実や証拠から主要事実を認定できるかを検討すれば足りる。信用に値する間接事実や証拠があればそこから主要事実を認定することができるのであって、なぜ本人の供述を間に挟む必要があるのか理解に苦しむ。現実の判決書を見ても、重要な間接事実や証拠がある場合、そこから主要事実を認定しているのであり、本人の供述の信用性が高いとして主要事実を認定しているものは皆無といってよい。

V 第4類型——直接証拠である類型的信用文書も直接証拠である供述証拠もない場合

1 間接事実とは

　実質的証拠力が高い直接証拠がない場合には、間接事実から主要事実を推認することができるかを検討することになる。また、前記のとおり、直接証拠があっても、直接証拠から主要事実を認定できない場合、あるいは、直接証拠が供述証拠である場合のようにその信用性を確かめる場合にも間接事実の検討が行われる。

　各間接事実の証拠としては文書と証言があるが、形式的証拠力、実質的証拠力の判断については、第1類型〜第3類型で検討したところと同じである。

　第4類型が他の類型と異なるのは、間接事実については、間接事実から主要

V　第4類型──直接証拠である類型的信用文書も直接証拠である供述証拠もない場合

事実を推認するという過程があることである。

　間接事実から主要事実を推認する場合（あるいは間接事実から1つ上位の間接事実を推認する場合も同様）、経験則に基づいて、事実上の推定をするという手法がとられる（事実上の推定については、［基礎編］220頁、［要件事実編］285頁、参照）。

　事実上の推定（推認と同義）は、日常でもよく行われている。たとえば、夜間、窓から外を見たが雨が降っているかがわからない場合、傘をさしている人がいるかを確認したりする。傘をさしている人がいれば、雨が降っていると考えることができ、傘をさしていなければ雨は降っていないと考えることができる。これが事実上の推定（推認）である。もっとも、事実上の推定は、通常であればという程度であるから、例外がありうる。たとえば、ある人が傘をささずに歩いていても、傘を持っていないのでやむなく濡れながら歩いているのかもしれない。そうすると、傘をさしていないから雨が降っていないという推認は、あまり強いものではないということができる。傘をさしていない人が2人あるいはそれ以上に多くなってくると、雨が降っていないという推認の程度が強くなる。また、傘を手に持っているが、さしていなければ、雨が降っていないことは強く推認できるであろう。

　事実上の推定は以上のようなもので、要証事実が「雨が降っている」とすると、直接、雨が降っていることを証明するのではなく、「傘をさしている」というような、要証事実をうかがわせる事実を立証することによって、要証事実を推認させるというものである。要証事実が主要事実である場合についていえば、証拠調べを行って、間接事実を認定し、その間接事実から主要事実が推認できるかを、経験則によって判断することになる。

　「XがYに対し令和8年2月22日に200万円貸し渡した」というのが要証事実であるとすると、「Xが令和8年2月22日に自己の銀行預金口座から200万円を引き出した事実」、「Yがその日にAに対し200万円を弁済した事実」を立証すれば、YにおいてAに対する200万円の弁済の資金源について立証しなければ、要証事実である「XがYに対し令和8年2月22日に200万円を貸した事実」が推認できるという関係にある。

95

第Ⅰ部　第4講　判断の構造

2 強い間接事実と弱い間接事実

〈*Case* ③-1〉（69頁）で、BやCの証言により、Yが放火時刻の10分前に甲建物の近くで自動車からガソリンが入っているようなタンクを降ろしていた事実（a事実）、その2日前にXが居酒屋でYを罵倒していた事実（b事実）が認められたとする。

91頁で述べたとおり、a事実はある程度強く主要事実（Yが甲建物に放火した事実）を推認させる事実といえる。つまり、甲建物にガソリンがまかれて放火されているわけであるが、Yが時間的場所的に接近して自動車からガソリンが入っているようなタンクを降ろしていたとすると、Yが放火した可能性はかなり高いといえる。

他方、b事実は、主要事実の推認にはかなり弱い。放火はいわゆる動機犯といわれており、放火したとしても自分が得をするわけではなく、保険金目的や精神的に異常な状態で放火するような場合を除くと、かなりの恨みをもった者によるものと考えられる。そうすると、最近、YがXに対して強い恨みを抱くような事実があったとすると、Yが放火したことを推認させる間接事実にはなるといえるが、恨みがある者は必ず放火をするというわけではないから、ほかに強く主要事実を推認させる事実があった場合にそれを少し補強するという程度のものであるといえる。

このように、**間接事実については、主要事実との関係で、どの程度の実質的証拠力を有するかは各間接事実によって全く異なる**といえる。

3 総合評価

間接事実がいくつかある場合、個別に主要事実の推認に役立つかを検討する必要があるが、最終的にはすべての間接事実を総合して、主要事実を推認できるかを判断することになる。つまり、各間接事実を個々でみれば、推認の程度が強いわけではないが、それらが合わさると推認できるということはありうる。たとえば、「XがYに対し令和8年2月22日に200万円貸し渡した」が主要事実で、①Xが令和8年2月22日に自己の銀行口座から200万円を引き出した事実、②Yがその日にAに対し200万円を弁済した事実は、個々でみれば、そ

96

V 第4類型——直接証拠である類型的信用文書も直接証拠である供述証拠もない場合

れだけでは、「XがYに対し令和8年2月22日に200万円を貸し渡した事実」を推認させるほどのものではないが、合わせると、その事実を推認させるものとなる。もっとも、Yにおいて、Aに支払った200万円の資金源を明らかにした場合、たとえば、③Yがその日にBから売買代金200万円を受領した事実を立証した場合には、Yはそのお金でAに対し弁済した可能性が生じ、結局、①、②、③の事実を総合すると、主要事実を推認することはできないということになろう。

間接事実については、個々の間接事実を検討するほかに、より重要なこととして、全体評価として、主要事実を推認できるかを検討することである。つまり、個々の証拠や間接事実を検討することは大事なことではあるが、同時に事件全体をみる視点を忘れてはならない。

―― ***One Point Lecture!*** 間接証拠から認定する場合の注意点 ――

　間接証拠からいきなり主要事実を認定することがないように注意する必要があります。必ず間接証拠から間接事実を認定し、認定できた間接事実から主要事実が推認できるかを検討するという順序になります。〈*Case* ③-1〉（69頁）では、Aの証言は直接証拠なので、Aの証言から主要事実を認定することは可能ですが、BやCの証言は間接証拠なので、BやCの証言が信用できる場合には、Bの証言から「2月10日午後10時50分頃、甲建物の近くでYが自動車からガソリンが入っているようなタンクを降ろしていたこと」を、Cの証言から「2月8日、居酒屋でXがYを罵倒していたこと」を認定し、その間接事実から主要事実を推認できるかを検討することになります。

4 間接事実（補助事実）の役割

　ここで、あらためて、主要事実と間接事実の違いをみてみよう（ここで述べる間接事実には「補助事実」を含む）。

　まず、**間接事実については、弁論主義の適用はないので、主張責任はなく、裁判所において当事者が主張していない事実を認定しても弁論主義に反することにはならない。**もっとも、このことは、裁判所が当事者が主張していない間接事実を認定しても弁論主義に違反しないというにすぎず、裁判所において重要と考える間接事実が証拠上認められると考えたが、当事者がその主張をして

97

第Ⅰ部　第4講　判断の構造

いない場合には、指摘して間接事実レベルでの争点を明らかにしておくのが相当である（このような場合としては、当事者双方が証拠を見落としていたり、裁判所が誤解したりしている場合がある）。

　また、**間接事実については立証責任がない**。つまり、主要事実については、必ず当事者のどちらかが立証責任を負っており、それが証明できない場合には、その当事者が不利益となり、それに基づいて判決がされる。たとえば、売買契約に基づく請求については、売買契約の締結は原告が立証責任を負っており、それが証明できないと、その事実がなかったこととなって敗訴することになるし、弁済の事実を被告が証明できなければ、弁済の事実はなかったものとなる。あらゆる事件について判決を可能とするためには、主要事実については立証責任を決めておく必要がある。

　これに対し、間接事実は証拠と同じ位置づけであって、主要事実を推認させるものであるから、証明ができなかったからといって、その事実がなかったと決める必要はない（伊藤滋夫『事実認定の基礎〔改訂版〕』195頁、高橋・民訴（上）524頁等参照）。たとえば、Y名義の署名がある契約書の成立の真正が争われ、筆跡鑑定をしたところ、Yの筆跡である可能性が高いが、別人による筆跡の可能性もあり、Yの筆跡である可能性は70％程度である、という鑑定結果が出され、裁判所がその鑑定結果が相当であると考えた場合、70％しか確かでないので、文書の成立の真正について証明できたとはいえないとして、その文書は主要事実の認定に役立たないと考えるべきではなく、Yが署名した可能性が高いとしたうえで、他の間接証拠を検討するのが相当である。判決書では証明の程度に応じて「……の可能性が高い」「……の可能性が相当程度ある」「……の事実がうかがわれる」というような判示がされる。

　実務では、**要証事実を強く推認させる間接事実（直接証拠の信用性に関する補助事実を含む）については、高度の蓋然性の証明に至らなくとも、その可能性が高いという場合には考慮するが、それ以外の間接事実については証明された事実のみを考慮するのが一般的**である。

　要は、いくつかの間接事実が合わさって要証事実が認められるかを検討することになる。

98

5 まとめ

間接事実は、主要事実を推認させる方向の間接事実と、推認を妨げる方向の間接事実があるので、それらを総合して、（一定の実質的証拠力を有する直接証拠がある場合には、それも総合して）主要事実が認められるかを検討する。

Ⅵ 判断類型のまとめ

事実認定を検討するにあたっては、まず、第１類型〜第４類型のいずれに当たるかの確認をし、各類型に応じて検討するのが相当である（なお、こうした各類型は、事実認定を検討するための手がかりとするものであり、必ずどの類型か確定させてから判断しなければならないわけではないことに注意を要する。要は、事案に応じて、論理的にわかりやすく判断を示せばよいわけであり、その手がかりとして各類型を示しているにすぎない）。

ここでは、第１類型について概略を検討してみよう。

売買契約に基づく請求で類型的信用文書（売買契約書、甲１号証）があって成立に争いがない場合（第１類型）であれば、

> 類型的信用文書あり→成立の真正について争いなし→売買契約の締結が推認され、特段の事情の有無が争点→特段の事情について、Ｙは、Ｘから税務申告の関係で売買契約書を作成してほしいと頼まれて甲１号証を作成したにすぎないと主張→甲１号証は税務申告のために作成された虚偽のものと認められるか？（甲１号証が税務申告のために作成された虚偽のものであることが証明される必要はなく、その可能性が相当程度あるために主要事実の推認が妨げられれば足りる）

という構造であり、争点は、特段の事情（甲１号証は税務申告のために作成された虚偽のものか）ということになる。

審理の結果、結論としては、次の２つがあり、それぞれ次のように判断される。

① 特段の事情が認められた場合

特段の事情を認めることができ（甲１号証が税務申告のために作成された

虚偽のものである可能性が相当程度あり）、前記の推認は妨げられたということができ、甲1号証から売買契約の締結を推認することはできない。

② 特段の事情が認められなかった場合

特段の事情を認めることはできず、甲1号証から売買契約の締結を認めることができる。

甲1号証から売買契約の締結を認めることができない場合には、第3類型あるいは第4類型ということになる。仮に、甲1号証以外に売買契約の締結を推認させるような事実がない場合には、上記①に続けて、「他に売買契約の締結を認めるに足りる証拠はない。よって、原告の請求は理由がない」という結論になる。

One Point Lecture! 各判断類型のポイント

判断の構造の説明が長くなったので、ごく簡単に、各類型の争点についてまとめておこう。

第1類型：直接証拠である類型的信用文書があり、その成立に争いがない場合
→特段の事情の有無

第2類型：直接証拠である類型的信用文書があり、その成立に争いがある場合
→文書の成立の真正

第3類型：直接証拠である類型的信用文書はないが、直接証拠である供述証拠がある場合
→供述の信用性

第4類型：直接証拠である類型的信用文書も直接証拠である証言もない場合
→間接事実による推認

100

第5講 事実認定、意思解釈、評価

　第5講では、これまで述べた事実認定に関する基礎的な理解を前提として、それを深めていくことにしよう。
　これまで書証や証言、判断構造について事実認定の観点から検討してきたが、実際の訴訟では、事実認定だけでは解決できない事案も少なくない（加藤新太郎「民事事実認定と経験則」新堂幸司監修、高橋宏志＝加藤新太郎編『実務民事訴訟講座〔第3期〕4巻』47頁等参照）。具体的に考えてみよう。

① 　ＸのＹに対する売買契約に基づく代金請求訴訟において、Ｙは売買契約の締結の事実を否認している。
② 　ＸとＹとの間で、売買契約を締結したことは争いがないが、その契約内容に関して争いがある。
③ 　Ｘは、建物を賃借しているＹに対して、借地借家法27条、28条の正当事由に基づいて解約をして、建物の明渡しを求めた。Ｘが正当事由を認める方向の事実（評価根拠事実）を主張し、Ｙが正当理由を否定する方向の事実（評価障害事実）を主張し、これらの事実については争いがなく、争点は、正当事由があるといえるかというものであった。

　①は、これまで検討してきた事実認定の問題である。②は、その事実が存在することは争いがないが、意思表示の解釈の問題である。③は、事実関係は争いがなく、その法的評価をめぐる争いである。①において、間接事実から主要事実を推認することはよく行われているが、それは経験則を使って推認するというものであるのに対し、③は、経験則ではなく、法的評価（判断）である。

101

第Ⅰ部　第5講　事実認定、意思解釈、評価

　具体的な事案では、これらの問題が複合したものも多い。たとえば、③の事案で、評価根拠事実や評価障害事実の存否が争われると、まず、そうした事実があるのかが争点となり（①の問題）、その事実が確定した後に、「正当の事由」があるといえるかという評価（③の問題）が争点である。

　本章では、①（事実認定）に関し争点整理と事実認定の留意点をⅠで、②（意思表示の解釈）をⅡで、③（法的評価）をⅢで検討しよう。

Ⅰ　争点整理と事実認定の留意点

1　争点整理の留意点

(1)　争点の立て方

　審理するにあたり、何を争点とするかが、まず重要である。争点整理については、事案にもよるが、単に主要事実だけでなく、間接事実レベルまで整理することが望ましい。

　たとえば、消費貸借契約に基づく貸金返還請求事件において、金銭の授受（ＸがＹに現金で200万円を渡したか）が争点であり、Ｘは、間接事実として、2月22日にＸの銀行口座から200万円が出金されていること（ａ事実）、同日Ｙの銀行口座に200万円が入金されていること（ｂ事実）を主張し、Ｙはそれらを認めたうえで、2月21日にＡから売買代金として200万円を受領し（ｃ事実）、それを翌日にＹの銀行口座に入金したのであり、Ｘから金銭を受け取っていないと主張したとする。そうすると、争点は、主要事実レベルでみると、ＸからＹへの現金の授受であるが、間接事実レベルに掘り下げると、2月22日にＹの銀行口座に入金された200万円の出所であり、ｃ事実が認められるかということになる（ｃ事実が認められることから直ちに2月22日の入金がＹがＡから売買代金として受領した金銭によるものであると認められるわけではないが、ＹがＡから受領した200万円について他の使途が明らかにならなければ、その200万円がＹの銀行口座に入金された可能性が相当程度あり、結局、ＸからＹへの現金の授受を認めることができない、ということになろう）。さらに、争点を詰めると、ｃ事実を推認させる事実として、ＹＡ間の売買契約書がある場合にはその成立の真正や実質的証拠力、あるいは、Ａの200万円の出所というところが争点になるのか

102

もしれない。

このように、**争点整理においては、主張（主要事実）レベルだけではなく、立証（間接事実）レベルまで踏み込んで、争点が何であるかを裁判所と当事者で詰めておくこと**が望ましい。

(2) 主張自体失当

争点整理をすることによって、主張自体失当の主張であることがわかることもある。**主張自体失当には、①実体法上の要件を満たさない場合**（賃借人が敷金返還と建物明渡しの同時履行の抗弁権を主張した場合等）のほか、**②訴訟上、その主張が意味をもたない場合**がある。②は、たとえば、Yが抗弁で時効消滅を主張し、Xが再抗弁で時効の更新事由を主張したところ、Yが時効の更新事由を認めたような場合である。この場合、抗弁が認められても再抗弁は争いがないので、抗弁は理由がなく、審理する意味がない。

争点整理をすることによって、①のほか、②の主張自体失当も見逃さないようにすべきである。

2 事実認定の留意点

(1) 動かしがたい事実とストーリーの合理性

事実認定の基本となるのは、まず**動かしがたい事実を見つける**ことである。動かしがたい事実としては、71頁で述べたとおり、争いのない事実や成立の真正が認められ信用性が高い書証から認定できる事実がある。

その後、**当事者双方が描いているストーリー**（68頁参照）**を検討**する。ストーリーを検討するにあたっては、「経験則」を使い、前記の**動かしがたい事実との整合性を意識して**行うことが重要である。

動かしがたい事実がどれだけあるかによって事実認定の困難さが異なる（136頁の最高裁判決は、動かしがたい事実がほとんどない事案であるといえる）。あまり動かしがたい事実がない事案であると、ストーリーの合理性に重きを置かざるを得ない。その場合の留意点としては、経験則は、ある事実から通常はこうであるという推認をするものであるが、普通はしないことでも、特別な事情があればすることもあり、経験則は必然の法則ではないことに注意を要する。多くの場合、**例外的に経験則に合わない行動をした「特別の事情」が主張され**

103

第Ⅰ部　第5講　事実認定、意思解釈、評価

るはずであるから、その「特別の事情」が認められるかを検討することが必要
である。

(2)　全体と細部

事件を検討するにあたっては、必ず細部と全体をみる必要がある。

ある1つの間接事実については、その事実が認められるのか、その事実が要
証事実との関係でどの程度の証明力をもっているのかを検討する必要がある。

他方、1つひとつの間接事実は、主要事実との関係でさほど意味をもたない
が、いくつかの間接事実が積み重なると、主要事実を推認できるということが
あるので、必ず、1つひとつの事実を細かく検討しながらも、**認められる事実
を総合して、主要事実が認められるかを検討すること**が重要である。

たとえば、Xが東京都北区赤羽1丁目の交差点でひき逃げの交通事故にあ
い、Yが加害車両を運転していたとしてYに対し損害賠償を請求したとする。
その事件で、目撃者が加害車両のナンバーの下2けたが24であったと証言した
とする。ほかに、間接事実として、①Yが所有する車両のナンバーは「品川
112は8624」である事実、②Yは、本件事故現場から、約4キロメートルの地
点にある取引先に本件事故時の約20分前に立ち寄っている事実、③Yは本件
事故の翌日に車両の前方が損傷したとして修理に出している事実が認められた
とする。①～③のどれか1つの事実だけでは、Yが運転していた車両がXを
ひき逃げした事実を推認させるものではない（たとえば、①については、下2け
たが24の車両を所有している人はいくらでもいるであろうが、それだけで加害車両
を運転していたと推認することはできないことは明らかであろう）。しかし、これ
らの事実が積み重なると、加害車両を運転していたのはYであるという推認
ができよう。

**1つひとつの間接事実について検討するとともに、全体として主要事実が認
められるのかを検討する視点も忘れてはならない。**

(3)　検　証

(ア)　反対説に立った検討

事実認定で、売買契約が認められるという心証を得たとする。起案を書いて
その事件は終了した——とするのではなく、起案の前に、**必ず反対説に立って、
反対説が本当に不合理といえるのかを検討する**必要がある。最終判断をする前

に、先入観にとらわれることなく、もう一度考えてみることは重要である。ある主張について、一定の心証を得たとしても、反対当事者の言い分が仮に正しいとすると、各証拠はどう位置づけられるのかを検討し、やはり動かしがたい事実と矛盾しており、その主張はとり得ないとなるのか、もう一度白紙に戻って検討したほうがよいかを見極めることが必要である。

当事者が真の争点として争っている点については、**結論の理由を記載する際、なぜ反対説をとり得ないのかも説明する**ことが望ましい。その場合、不自然である、不合理であるというだけでなく、**なぜ不自然である、不合理である**といえるのかを明らかにするのが相当である。

(イ)　仮説と検証

事実認定は、弁論を終結し、判決を書こうと思ってからするものではない。争点整理において、争点を整理しつつ、書証の提出がされることなどを通じて、徐々に形成されていくものである。その過程では、裁判所において、当事者の事実主張を踏まえ、証拠を検討すると、こういう事実ではないかという仮説を立てる。しかし、その仮説と矛盾するかのような証拠が提出され、その仮説が正しいのかを検証する。その結果、その仮説が危ういと考えることもあるし、仮説を修正することもあるし、当該証拠に信用性がなく、仮説はやはり正しいと考えることもある。仮説はやはり正しいと考えたとしても、反対当事者の立場に立って、別の仮説を考えて、その仮説が成り立たないのかを検証する。

このように、**当事者との議論の中で、仮説と検証を繰り返し、最終的に、1つの仮説を採用し、それが認定事実となる。**それに至る過程において、十分な検討を加えることが重要である。

Ⅱ　意思表示の解釈

契約の解釈については、事実認定がされた後に、①そもそも契約が成立したといえるか、②契約が成立したとして、その契約をどう解釈するかという問題がある。

105

第Ⅰ部　第5講　事実認定、意思解釈、評価

1 | 契約の成立

〈*Case* ⑤-1〉

　Yは、結婚して5年が過ぎ、妻とそろそろマイホームをもとうという話
をし、よく物件を見に行ったりしていた。

　Yは、令和8年2月7日、たまたま通りがかりにX社により新築マン
ションが販売されているのを見つけて入ったところ、303号室は広い間取
りで、自分の書斎もとれそうなことから、一目で気に入った。価格は3500
万円であったが、その金額であれば、銀行ローンを借りて返済することが
できることは前々から計算していた。Yは、販売担当者のAから30分く
らい説明を受けた後、「1週間前から販売に出していますが、この間取り
の部屋は全部で5戸あるうちすでに4戸は売れてしまいました。最後に残
っているこの部屋もまもなく売れることは間違いありません。先ほど見に
きた人もいました。早く決めないと、他の人が契約をしてしまうかもしれ
ません」と言われた。Yは、それを聞いて、「買います。契約します。絶
対に他の人に売らないでください」と告げた。Aは、「わかりました。契
約成立です。明日契約書等の必要な書類を送りますので、契約書等に署名
して持ってきていただくか、郵送してください」と告げながら、案内板の
303号室に「売却済み」と書かれた赤い紙を貼り付けた。

　Yは、家に帰ってさっそく妻にその話をしたところ、妻は「昼間にその
物件を見たが、北側にしか窓がなく、近くに工場があって、環境が悪く、
買うような物件ではない」と言った。Yは、その話を聞き、そのとおりだ
と思い直し、Aに電話をかけて断ったが、Aは、先ほど売買契約は成立し
ており、解約はできないと告げた。XとYの法律関係はどうか（特別法は
考えず、民法のみを検討すること）。

法科大学院の教員と学生の松倉らなの会話である。

らな「この事案は、契約の錯誤や詐欺の問題だと思います。Yの妻によると、
　　　この建物は、北側にしか窓がなく、周辺の環境が悪いというのですから、
　　　Yは、担当者にだまされたと思います。そもそも同じ間取りの部屋が5

戸あって、すでに4戸は売れてしまい、最後に残っているのがこの部屋だけだという話からして怪しいですよね。それだけ売れているなら、契約の解除に応じてよいはずですよ」

教員「いやいや契約が締結されたかの問題だと思うよ」

らな「契約の締結？　売買契約は、要式行為ではなく、当事者間の合意のみで成立します。問題文をよく読んでくださいよ。Yは『契約します』と告げていますし、Xの担当者は『わかりました。契約成立です』と告げて、『売却済み』の紙も貼っています。契約が締結されたことに問題はないと思いますが」

教員「でも、契約書は作成していませんよ」

らな「ですから、売買契約は要式行為ではなく、当事者間の合意のみで成立します」

教員「売買契約が当事者の合意のみで成立するのはそのとおりだけど、不動産の売買のような大きな契約であれば、契約内容の交渉、合意、契約書の作成、履行と進むが、一応合意した段階で契約成立と認められるのか、契約書の作成を要するのか、契約書を作成する前に一部の履行がされたがその後一方が翻意した場合はどうかなど、いろいろと問題がある。合意といっても、どの時点をとらえて契約成立としての合意があったとみるかについては、当事者の真意を探る必要があるよ。生協で『完全講義民事裁判実務［実践編］』を買う時に、契約書を作成する者はいない。でも、不動産の売買でいえば、代金支払方法をどうするか、登記手続や引渡しをいつにするかなど決めておくべき事項は多く、契約書を作成して各条項を確認し、最後に各当事者が署名押印した時点で、契約が締結されたと考えるのが通常だよ。契約というのは、それによって当事者を法的に拘束するものであり、高額な売買につき、単に『売る』『買う』と言っただけで、契約が締結されたと考えるのは、当事者の真意ではない。他方、会社間の取引においては、契約書を取り交わすことなく、電話や電子メールで次々に契約を成立させるような取引もあるので、契約は必ず契約書を作成した時点で成立すると考えるわけではないが、個人の高額な取引であれば、契約書の作成をもって契約成立と考えるべきだ

第Ⅰ部　第5講　事実認定、意思解釈、評価

　　　　ね。このために契約書が処分証書と理解されているわけだよ」

らな「では、不動産の売買契約では、契約書が作成されていないと契約の締結
　　　があったという認定は無理だということですか？」

教員「一般的にいえば、契約書が作成されていないということは、売買契約の
　　　締結を否定する方向の有力な事実になる。ただし、買主が売主に代金を
　　　支払っている、あるいは、買主が売買契約の目的物を利用している、と
　　　いうような事実が認められると、売買契約の締結を認める方向の重要な
　　　事実になる。契約書の作成がない段階で売買契約の締結を認めるには、
　　　すでに目的物が引き渡されているというような契約書の作成に代わるよ
　　　うな重要な事実が必要だよ。要は、当事者間で売買契約を締結したとい
　　　える事実関係があるかということだけどね」

らな「売買契約というのは、『1万円でこの本を売る』、『1万円でこの本を買
　　　う』という意思の合致ですから、事実認定も単純かと思っていましたが、
　　　結構難しいものなんですね」

教員「最判昭58・3・18判タ496号80頁は、遺言の解釈について、『遺言書の文
　　　言を形式的に判断するだけではなく、遺言者の真意を探究すべきもので
　　　あり、遺言書が多数の条項からなる場合にそのうちの特定の条項を解釈
　　　するにあたっても、単に遺言書の中から当該条項のみを他から切り離し
　　　て抽出しその文言を形式的に解釈するだけでは十分ではなく、遺言書の
　　　全記載との関連、遺言書作成当時の事情及び遺言者の置かれていた状況
　　　などを考慮して遺言者の真意を探究し当該条項の趣旨を確定すべきもの
　　　であると解するのが相当である』と判示しています。**契約の成立や契約
　　　内容の解釈にあたっては、当事者の言葉の揚げ足をとるのではなく、真
　　　意を探究することが大切**です」

2 ｜ 契約（意思表示）の解釈

　次に、契約が成立したとして、契約（意思表示）の解釈が問題となる場合を
取り上げる。

(1) 当事者の意思が一致している場合

─〈**Case** ⑤-2〉─

　Xは、甲という種類の万年筆100本を買いたいと思ったが、100本は10ダースと誤解し、Yに対し、「甲万年筆10ダース、総額10万円」と注文した。ところが、Yも、同様に、10ダースを100本と誤解し、「甲万年筆10ダース、総額10万円」で了解と承諾した。はたして、契約は成立したといえるか。

　意思表示の解釈については、一般的に**表示主義（客観的解釈）**がとられている。表意者の内心の意思がどうであったかという問題ではなく、表示行為が、当該事情の下で一般社会や相手方によってどのように理解されるのが普通かという観点から行われる（表示行為と表意者の内心の効果意思とが食い違っていた場合には錯誤の問題となる）。

　しかし、表示主義がとられているといっても、当事者双方が共通して契約内容を別の意味に理解していた場合には、その理解どおりに解釈しなければならないことは当然である。契約は、当事者の意思表示の合致であるから、どのような表示行為をしていたとしても、当事者間で意思表示の合致があれば、その内容で契約は成立していることになる。

　〈**Case** ⑤-2〉では、X、Yとも、「甲万年筆100本、10万円」で売買する意思であったから、それについて売買契約が成立したといえる。

　つまり、契約の内容について、**当事者が共通の理解をしている場合には、契約は、その理解に従って解釈しなければならない。**

(2) 当事者の共通の意思が明らかでない場合

　契約の内容について、当事者の共通の理解が明らかでないときは、どうすべきか。

　その場合には、当事者が契約締結にあたって用いた契約書の記載や口頭での会話における表現が通常どのように理解されているかが重要な要素となるが、それ以外の当該契約に関する一切の事情を考慮して、その表示をどのように理解するのが合理的かを基準として判断することになる。合理的な意思解釈とよばれている。

第Ⅰ部　第5講　事実認定、意思解釈、評価

　契約の解釈としては、「補充的解釈」と「修正的解釈」ということもよくいわれているので、検討しておこう。

　補充的解釈というのは、当事者の表示行為によっては明らかでない事項については、合意内容を補充するというものである。たとえば、返済期日を単に「毎月10日」と定めただけで、その日が日曜日その他の一般の休日に当たる場合の取扱いが明定されなかった場合には、その地方においては別異の慣習があるなどの特段の事情がない限り、契約当事者間に10日が休日であるときはその翌営業日を返済期日とする旨の黙示の合意があったと考える（最判平11・3・11民集53巻3号451頁）というものである。ほかには、賃貸借契約においては貸主が目的物の修繕義務を負うとされている（民606条1項本文）が、通常よりもかなり安価な賃料で賃貸借契約が締結されている場合には、軽微な瑕疵については貸主が修繕義務を負わない契約であったと解釈する、建物賃貸借において「ピアノ演奏禁止」と定めている場合、バイオリンについては定めていなくとも、「ピアノ演奏禁止」の趣旨は、騒音による近所迷惑を防止することにあるから、バイオリンの演奏も禁止される合意が成立しており、他方、ヘッドホンをつけて電子ピアノを演奏することは禁止されていないと解釈する（法制審議会民法（債権関係）部会「民法（債権関係）の改正に関する中間試案補足説明」363頁）というものである。

　このように、**補充的解釈**というのは、**契約の内容からは、合意内容が読み取れない場合に、契約の趣旨、目的に照らして、当事者の意思を合理的に推認するというものであり、合理的な意思解釈と同じである**といえる。

　これに対し、**修正的解釈**というのは、契約内容は明らかであるが、その内容のまま法律効果を認めるのは、明らかに相当でないという場合に、契約内容を修正して法に適合するように解釈するものである。借地借家法ができる前には、市販の契約書を利用した賃借人に不利な契約条項について、当事者間で特にそれを合意したものではない限り、その効力を否定する解釈（いわゆる例文解釈）が行われたりしていたことが例としてあげられる。修正的解釈というのは、当事者の意思表示の解釈の体裁をとっているが、かなり**価値判断**の面があるといえ、合理的な意思解釈とは異なるといえる。

　当事者の意思表示の解釈としては、修正的解釈が必要とされるような例外を

110

除くと、**当事者の真意に基づいて解釈する**というのが基本である。

以下、いくつかの事例を検討しよう。

3 | 第1のケース

〈*Case* ⑤-3〉

　Xは、Yに対し、令和7年10月25日に100万円を貸し、令和8年4月1日にYに対し支払の催告をしたが、Yから支払がないとして、その返還を求める訴訟を提起した。Yは、100万円の受領や支払の催告を受けたことは認めたが、返還約束の合意を否定し、贈与を受けたものであると主張した。

　証拠調べ（XとYの各本人尋問）の結果、次の事実が認められた。

　XY間では、消費貸借契約書等の書面は作成していない。XとYは、かなり昔からの友人である。Yは、個人で事業を営んでいたが、令和7年10月20日に取引先が事実上倒産し、予定した売掛金が入らなくなったため、同月25日、X方を訪問し、Xに対し、30日に従業員に支払う給与等として約100万円弱不足しているので、何とかしてもらえないかという依頼をした。Xは、Yとは旧知の間柄であり、Yの切羽詰まった状況に同情し、その依頼に応じることにし、手元にあった100万円をYに渡した。当日のXとYのやりとりの中で、その100万円をいつまでに弁済するという話は出ていないし、他方、その100万円を贈与するという話も出ていない。この日のやりとりは、XとYだけでの話であり、第三者は立ち会っていない。

　以上の事実が認められる場合、XのYに対する請求は認められるか。

教員と松倉らなの会話である。

らな「訴訟物は、XのYに対する100万円の貸金返還請求権です。請求原因は、次のとおりです。

　　　①　Xは、令和7年10月25日、Yに対し、100万円を貸し渡した。

　　　②　Xは、令和8年4月1日、Yに対し、100万円を支払うよう催告した。

111

第Ⅰ部　第5講　事実認定、意思解釈、評価

　　　③　令和8年4月8日は到来した（催告から1週間後を相当期間の末日
　　　　　とした場合）

　　　Yは、①の事実のうち100万円を受け取ったことは認め、返還約束の
　　事実を否認しています。②はYは認め、③は顕著な事実です。したが
　　って、争点は、返還約束があったかという点です」

教員「どう考えますか？」

らな「消費貸借契約書等の書面は作成していないとのことですので、返還約束
　　の事実を直接証明する処分証書や重要な報告文書（類型的信用文書）は
　　ありません。信用できる第三者の証言もないようですから、類型の分類
　　（83頁）でいえば、第4類型（間接事実型）ということになります（ただ
　　し、本人供述も第3類型に入れる場合は第3類型）。そうしますと、返還約
　　束の事実を推認させるあるいは推認を妨げる間接事実を検討するという
　　ことになります。……ふと思ったんですけど、これは契約の不成立では
　　ないでしょうか？」

教員「不成立？」

らな「はい、契約は意思表示の合致によって成立します。『1万円でこの本を
　　買う』、『1万円でこの本を売る』という意思表示の合致が必要です。と
　　ころが、この事案では、XがYに交付した100万円をいつまでに弁済す
　　るという話は出ていませんし、その100万円を贈与するという話も出て
　　いないというのですから、Xは100万円を貸すつもりで交付したのに対
　　し、Yは100万円をもらうつもりで受領したのではないでしょうか。こ
　　の結果、Xは消費貸借のつもりであり、Yは贈与のつもりであった。つ
　　まり、意思表示の合致はなく、契約は成立していない」

教員「そうすると、どうなるの？」

らな「……契約に基づかずに100万円の授受がされたのですから、不当利得の
　　問題ですね。Yは贈与だと思っていたと考えられるので、悪意の受益者
　　ではないでしょうから、現存利益の範囲で返還する（民703条）という
　　ことになりますね。〈*Case*⑤-3〉で現存利益について検討すると……」

教員「でも、契約が成立せず、不当利得というのは変じゃないか。そもそも不
　　当利得というのは、法律上の原因がなく利得が生じている場合で、典型

112

Ⅱ　意思表示の解釈

的には、A に100万円を振り込むつもりだったけど、間違えて B に振り込んでしまったというように契約関係がない場合だ。ところが、〈*Case* ⑤-3〉では、100万円を授受することについて X と Y の意思は一致しており、双方とも契約を成立させる意思であったことは確かだよ。そうすると、何らかの契約が成立したとみるのが相当ではないかな。契約の不成立の例としては、何らかの合意はあるが、その合理的な解釈が複数あり、いずれを採用すべきかを確定できない場合ということがあげられているが、そのような場合はほとんどなく、当事者双方の合意に基づいて給付がされているのであれば、契約は成立しており、その契約の解釈をするのが相当であるといえる」

らな「でも、契約が成立するには当事者の意思表示の合致が必要ですけど」

教員「当事者の意思表示の合致が必要なのはそのとおりだけど、当事者間で明示的な意思表示がない場合、合理的な意思解釈をする（当事者の真意を探る）ということはあり得る」

らな「100万円を授受することについて、XY 間で意思表示の合致があるので、X と Y がどのような真意を有していたかをみるということでしょうか？」

教員「契約の当事者は、法律家ではないので、何か合意をするときに、これは委任契約だな、いや準委任契約かな、いや請負契約かもしれないなというようなことは考えないでしょう。でも、〈*Case* ⑤-3〉のように、意思表示の合致によってお金が動いている以上、何らかの契約が成立したとみるのが相当であって、〈*Case* ⑤-3〉では、返還約束の合意があったかが争点ですから、間接事実からの推認の項で検討したように（94頁）、返還約束の合意を推認させるあるいは推認を妨げる間接事実として何があるのかを証拠から検討し、そこから合理的な意思解釈をするという作業をすることになりますね」

らな「そういえば、刑事の事実認定の授業で、殺意の認定について、カッとなってビルの10階から突き落とすと、殺意を認定できるという話を聞きました」

教員「そうだね。計画的な犯罪ではなく突発的にカッとなって被害者を突き落

第Ⅰ部　第5講　事実認定、意思解釈、評価

とした場合、その者の意思としては、殺してやろう、いや傷害にとどめ
ておこうなどと考える余裕はなく、とっさに被害者を突き落とす行動に
出たというのが本当のところだと思うよ。でも、2階から突き落とすの
と10階から突き落とすのとでは明らかに違うよね。ここでは、殺意とい
う主観的な要件を客観的な事実から推認しているわけだよね」

らな「〈*Case* ⑤-3〉で、仮に贈与とすると、当事者の関係が重要なポイント
になりますね」

教員「たとえば、20年前に大学時代に知り合い、その後、同窓会で顔を合わせ
る程度であったというような関係であるとすると、100万円を贈与する
というのは考えにくく、消費貸借を推認させる重要な間接事実となる。
他方、1年前に、Xがお金に困ったことがあり、その時にYがXに100
万円を贈与したことがあるというような関係であると、今回は逆に、X
がYに対して贈与した可能性が高くなり、消費貸借を否定する方向の
重要な間接事実になる。つまり、XとYがどのような関係にあるのか
を証拠に基づいて認定し、それが消費貸借を推認させるあるいは推認を
妨げる事実となるのか、推認の程度はどうかを検討することになる」

らな「〈*Case* ⑤-3〉だと、認定している事実が少ないので、判断できないと
いうことでしょうか？」

教員「そのとおりで、認定できる事実がケースに記載された事実しかないとい
うのでは審理が十分にされていないということになる。ほかに考えられ
る重要な間接事実は？」

らな「うーん」

教員「Xのお金の出所も重要だよ」

らな「でも、100万円の授受は争いがないので、どこからお金が出ているかは
重要ではないように思いますが。現金の授受が争点なら、Xがどこから
お金を用意したかは重要ですが」

教員「返還約束の合意に関してもお金の出所は重要な間接事実になりうる。た
とえば、Xがそのいくらか前に宝くじで1億円を当てたという事実があ
れば（こんな事実はまずないと思うけど）、消費貸借を否定する方向（贈与
の可能性があるという方向）の事実だし、Xの貯金が200万円しかなくそ

114

の中から100万円を出したというのであれば、消費貸借を肯定する方向の事実ということになる」

らな「契約後の事情も考慮されるんですね」

教員「そう、契約後返還を求めていたかは1つの間接事実になる。返還を求めていれば返還約束を推認させる事実であるし、数年間も返還を求めていなければ、なぜ返還を求めていないかの検討が必要になり、特に理由もなく返還を求めていなければ消費貸借を否定する方向の事実になるというように」

〈*Case* ⑤-3〉では、上記事実のほか、次の事実を認めることができた。

　ＸとＹは、20年前の大学時代の知り合いであり、それ以降、家が近いということもあり、年に1、2回飲みに行ったりする関係にあった。Ｘは、従業員10人程度を雇って個人で事業を営んでおり、材料費を現金で購入するためにいつも200〜300万円程度は手元に置いており、その中から100万円をＹに交付した。年間利益は300万円程度であり、家族3人を扶養している。……

教員「このような事案であると、①ＸとＹは親密な関係にあるとはいえないこと、②年間利益300万円の中から100万円を贈与するというのは考えにくいことなどからすると、返還約束の合意があったと認めることができると思われます（消費貸借契約書を作成していないことは、消費貸借契約を否定する方向の間接事実であるが、①、②からすると、消費貸借契約の締結の推認を左右するほどの事実ではないと思われます）」

4 | 第2のケース

― 〈*Case* ⑤-4〉 ―

　Ｘは、クラブのホステスのＹ子が気に入って、毎晩のように、そのクラブに行っており、まもなく同棲関係となった。Ｙ子は、そのクラブを辞めて自分でクラブを開きたいと考えていたが、開業資金として、500万円程度必要であり、自分の資金では200万円程度不足していたため、Ｘに対

115

第Ⅰ部　第5講　事実認定、意思解釈、評価

し200万円を出してくれないかと頼んだ。Xは、営んでいる事業が順調な
こともあり、ふたつ返事でそれを了解し、200万円を渡した。まもなく、
Y子は、クラブを開店し、売上も順調で、毎月かなりの利益が出ていた。
それから1年後、Xは、取引先が倒産し、売掛金が回収できず、大きな赤
字を出すようになり、Y子に対し、クラブの売上金を事業資金に使わせて
ほしいと頼んだ。Y子は、それを断ると同時にXとの同棲関係を解消し
た。怒ったXは、Y子に対し、200万円は貸金であるとして、その返還請
求をした。なお、それ以前にXはY子に対し貸金の返還請求をしたこと
はない。

らな「このケースでは、①XとY子は当時同棲関係にあったこと、②XはY
　　　子に1年間返還請求していないことなどからすると、贈与の可能性が高
　　　く、消費貸借契約の認定は難しいと思います」
教員「同感です。実際の訴訟では和解が相当と思われます（147頁参照）」

5 ┃ 第3のケース

― 〈**Case** ⑤-5〉 ―――――――――――――――――――――

　Aは令和7年10月1日に死亡し、X（二男）とY（長男）が相続人であ
り、YがAの生前A所有の甲建物に一緒に住んでいた。Yは、A死亡後
も、その建物に住んでいたが、Xは、遺産分割（令和8年4月1日成立。甲
建物はYが相続）までは相続財産は共有であって、Yが単独で居住する権
限はなく、適正賃料額（月10万円）の半分について、不法行為による損害
賠償または不当利得による返還請求を求めた。どう考えるべきか。

教員「要件事実を簡単に整理すると、どうなりますか？」
らな「次のとおりです。

　　　①　Aは、令和7年10月1日当時、甲建物を所有していた。

　　　②　Aは、令和7年10月1日、死亡した。XとYはAの子である
　　　　（ほかに相続人はいない）。

　　　③　Yは、令和7年10月1日当時および令和8年4月1日当時、甲建

116

物を占有している（民186条2項）。

　　④　甲建物の賃料相当額は月10万円である。

　　よって、Xは、Yに対し、不法行為による損害賠償請求権または不当利得による返還請求権に基づき、甲建物の6カ月分の賃料相当額の半分である30万円の支払を求める。

　　Yの認否は、①〜③は『認める』であり、④も争うものではないと考えられます。遺産分割協議でYがその建物を相続することになっても、その効果は相続開始時に遡及しない（最判平17・9・8民集59巻7号1931頁参照）ので、Yとしては何か抗弁を出さないと敗訴することになります」

教員「最高裁の判決がありますね」

らな「はい。最判平8・12・17民集50巻10号2778頁は、『共同相続人が相続開始前から被相続人の許諾を得て遺産である建物において被相続人と同居してきた場合、被相続人と同居の相続人との間において、建物について、相続開始時を始期とし、遺産分割時を終期とする使用貸借契約が成立していたものと推認できる』と判示しました」

教員「もともとYは、A所有の建物でAと同居していたのに、Aが死亡したとたん、そこに居住する権原がなくなり、遺産分割が成立するまでの間、他の相続人に対し自己の相続分を超える部分の賃料相当額を支払わなければならないというのは、いかにも不当です。そこで、最高裁は、使用貸借契約が成立しているとして、Yの甲建物に対する占有権原を認めたと考えられます」

らな「黙示の意思表示を認めたということですか？」

教員「そういうことですね。AとYとの間で、Aが『私が死亡したら、XとYとの間で遺産分割協議が成立するまで甲建物を無償で使用していいよ』、Yが『承諾しました』というような会話がされていることはないでしょう。ところが、AやYの合理的意思を考えると、遺産分割協議が成立するまでは、AとYとの間で、無償で甲建物を使用できるという合意がされていると解釈できる。これは、過去の合意を探究するというよりも、一定の事実関係の下ではある意思表示を認めるのが相当であ

117

るとして、当事者の合理的意思を認定したという感じです。なお、平成
30年民法改正により、被相続人の配偶者については、相続開始時に居住
していた場合には、配偶者居住権が認められています（民1028条～）」

6 まとめ

以上、いくつかのケースをみてきたが、当事者間で契約の成否やその内容が
争われる場合、**表面的な当事者の言動だけにとらわれずに、認定できる事実関
係から、当事者の合理的意思を探り、契約の締結が認められるか、いかなる内
容のものであるかを検討することが重要である。**

この観点からは、たとえば、売買契約書を作成して売買契約を締結し、その
内容について争いが生じた場合、同じ内容の文言が記載されていても、市販の
契約書を利用して内容の確認をせずに作成したものか、手書きの契約書で双方
が内容の確認をして作成したかによって、異なってくることもあり得る。

Ⅲ 評 価

Ⅰでは事実認定を扱い、Ⅱでは意思表示の解釈を扱った。

ところで、事実を認定しても、それだけでは結論が出ず、必ず「評価」を要
する事案がある。Ⅲでは評価が問題となる事例を検討しよう。

1 規範的要件

「正当の事由」や「過失」など規範的要件が問題となる事案では、当然、認
定した事実に基づいて、「正当の事由」が認められるとか認めることができな
いという判断が必要になる。

借地借家法28条を例に考えてみよう。

借地借家法28条は、建物の賃貸借契約の解約の申入れに必要な「正当の事
由」について、賃貸人および賃借人が建物使用を必要とする事情のほか、建物
の賃貸借に関する従前の経緯、建物の利用状況等を考慮して判断することを規
定している。

たとえば、賃貸人Xが本件建物を使用する必要性として、Xの長男の家族
が転勤から戻ってくることになり、XとしてはXの居宅の近くにある本件建

Ⅲ　評　価

〔図11〕　規範的要件についての判断の構造

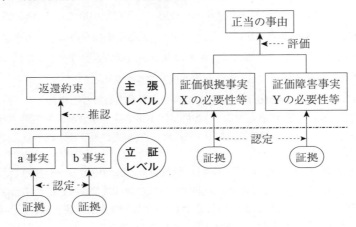

物に長男家族を住まわせたいという意向を有している事実、賃借人Yが本件建物を使用する必要性として、Yは、本件建物で薬局を営んでおり、近くに総合病院があるので、他に移転すると収益の減少が見込まれるという事実等が認められたとする。

　このような訴訟では、事実認定自体はさほど対立することはないが（賃貸人と賃借人がそれぞれ自己が建物を使用する必要性を主張・立証することになり、相手方がそれを積極的に争うことは少ない）、認定できた事実に基づいて、「正当の事由」があるといえるかを判断するのはかなり難しい。

　「正当の事由」のような規範的要件では、事実認定もさることながら、認定できた事実から規範的要件に該当するかを判断することが困難な事案が多いといえる。

　では、こうした規範的要件については、間接事実から主要事実への推認とどう異なるのであろうか。

　返還約束の事実を認定する場合、主要事実は返還約束の合意であり、間接事実から主要事実を高度の蓋然性をもって確かであると推認できるかが争われる。他方、正当の事由については、正当の事由を基礎づける個々の評価根拠事実、評価障害事実を主要事実と解すると、これらについて証拠からまず認定できる事実を確定させる。**認定できた評価根拠事実と評価障害事実を総合し、「正当**

119

第Ⅰ部　第5講　事実認定、意思解釈、評価

の事由」があるかを評価することになる。「評価」であるから真偽不明ということはない（この場合、「正当の事由」について、評価根拠事実と評価障害事実を単純に比較して評価根拠事実がより大きければ、正当の事由があるという考え方と、正当の事由があるというためには、正当の事由が高度の蓋然性をもって確かであるといえることが必要であるとする考え方が成り立つであろう）。

> **One Point Lecture!**　規範的要件を主要事実と解した場合
>
> 　本文は、規範的要件を基礎づける評価根拠事実や評価障害事実を主要事実と考えた場合です。では、規範的要件そのものを主要事実と解するとどうなるでしょうか。
> 　「正当の事由」を基礎づける事実は、間接事実という位置づけですので、各間接事実について必ずしも証明される必要はなく、可能性が高いというような認定もできます（98頁参照）。最終的にこうした事実を総合的に評価し、「正当の事由」があると認められるかを判断することになります。

---

2 ｜ 黙示の意思表示

　規範的要件と似ているが、構造が違うものとして「黙示の意思表示」があるので、ここで検討しよう。

　黙示の意思表示とは、ある一定の事実の下ではある意思表示がされたと認められるというものである（［要件事実編］115頁参照）。授業で教員から質問された学生が、黙って腕組みをしていたという事実から、「早く別の学生を指名せよ」という意思表示がされたと推認するというようなものである（よい例ではないか？）。

　黙示の意思表示自体は、明示ではないのであるから、直接証拠によって立証することはできず、必ず黙示の意思表示を推認させる事実から、黙示の意思表示が認められるかを検討することになる。

　たとえば、ある物を3カ月後に返すという約束で貸与したが、3カ月が経過したのに貸主が返還を求めなかった場合、返還を求めなかったという事実から、「引き続き貸与するとの意思表示（黙示の意思表示）がされた」と認定するわけである。

　これは、次のような構造になっている。貸与期間が経過すれば貸主は返還を

120

求めるのが経験則に合致する→しかし、貸主は貸与期間を経過しても返還を求めなかった→そうすると、貸主は引き続いて貸与する意思であった。

　他方、貸主は、3カ月を経過した当時、遠方に出張に出かけており返還を求めることができなかったというような事実があれば、返還を求めなかったことから引き続き貸与する意思であったという推認はできないということになる。

　黙示の意思表示を推認させるあるいは推認を妨げる事実を総合して黙示の意思表示がされたかを検討することになる。

　黙示の意思表示自体を直接証明することができないという意味で、規範的要件と類似している。しかし、**規範的要件（過失など）に該当するかは「評価」**であるのに対し、**黙示の意思表示があったかは、あくまでも「推認」の問題である。**したがって、「事実」のほかに必ず「評価」を要する規範的要件とは異なっている。

３ 「評価」のみが問題となる事案

　事実関係については争いがなく、「評価」だけが問題となる事案を検討してみよう。

教員「では、らなさん、今度は、民法の売買や消費貸借など基本的な問題ではなく、国家賠償法2条に関する判断について考えてみよう。事案は最判平22・3・2判タ1321号74頁で」

―〈**Case** ⑤-6〉――――――――――

　北海道内の高速道路において、自動車の運転者Aが、キツネとの衝突を避けようとして自損事故を起こし停車中、後続車に衝突されて死亡したことについて、Aの相続人であるXらが、上記自損事故当時の上記高速道路の管理者であったYに対し、キツネの侵入防止措置が不十分であった点で、上記高速道路の設置または管理に瑕疵があったと主張して、国家賠償法2条1項に基づく損害賠償を求めた。

　事実関係の概要は、次のとおりである（最高裁の判決どおり）。

(1)　Aは、平成13年10月8日午後7時51分頃、北海道苫小牧市字糸井282番地74付近の高速自動車国道である北海道縦貫自動車道函館名寄線において、普通乗用自動車（以下、「A車」という）を運転して走行中、約100メ

第Ⅰ部　第5講　事実認定、意思解釈、評価

ートル前方の中央分離帯付近から飛び出してきたキツネとの衝突を避けよ
うとして急激にハンドルを切り、その結果、Ａ車は、横滑りして中央分離
帯に衝突し、車道上に停止した（以下、この事故を「本件事故」といい、上
記自動車道のうち本件事故現場付近の部分を「本件道路」という）。そして、
同日午後7時53分頃、車道上に停車中のＡ車に後続車が衝突し、Ａは、
これにより頭蓋底輪状骨折等の傷害を負い、その後死亡した。

(2)　本件事故現場は、北海道苫小牧市の郊外であり、上記自動車道の苫小
牧西インターチェンジと苫小牧東インターチェンジとの間の区間（以下、
「本件区間」という）にある。本件事故現場の周囲は原野であり、本件道路
は、ほぼ直線で、見通しを妨げるものはなかった。

本件区間においては、道路に侵入したキツネが走行中の自動車に接触し
て死ぬ事故が、平成11年は25件、平成12年は34件、平成13年は本件事故日
である同年10月8日時点で46件発生していた。また、上記自動車道の別の
区間で、道路に侵入したキツネとの衝突を避けようとした自動車が中央分
離帯に衝突しその運転者が死亡する事故が、平成6年に1件発生していた。

(3)　本件道路には、動物注意の標識が設置されており、また、動物の道路
への侵入を防止するため、有刺鉄線の柵と金網の柵が設置されていた。有
刺鉄線の柵には鉄線相互間に20センチメートルの間隔があり、金網の柵と
地面との間には約10センチメートルのすき間があった。日本道路公団が平
成元年に発行した「高速道路と野生生物」と題する資料（以下、「本件資料」
という）には、キツネ等の小動物の侵入を防止するための対策として、金
網の柵に変更したうえ、柵と地面とのすき間をなくし、動物が地面を掘っ
て侵入しないように地面にコンクリートを敷くことが示されていた。

Ｘの請求が認められるかについて検討せよ。

らな「北海道での事故なんですね。キツネってキタキツネかなあ。キツネとは
　　　ぶつかったんでしょうか？」
教員「判決文を読んでもわからないね」
らな「北海道はキツネが高速道路に出てくることもあるんですね。大自然な感
　　　じがしますね。それにしても、Ａさんは不幸でお気の毒です」

122

教員「私もそう思うけど、そういうことより、問題文の検討をすることにしてはどうかな」

らな「私は、車が好きで、よく運転しますが、高速道路を運転していて突然キツネが出てきたらビックリしますよね。事実認定によると、有刺鉄線の柵と金網の柵が設置されていたが、有刺鉄線の柵には鉄線相互間に20センチメートルの間隔があり、金網の柵と地面との間には約10センチメートルのすき間があった、とあるので、そこからキツネが入ったんでしょうね。すき間があったわけですから、Yに責任を認めることでいいのではないでしょうか?」

教員「いやいや結論よりも、思考過程が大事だよ」

らな「そうですよね。まず、争点を把握するところから始まりますよね。でも、〈*Case* ⑤-6〉で争点はあるんですか? 事故が起こったことは争いがないでしょうし、金網の柵と地面との間にすき間があったというような本件道路の状況や過去にどの程度事故が発生していたかということは、動かしがたい事実(客観的事実)でしょうから、争点といわれても……」

教員「確かに、〈*Case* ⑤-6〉は事実については争いがないと考えられるので、事実認定上の争点はないね」

らな「あっ、ないんですか……」

教員「多くの事件は事実認定が問題になるけれど、なかには事実関係は争いがなく、それをどう評価するかが争点になる事件もあるよ。〈*Case* ⑤-6〉では、国家賠償法2条1項に基づく損害賠償を請求しているわけだから、本件道路が営造物の『設置又は管理の瑕疵』に当たるかというのが、争点になるね」

らな「行政法の授業で勉強しました。国家賠償法2条1項については、学説上争いがありますが、ちょっと待ってください(ノートをめくる)……客観、義務違反説などの学説がありますが、判例・通説は、客観説をとっています。すなわち、『設置又は管理の瑕疵』とは、『営造物が通常有すべき安全性を欠いていることをいい、管理者の過失を必要としない』(最判昭45・8・20民集24巻9号1268頁〔高知落石事故〕)と定義されています。したがって、〈*Case* ⑤-6〉では、本件道路が通常有すべき安全性

第Ⅰ部　第5講　事実認定、意思解釈、評価

を欠いていたといえるかが争点になります」

教員「法律が抽象的というか、規範的な要件を掲げている場合には、それを具体化することが可能であれば、より具体化して考えることが必要ですね。〈*Case* ⑤-6〉では、本件道路の『設置又は管理の瑕疵』→『通常有すべき安全性を欠いていたか』というように、判断基準が決まっていく」

らな「当該営造物の設置または管理に瑕疵があったといえるかは、その事故当時における当該営造物の構造、用法、場所的環境、利用状況等諸般の事情を総合考慮して具体的個別的に判断すべきである（前掲最判昭45・8・20、最判昭53・7・4民集32巻5号809頁参照）とされています。ということは、『通常有すべき安全性を欠いていたかを諸般の事情を総合考慮して具体的個別的に判断する』ということになります」

教員「『通常有すべき安全性』について、〈*Case* ⑤-6〉ではどう考えられますか？」

らな「『安全性』というのですから、本件道路にキツネなどの小動物が侵入してくる危険性がどの程度あったかということでしょうか。つまり、どの程度頻繁にあったかということ。最高裁も、原審の認定した事実として、本件区間においては、道路に侵入したキツネが走行中の自動車に接触して死亡した事故の件数や北海道縦貫自動車道の別の区間で道路に侵入したキツネとの衝突を避けようとして運転者が死亡する事故の件数、発生時期を掲げています」

教員「重要な視点だね」

らな「頻繁に事故が発生しているのであれば、道路管理者としては、対策をとる義務があり、その対策をとらなければ、『通常有すべき安全性』を欠くということですね」

教員「そう単純なものではないよ。その対策を講じることができるかという点も検討する必要がある」

らな「最高裁が掲げた認定事実によると、『高速道路と野生生物』と題する資料には、キツネ等の小動物の侵入を防止するための対策として、金網の柵に変更したうえ、柵と地面とのすき間をなくし、動物が地面を掘って侵入しないように地面にコンクリートを敷くことが示されていたとある

124

のですから、その対策を講じることが可能であるといえます」

教員「そうだけれども、そのような対策を講じるにはお金がかかるよね」

らな「そうですね、巨額の費用がかかるのであれば、その対策を講じろというのは無理ですね。でも、人の命は地球よりも重いわけで、危険性がある限り、対策を講じるべきであるという考えも成り立つと思いますけど」

教員「そのあたり難しいけれど、道路管理者に過大な義務を負わせると、費用が膨大にかかり、高速道路の料金に跳ね返ると思うけどね」

らな「でも、私は、よく車に乗りますけど、近場なんですよ。高速道路はほとんど利用しないので、高速道路の料金が高くなっても困りませんけど。遠くに行くときは電車ですね。お酒を飲むことができるし」

教員「まあ、そんなことより、具体的な事実を検討することにしよう。抽象論ではなく、あくまでも具体的に事案を検討する」

らな「そうですね、〈*Case* ⑤-6〉で、キツネ等の小動物の侵入を防止するための対策を講じるのにどれくらいの費用がかかるのかを検討する必要があるということですね」

教員「そういうことです。あまり費用がかからないのであれば、侵入防止の対策を講じる義務があるという方向に、多額の費用がかかるのであれば、そのような義務はないという方向に傾きますね」

らな「それと、先ほどの危険性の程度の問題もあるので、その両方の観点から検討するということですね」

教員「そういうことだね。両者を天秤にかけて、『通常有すべき安全性』を欠いていたかを検討するとよさそうだね。最高裁もそのような観点から検討していますよ」

らな「結局、この最高裁判決は、どうなったのですか？」

教員「先ほどの原審が確定した事実認定の後に、次のとおり判示して、本件道路が通常有すべき安全性を欠いていたということはできないとしています。

『前記事実関係によれば、本件道路には有刺鉄線の柵と金網の柵が設置されているものの、有刺鉄線の柵には鉄線相互間に20cm の間隔があり、金網の柵と地面との間には約10cm のすき間があったため、このよ

125

第Ⅰ部 第5講 事実認定、意思解釈、評価

うな柵を通り抜けることができるキツネ等の小動物が本件道路に侵入することを防止することはできなかったものということができる。しかし、キツネ等の小動物が本件道路に侵入したとしても、走行中の自動車がキツネ等の小動物と接触すること自体により自動車の運転者等が死傷するような事故が発生する危険性は高いものではなく、通常は、自動車の運転者が適切な運転操作を行うことにより死傷事故を回避することを期待することができるものというべきである。このことは、本件事故以前に、本件区間においては、道路に侵入したキツネが走行中の自動車に接触して死ぬ事故が年間数十件も発生していながら、その事故に起因して自動車の運転者等が死傷するような事故が発生していたことはうかがわれず、北海道縦貫自動車道函館名寄線の全体を通じても、道路に侵入したキツネとの衝突を避けようとしたことに起因する死亡事故は平成6年に1件あったにとどまることからも明らかである。

これに対し、本件資料に示されていたような対策が全国や北海道内の高速道路において広く採られていたという事情はうかがわれないし、そのような対策を講ずるためには多額の費用を要することは明らかであり、加えて、前記事実関係によれば、本件道路には、動物注意の標識が設置されていたというのであって、自動車の運転者に対しては、道路に侵入した動物についての適切な注意喚起がされていたということができる。

これらの事情を総合すると、上記のような対策が講じられていなかったからといって、本件道路が通常有すべき安全性を欠いていたということはできず、本件道路に設置又は管理の瑕疵があったとみることはできない』。

つまり、〔図12〕のような構造になっているわけです。

これに対し、控訴審（札幌高裁）は、要旨次のとおり判断して、Xらの請求を一部認容しました。

『本件区間において、キツネが自動車にはねられて死亡した件数は、平成11年が25件、平成12年が34件、平成13年が69件（本件事故が発生した10月8日時点までで46件）あり、危険性は高い。動物注意の標識が設置されていることは、上記判断を左右するものではない。本件道路におい

126

Ⅲ 評 価

〔図12〕 最高裁の判断構造（〈Case ⑪-6〉）

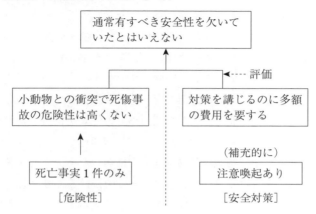

てキツネの侵入を防ぐための措置が問題となるのであって、一定区間の侵入防止柵設置で足り、本件事故後9000万円をかけて本件道路付近の侵入防止柵を改修している。もともと自然公物たる河川等と異なり、人工公物たる道路については、当初から通常予測される危険に対応した安全性を備えたものとして設置され管理されるべきものであって、原則として、予算上の制約は、管理の瑕疵に基づく損害賠償責任を免れさせるべき事情とはなり得ない』。

　控訴審が道路については原則として予算上の制約は管理の瑕疵に基づく損害賠償責任を免れさせるべき事情とはなり得ないとしているのは、道路の安全性を非常に優先させた考え方といえますが（前掲最判昭45・8・20の読み方の問題であるともいえる）、この点はさておくとして、控訴審も、①危険発生の蓋然性・重大性、②安全対策の技術的・財政的な困難度を総合的に考慮して判断するという立場に立っているとみた場合、なぜ結論が異なったのかを検討すると、どうなりますか？」

らな「高速道路に小動物が侵入することの危険性は①の問題であり、安全対策の費用の制約は②の問題であるといえます。①について、控訴審は、本件区間において、キツネが自動車にはねられて死亡した件数は、平成11年が25件、平成12年が34件、平成13年が69件（本件事故が発生した10月8

第Ⅰ部　第5講　事実認定、意思解釈、評価

日時点までで46件）あり、危険性が高いと評価したのに対し、上告審は、キツネ等の小動物が本件道路に侵入したとしても、走行中の自動車がキツネ等の小動物と接触すること自体により自動車の運転者等が死傷するような事故が発生する危険性は、死亡事故が平成6年に1件あったにとどまり、高いものではないと評価しています。②については、控訴審は、本件で問題となっている区間の侵入防止柵設置を問題としたのに対し、上告審は、全国や北海道内の高速道路での侵入防止柵の設置を問題としています。でも、①危険性の点ですが、高速道路ですから、かなりのスピードで走行中に突然小動物が前方を横切った場合、運転者としては、通常、衝突を避けるために、急ブレーキをかけるなり、急ハンドルを切るものと思いますけど、本件事案がそうであるように、大きな事故が発生する可能性は否定できないように思います。最高裁のように、通常、自動車の運転者が適切な運転操作を行うことにより死傷事故を回避することを期待することができると言い切ってよいものでしょうか？」

教員「最高裁は、過去の統計からそのように言えると判断したわけですが、危険性をどう評価するかは、なかなか難しいですね」

らな「本件事故後9000万円をかけて本件道路付近の侵入防止柵を改修している点については、9000万円というのは、道路管理会社にとっては多額ではないのでしょうから、9000万円程度で改修できるのであれば、改修すべき義務があるように思いますけど」

教員「控訴審は、〈*Case*⑤-6〉で問題となっている道路区間について検討しているのに対し、最高裁は、広く高速道路全般について検討したわけですよね。〈*Case*⑤-6〉で問題となっている道路区間だけではなく、あちこちで同じような小動物の侵入があるのだとすると、費用がかなりかかることは否定できないでしょうね。最高裁は、それを前提として、対策を講ずるためには多額の費用を要することは明らかであると判示していると考えられます」

らな「（インターネットで調べて）北海道縦貫自動車道函館名寄線は全長約681キロメートルあります。北海道にはほかにも高速道路はかなりあります。本件道路付近に限って小動物の侵入が多いのであれば、本件道路付近の

128

Ⅲ　評価

　　　侵入防止柵の改修で足りますが、ほかにも同様に小動物の侵入箇所が多
　　　数あるのであれば、財政的な困難性は瑕疵を否定する有力な事情になる
　　　ということですね」

教員「まとめると、『営造物の設置又は管理の瑕疵』というような規範的要件
　　　などが問題となる事件では、どのような観点から審理・判断する必要が
　　　あるのかをあらかじめ検討し、必要な事実関係を審理して確定させて、
　　　それを規範的要件にあてはめるということになりますね。〈*Case* ⑤-6〉
　　　では、危険発生の蓋然性・重大性と安全対策の技術的・財政的困難性を
　　　比較考量したわけです」

らな「２つの観点から判断するという構造の事件は、結構ありますね。建物賃
　　　貸借契約における解約申入れの『正当の事由』というのは、賃貸人と賃
　　　借人が建物を使用する必要性を天秤にかけて検討することになります
　　　し」

教員「事実認定が難しい事件のほか、事実関係は争いがなく、その『評価』が
　　　難しい事件もありますから、いろいろな事件を検討するといいですよ」

One Point Lecture!　事件のスジ・スワリ

　民事事件においては、事件のスジ・スワリということがいわれます。事件の落
ち着きというような意味であり、事件を全体としてみた場合、落ち着きのよい結
論になっているかをみるものです。

　事実認定をして、結論を導くにあたっては、争点整理によって示された各争点
について、間接事実や証拠を１つひとつ検討し、積み上げていくという作業が行
われ、その結果一定の結論に至ります。いわば、個々の木々を検討しているとい
えます。事件のスジ・スワリを考えるというのは、一定の結論を得たときに、森
全体を眺めて、当該事件の解決としては、その結論でよいのかを全体的に考察す
るというものです。

　たとえば、〈Case ⑤-5〉（116頁）について、要件事実を順次検討した結果、X
はYに対し不法行為による損害賠償請求や不当利得による返還請求ができると
いう結論に至ったとします。そこで、もう一度考えてみることが大事です。Yは
親のAが所有する甲建物にAと一緒に住んでいたのに、Aが死亡すると同時に
住む権原がなくなり、Aと居住していない相続人Xに対し損害賠償義務等を負
うのは、結論として妥当なのか……。

　そのような事案では、黙示の意思表示等の法律構成を考える余地はないのか、

129

第Ⅰ部　第5講　事実認定、意思解釈、評価

あるいは、権利濫用や信義則等の一般条項を適用する余地はないのかなどを考えて、落ち着きのよい結論に導く必要がないのかを検討する必要があるといえます（もっとも、当事者がそうした主張をしていないのに、裁判所が勝手にそのような判断をしてよいことにはならず、裁判所としては、弁論主義や法的観点指摘義務の視点から、必ず当事者に対しその点の問題提起をして、訴訟で議論を深めておく必要があります）。

そのうえで、やはり当初の結論でよいと考えるのか、新たな理論構成により別の結論がよいのかを検討することになります。

なお、事件のスジ・スワリに過度に頼らないようにすることも重要です。事件のスジ・スワリで決着させるのであれば、感覚で裁判をするのに似たようなものであり、相当ではありません。あくまでも、証拠による正確な事実認定に基づく判断を第一に考えるべきです（司研・事例事実認定85頁参照）。

♣*Coffee Break*　普通の弁護士の普通の1日 ─────

（古笛恵子・弁護士〔コブエ法律事務所〕）

◆虎に翼

ここのところ業務中でも業務外でも話題となることが多かった「虎に翼」が終わった。寅ちゃんやよねさんに負けないように今日も一日がんばろう、と自らを鼓舞して事務所に向かう日々も終わり。一般民事弁護士1人、事務局2人の事務所はいつもと変わらない。

◆顧問会社の相談

PCを立ち上げ、メールチェック。重い内容だから、ゆっくり返事したいから、とラベル設定し後回しにしていると、ついつい何十件も溜まる。まめに返信すること必須。

外資系の顧問会社の相談。カタカナで記載されている英単語の意味がわからずグーグル翻訳で調べたうえ返信。国内企業にいたNさんの転職を機にお仕事をいただくようになり20年余。ドイツ人社長とはNさんが通訳してくれご挨拶したが、司法試験に英語があったら絶対不合格、海外旅行で異常に緊張する私が外資系の顧問とは不思議。

Nさんがいた国内企業M社は、もともとボス弁の顧問会社。平成初期、その業界の顧問は男性のみ、女性は顧問の事務所のイソ弁であれば仕事ができるという状況。独立時にはボス弁の顧問とは縁を切るという慣習もあった。

しかし、Ｍ社の東京所長のＮさんや横浜所長のＦさんが、独立資金の融資が通らず他行の全通帳の全頁のコピーを出すように言われて頭を抱えていた私を見かねて、ボス弁や兄弁に挨拶してくれ、独立後もＭ社の仕事をいただけることになり今に至っている。

◆民事裁判

　Teamsを繋げてWeb裁判。電話会議よりはいいけれど、PCの画面越しでは裁判官の心証、相手方の本音が読みにくい。自分がどのように写っているのかも気になるし、やはり苦手。ときおりWeb会議に慣れていない先生が途中で事務局を呼び、事務局に操作してもらっている様子が写るが、何となく微笑ましい。

　Webだとずっと事務所。「陳述します」の一言のため裁判所に行っていた時代が懐かしい。こと登録当時は、自動車事故で後遺障害が争われると自賠責保険がやたら訴訟参加したため、自賠責の代理人として全国の裁判所に出頭した。毎週のように飛行機か新幹線に乗っていた。出張するとき気になるのは、裁判そのものより補助する被告の代理人がどんな先生かということ。参加人準備書面を指導してくれた先生、裁判のあと町を案内してくれた先生、と親切な先生が多かった。しかし、補助参加の必要などないと不機嫌になった先生、名刺交換だけで全く話もしてくれない先生もいた。経験不足を隠そうと肩に力が入っていることが見え見えで嫌な印象を与えたのか、苦い思い出である。

　準備書面がFAXで届いた。PDFにして依頼者に報告。最近は、mints（民事裁判書類電子提出システム）を利用する事件も増えたが、双方代理人が希望しないとmintsは利用できないので、まだまだFAXと郵送による書面も多い。FAXできない書類は、裁判所用の正本、相手方用の副本、自分の控え、依頼者用の写し、と必要であることと比べれば、ファイルのアップロードで足りるmintsは格段に便利。メールアドレスとパスワードでサインイン、送信される認証用コードを毎回打つのは面倒だが、やむを得ない。

◆事件の打合せ

　施設内事故の打合せ。裁判だけでなく、依頼者との打合せもZoomで行うことが増えたが、依頼者、関係者と直接会って話したいし、自分の目で現場を確認したいので一度は訪問。現場を案内してもらい、話を聞いたが、監視ビデオに事故状況が写っている。これを提出すると、あとは裁判官の評価如

第Ⅰ部　第5講　事実認定、意思解釈、評価

何か。

　自動車事故でもドライブレコーダーの提出は普通になった。町中のあちこちに設置されている防犯カメラの映像もよく見る。事故がそのまま見えるようになった。監視社会がいいのかどうかわからないが、事実の立証方法は変わりつつある。その意味では録音も同じ。言った言わない、はなくなる。昔、刑事訴訟法で盗聴が違法かどうかという論点があったが捜査機関はさておき、いくら録音禁止といっても、スマホやスマートウォッチを取り上げない限り、録音を防ぐことはまず不可能。法律相談も相手方との会話もすべて録音されているとの覚悟が必要、熱中すると意識から外れてしまうが。

◆法科大学院

　法科大学院ができた当初からリーガルクリニック市民生活紛争と保険法を担当している。保険については弁護士会で話している内容と変わらない、というよりむしろより詳しく突っ込んだ内容を話している。実務に出た受講生から声を掛けられることがある。保険の仕事をしていますと言われると本当に嬉しい。先日は、Web の向こうの相手方代理人であったが、無事に示談成立、終わってから話をした。

◆さよーならまたいつか！

　気付けば登録30年が過ぎた。多々反省すべき点はあるが後悔はない。弁護士はいいですよ、と心底言える。多々不安はあったが何とかなった。本当にいろいろな人に助けられて今がある。寅ちゃんほどドラマティックではないが、出合いと別れを繰り返し、楽しく就労可能年齢を迎えられたらと思う今日このごろ。

　それにしても、徳島にとって阿波踊りとすだち以上に誇れる米津玄師さんのコンサート抽選はずれたのは残念。まさに、さよーならまたいつか！

132

第6講

事実認定の難しい事件、和解

第6講では、事実認定が難しい事件と和解を取り上げて検討することにしよう。

I 事実認定が難しい事件

1 保険金請求事件

―〈*Case* ⑥-1〉―

　Xは、自己所有の自動車が何者かにより放火されたとして、加入している車両保険に基づき、Y保険会社に対して保険金の請求をした。
　地裁判決および高裁判決によると、認定できた間接事実は次のとおりである（地裁判決は、判タ1161号114頁参照、高裁判決は未登載）。

　Xは、所有する自動車（外国車）で山中や河川付近に出かけて景色を眺めたり昼寝をしたりすることを趣味にしていた。Xは、平成11年8月29日、兵庫県○○町内のキャンプ場付近に出かけた。夏休み最後の日曜日であり、キャンプ場付近には行楽客の車が多数駐車されていた。Xは、そこから約600メートル離れた町道上に駐車した。町道は幅3メートル程度であったが、ところどころ待避所があり、Xが駐車した地点もその待避所であった。付近には車両は停止しておらず、その現場は、普段、人通りの少ない場所であった。

133

第Ⅰ部　第6講　事実認定の難しい事件、和解

　午後6時55分頃、本件車両は燃えており、Ｘが消防署に連絡し、消防署員が駆けつけた。火災の目撃者はＸ以外にはいない。消防署の調査結果は、「車両のエンジンルームの焼損状況が弱く、助手席フロアのマットから灯油が検出され、検出状況からして1リットル以上の灯油がまかれていたと考えられる。エアコン等の電気系統やたばこの火は考えにくく、何者かが車内から放火した可能性が高い」というものであった。

　Ｘは、平成10年12月に本件車両を購入し、62万円以上の費用をかけてチューニングアップしていた。本件車両は雨漏り、ヒューズの取替え等などで10回近く修理に出しており、ヒーターのユニット交換のために近々修理に出す予定であった。Ｘは、経済的に困窮していたということはなかった。保険契約は、本件事故の1カ月前に更新したものであり、その時、それまで加入していなかった車両保険に加入した。

　Ｘは、「事故現場に本件車両を駐車して昼寝をしていたが、午後6時30分頃、目が覚め、散歩をしつつ用を足す目的で、本件車両から離れた。その際、車内に冷房を利かせておくため、窓を閉め、エンジンをかけて、キーをつけたままにしておいた。15分か20分くらいして戻ってきたところ、本件車両が燃えていた」と主張し、本人尋問でそのように供述している。

　Ｙ保険会社は、Ｘが保険金を取得する目的で、自ら放火したものであると主張している（主張・立証責任をどちらが負うかは問題であるが、ここでは、車両に事故が発生した場合には保険金が支払われ、保険会社が保険契約者の故意によるものであることを抗弁として主張・立証した場合に免責され、保険金が支払われないものとする）。

要件事実を簡単に整理すると、

┌─〈請求原因〉─────────────────────
│　①　ＸとＹの本件車両についての保険契約の締結
│　②　本件車両が平成11年8月29日に損傷したこと
│　③　車両の損害額
└──────────────────────────────

134

I 事実認定が難しい事件

〈抗弁〉

○　Ｘが本件車両に放火して請求原因②の損傷を生じさせたこと

である。争点は、抗弁の「Ｘが本件車両に放火したか」というものである。

　考え方としては、まず、動かしがたい事実を確定させる必要がある。〈*Case* ⑥-1〉では、午後６時55分頃に、本件事故現場で本件車両から出火したことは、まもなく消防車が来て確認していることから確かであるし、事故原因に対する消防署の調査結果も、通常信用できると考えられる。そうすると、何者かが自動車内から助手席付近に灯油をまいて放火したということは、動かしがたい事実である。

　放火の現場を目撃した第三者の証言等はないので、直接証拠は存在しない。このため、間接事実からＸが放火したと推認できるかを検討することになる。

　そのためにはまず、放火したことをうかがわせる積極事実と放火していないことをうかがわせる消極事実をあげることになる。事故状況とそれ以外に分けると考えやすい。

　たとえば、事故状況以外については、事故の１カ月前に車両保険に入っていることや車両が故障がちであったことは、積極方向の間接事実であるし、Ｘが特に経済的に困っていなかったことや約62万円以上の費用をかけてチューニングアップしていたことは消極方向の間接事実である。

　第１審（地裁）は、Ｘが放火した可能性は高いが、認定するまでには至らないとして請求を認容している（高度の蓋然性をもってＸが放火したということはできないという判断）。

　理由としては、本件現場につき、Ｘが山中に昼寝のために本件車両を駐車し、散歩および用足しのために一時的にキーを差したまま車両から離れることは特に不自然ではなく、その間に放火されることは不合理ではないこと、動機については、約62万円以上の費用をかけてチューニングアップしていたほどであり、保険金を受領しても、必ずしも利益にはならず、金銭に困窮していなかったこと、車両保険に加入して１カ月後に事故は起こっているが、保険事故はいつでも起こりうるのであり、不合理なものではないことなどをあげる。

　これに対し、控訴審（高裁）は、Ｘが放火したものであるとして、１審判決

135

を取り消してXの請求を棄却している。

　その理由は、Xの言い分が正しいとすると、何者かが20分程度の間に、本件車両に入り込み、灯油をまいて放火して逃走したことになるが、真夏の出来事であり、非常に考えにくいこと、本件現場は、目立つ場所ではなく、いわゆる愉快犯による放火は想定できず、怨恨による放火も本件現場まで追跡して待機しているということもまずあり得ないであろうこと、本件車両は故障がちであり、修理の予定もあり、放火する動機がないとはいえないこと、車両保険に加入して1カ月後の事故であることなどをあげる。

　地裁は、Xにおいて放火する動機があまりないことを重視したものと思われるが、現場の状況からすると、第三者により放火されたということはかなり考えがたいことは高裁が述べるとおりであろうか。

　放火したか否かはXはわかっており、放火していないにもかかわらず保険金が支払われないのは不当であるし、逆に、保険金を詐取しようと企てて自ら放火したのに保険金請求を認めて保険金詐欺に加担するような判決をするわけにはいかない。現実に訴訟になるのは、微妙な事件が多く、その判断を適正にすることは容易ではない。

　動かしがたい事実を確定させ、事件全体を把握したうえで、当事者の言い分を各証拠に照らして子細に検討するほかはない。

2 痴漢事件

　刑事事件だが、最高裁で意見が分かれた例として、最判平21・4・14刑集63巻4号331頁を取り上げる（本件では、最高裁における事実認定のあり方も争われているが、この点は取り上げないので、以下ではそれを除いている）。

―― 〈**Case** ⑥-2〉――

　本件公訴事実の要旨は、「被告人は、平成18年4月18日午前7時56分頃から同日午前8時3分頃までの間、東京都世田谷区内の小田急電鉄株式会社成城学園前駅から下北沢駅に至るまでの間を走行中の電車内において、乗客である当時17歳の女性Aに対し、パンティの中に左手を差し入れその陰部を手指でもてあそぶなどし、もって強いてわいせつな行為をした」というものである。被告人は、捜査段階から一貫して犯行を否認してお

り、本件公訴事実を基礎づける証拠としては、Ａの供述があるのみであって、物的証拠等の客観的証拠は存しない（被告人の手指に付着していた繊維の鑑定が行われたが、Ａの下着に由来するものであるかどうかは不明であった）。被告人は、本件当時60歳であったが、前科、前歴はなく、この種の犯行を行うような性向をうかがわせる事情も記録上は見当たらない。

第１審判決は、上記のとおりの被害を受けたとする上記女性Ａの供述に信用性を認め、公訴事実と同旨の犯罪事実を認定して、被告人を懲役１年10月に処し、被告人からの控訴に対し、控訴審判決も、第１審判決の事実認定を是認して、控訴を棄却したが、最高裁は、控訴審判決、第１審判決を破棄し、被告人を無罪としている。

最高裁は、事実関係とＡの証言について、次のとおり判示している（原文どおり）。

「１　事実関係

(1)　被告人は、通勤のため、本件当日の午前７時34分ころ、小田急線鶴川駅から、綾瀬行き準急の前から５両目の車両に、Ａは、通学のため、同日午前７時44分ころ、読売ランド前駅から、同車両に乗った。被告人とＡは、遅くとも、本件電車が同日午前７時56分ころ成城学園前駅を発車して間もなくしてから、満員の上記車両の、進行方向に向かって左側の前から２番目のドア付近に、互いの左半身付近が接するような体勢で、向かい合うような形で立っていた。

(2)　Ａは、本件電車が下北沢駅に着く直前、左手で被告人のネクタイをつかみ、『電車降りましょう。』と声を掛けた。これに対して、被告人は、声を荒げて、『何ですか。』などと言い、Ａが『あなた今痴漢をしたでしょう。』と応じると、Ａを離そうとして、右手でその左肩を押すなどした。本件電車は、間もなく、下北沢駅に止まり、２人は、開いたドアからホームの上に押し出された。Ａは、その場にいた同駅の駅長に対し、被告人を指さし、『この人痴漢です。』と訴えた。そこで、駅長が被告人に駅長室への同行を求めると、被告人は、『おれは関係ないんだ、急いでいるんだ。』などと怒気を含んだ声で言い、駅長の制止を振り切って、車両に乗り込んだが、やがて、駅長の説得に応じて下車し、駅長室に同行した。

137

第Ⅰ部　第6講　事実認定の難しい事件、和解

(3)　Aが乗車してから、被告人らが降車した下北沢駅までの本件電車の停車駅は、順に、読売ランド前、生田、向ヶ丘遊園、登戸、成城学園前、下北沢である。

　2　Aは、第1審公判及び検察官調書（同意採用部分）において、要旨、次のように供述している。

　『読売ランド前から乗車した後、左側ドア付近に立っていると、生田を発車してすぐに、私と向かい合わせに立っていた被告人が、私の頭越しに、かばんを無理やり網棚に載せた。そこまで無理に上げる必要はないんじゃないかと思った。その後、私と被告人は、お互いの左半身がくっつくような感じで立っていた。向ヶ丘遊園を出てから痴漢に遭い、スカートの上から体を触られた後、スカートの中に手を入れられ、下着の上から陰部を触られた。登戸に着く少し前に、その手は抜かれたが、登戸を出ると、成城学園前に着く直前まで、下着の前の方から手を入れられ、陰部を直接触られた。触られている感覚から、犯人は正面にいる被告人と思ったが、されている行為を見るのが嫌だったので、目で見て確認はしなかった。成城学園前に着いてドアが開き、駅のホーム上に押し出された。被告人がまだいたらドアを替えようと思ったが、被告人を見失って迷っているうち、ドアが閉まりそうになったので、再び、同じドアから乗った。乗る直前に、被告人がいるのに気付いたが、後ろから押し込まれる感じで、また被告人と向かい合う状態になった。私が、少しでも避けようと思って体の向きを変えたため、私の左肩が被告人の体の中心にくっつくような形になった。成城学園前を出ると、今度は、スカートの中に手を入れられ、右の太ももを触られた。私は、いったん電車の外に出たのにまたするなんて許せない、捕まえたり、警察に行ったときに説明できるようにするため、しっかり見ておかなければいけないと思い、その状況を確認した。すると、スカートのすそが持ち上がっている部分に腕が入っており、ひじ、肩、顔と順番に見ていき、被告人の左手で触られていることが分かった。その後、被告人は、下着のわきから手を入れて陰部を触り、さらに、その手を抜いて、今度は、下着の前の方から手を入れて陰部を触ってきた。その間、再び、お互いの左半身がくっつくような感じになっていた。私が、下北沢に

着く直前、被告人のネクタイをつかんだのと同じころ、被告人は、私の体を触るのを止めた。』」

　この事件の特徴は、第三者の目撃証言はなく、被告人とＡとはこの電車限りでしか接点がなく、双方の言い分の裏付け証拠がないという点である。つまり、被告人とＡの証言しかなく、とりわけＡの証言の信用性が争点であるといえる（Ａの信用性が非常に高いということになれば、直接証拠であるから、それのみで公訴事実を認定できることになるし、それのみで公訴事実を認定できるほどの信用性はないということになれば、ほかには何も証拠がないのであるから、無罪ということになる）。

　そして、動かしがたい事実（客観的事実）との整合性が重要であるが、〈Case ⑥-2〉では、事実として認定しているのは、被告人とＡが乗車していた位置関係とＡが被告人を捕まえた状況、電車の停車駅という程度であり、Ａの証言がそれと整合しているあるいは矛盾しているということを検討できるような事実はない。そうすると、Ａの証言の信用性としては、証言の合理性、具体性という観点から検討する以外にはない。

　重要なことは、前提として、このあたりを正確に押さえておくことである。いきなりＡの証言の信用性についてとして、Ａの証言が具体的であるとか、不合理であるといった検討をする司法修習生が多いが、まず、どういう証拠構造になっているかを押さえておく必要がある。仮に、被告人が犯人であることを裏付ける物的証拠等の客観的な証拠があれば、Ａの証言の信用性を真剣に検討する意味がない。最高裁も、冒頭で、本件公訴事実を基礎づける証拠としてはＡの供述があるのみであって、物的証拠等の客観的証拠は存しないことを示している。

　Ａの証言の信用性については、①最高裁の多数意見と、②最高裁の少数意見、第１審・第２審で判断を異にしている。

　第１審・第２審判決は、Ａの供述内容は、当時の心情も交えた具体的、迫真的なもので、その内容自体に不自然、不合理な点はなく、Ａは、意識的に当時の状況を観察、把握しており、犯行内容や犯行確認状況について、勘違いや記憶の混乱等が起こることも考えにくいなどとして、被害状況および犯人確

139

第Ⅰ部　第6講　事実認定の難しい事件、和解

認状況に関するＡの上記供述は信用できると判示している。

　これに対し、最高裁の多数意見は、次のとおり述べる。

　「(1)Ａが述べる痴漢被害は、相当に執ようかつ強度なものであるにもかかわら
ず、Ａは、車内で積極的な回避行動を執っていないこと、(2)そのことと前記1
(2)のＡのした被告人に対する積極的な糾弾行為（左手で被告人のネクタイをつ
かみ、『電車降りましょう。』と声を掛けたこと）とは必ずしもそぐわないように
思われること、また、(3)Ａが、成城学園前駅でいったん下車しながら、車両を
替えることなく、再び被告人のそばに乗車しているのは不自然であること（原判
決も『いささか不自然』とは述べている）などを勘案すると、同駅までにＡが
受けたという痴漢被害に関する供述の信用性にはなお疑いをいれる余地がある。
そうすると、その後にＡが受けたという公訴事実記載の痴漢被害に関する供述
の信用性についても疑いをいれる余地があることは否定し難いのであって、Ａ
の供述の信用性を全面的に肯定した第1審判決及び原判決の判断は、必要とされ
る慎重さを欠くものというべきであり、これを是認することができない。被告人
が公訴事実記載の犯行を行ったと断定するについては、なお合理的な疑いが残る
というべきである」。

　最高裁多数意見は、Ａの供述の信用性に疑いを入れる余地があるとして、
①スカートの中に手を入れられ、下着の上から陰部を触られたりするなど相当
に執ようかつ強度なものであるのに、積極的な回避行動を講じていない点、②
それにもかかわらず、Ａは、左手で被告人のネクタイをつかむという積極的
な糾弾行為をしている点、③Ａは、成城学園前駅でいったん下車したのに、
車両を替えることなく、再び被告人のそばに乗車している点を指摘している。

　具体的、迫真的なものであるとする点については、那須弘平裁判官が補足意
見で次のとおり述べている。

　「普通の能力を有する者（例えば十代後半の女性等）がその気になれば、その
内容が真実である場合と、虚偽、錯覚ないし誇張等を含む場合であるとにかかわ
らず、法廷において『具体的で詳細』な体裁を具えた供述をすることはさほど困
難でもない。その反面、弁護人が反対尋問で供述の矛盾を突き虚偽を暴き出すこ
とも、裁判官が『詳細かつ具体的』、『迫真的』あるいは『不自然・不合理な点が

140

ない』などという一般的・抽象的な指標を用いて供述の中から虚偽、錯覚ないし誇張の存否を嗅ぎ分けることも、けっして容易なことではない。本件のような類型の痴漢犯罪被害者の公判における供述には、元々、事実誤認を生じさせる要素が少なからず潜んでいるのである。被害者が公判で供述する場合には、被害事実を立証するために検察官側の証人として出廷するのが一般的であり、検察官の要請により事前に面接して尋問の内容及び方法等について詳細な打ち合わせをすることは、広く行われている。……このような作業が念入りに行われれば行われるほど、公判での供述は外見上『詳細かつ具体的』、『迫真的』で、『不自然・不合理な点がない』ものとなるのも自然の成り行きである。これを裏返して言えば、公判での被害者の供述がそのようなものであるからといって、それだけで被害者の主張が正しいと即断することには危険が伴い、そこに事実誤認の余地が生じることになる」。

つまり、「詳細かつ具体的」、「迫真的」ということについては、簡単にいえば、いくらでも詳細かつ具体的に、あるいは迫真的に証言することはできるわけで、その点に重点をおくべきではないという考え方に立っている（この点は、76頁参照）。

では、反対意見はどうみているのか。堀籠幸男裁判官の反対意見は、次のとおりである。

「（①Ａが車内で積極的な回避行動を執っていない点については）この時間帯の小田急線の車内は、超過密であって、立っている乗客は、その場で身をよじる程度の動きしかできないことは、社会一般に広く知れ渡っているところであり、証拠からも認定することができるのである。身動き困難な超満員電車の中で被害に遭った場合、これを避けることは困難であり、また、犯人との争いになることや周囲の乗客の関心の的となることに対する気後れ、羞恥心などから、我慢していることは十分にあり得ることであり、Ａがその場からの離脱や制止などの回避行動を執らなかったとしても、これを不自然ということはできない」。

「（②痴漢の被害に対し回避行動を執らなかったＡが、下北沢駅で被告人のネクタイをつかむという積極的な糾弾行動に出たことは、必ずしもそぐわないという点については）犯人との争いになることや周囲の乗客の関心の的となることに対する気後れ、羞恥心などから短い間のこととして我慢していた性的被害者が、執拗に被害を受けて我慢の限界に達し、犯人を捕らえるため、次の停車駅近くに

141

第Ⅰ部　第6講　事実認定の難しい事件、和解

なったときに、反撃的行為に出ることは十分にあり得ることであり、非力な少女の行為として、犯人のネクタイをつかむことは有効な方法であるといえるから、この点をもって A の供述の信用性を否定するのは、無理というべきである」。

「(③ A が成城学園前駅でいったん下車しながら、車両を替えることなく、再び被告人のそばに乗車しているのは不自然であるという点については) A は、成城学園前駅では乗客の乗降のためプラットホームに押し出され、他のドアから乗車することも考えたが、犯人の姿を見失ったので、迷っているうちに、ドアが閉まりそうになったため、再び同じドアから電車に入ったところ、たまたま同じ位置のところに押し戻された旨供述しているのである。A は一度下車しており、加えて犯人の姿が見えなくなったというのであるから、乗車し直せば犯人との位置が離れるであろうと考えることは自然であり、同じドアから再び乗車したことをもって不自然ということはできないというべきである。そして、同じ位置に戻ったのは、A の意思によるものではなく、押し込まれた結果にすぎないのである」。

「以上述べたように、多数意見が A の供述の信用性を否定する理由として挙げる①～③は、いずれも理由としては極めて薄弱であり、このような薄弱な理由を3点合わせたからといって、その薄弱性が是正されるというものではなく、多数意見が指摘するような理由のみでは A の供述の信用性を否定することはできないというべきである」。

反対意見は、次のような構造になっている。
①　A が車内で積極的な回避行動をとっていない点について
　ⓐ　身動き困難な超満員電車の中で被害にあった場合、これを避けることは困難である
　ⓑ　犯人との争いになることや周囲の乗客の関心の的となることに対する気後れ、羞恥心などから、我慢していることは十分にあり得る
②　痴漢の被害に対し回避行動をとらなかった A が被告人のネクタイをつかむという積極的な糾弾行動に出た点について
　○　気後れ、羞恥心などから短い間のこととして我慢していた性的被害者が、執拗に被害を受けて我慢の限界に達し、犯人を捕らえるため、反撃的行為に出ることは十分にあり得る
③　A が成城学園前駅でいったん下車しながら、車両を替えることなく、

142

I 事実認定が難しい事件

再び被告人のそばに乗車している点について

　　ⓐ　Aは一度下車しており、加えて犯人の姿が見えなくなったのである
　　　から、乗車し直せば犯人との位置が離れるであろうと考えることは自然
　　　であり、同じドアから再び乗車したことをもって不自然ということはな
　　　い

　　ⓑ　同じ位置に戻ったのは、Aの意思によるものではなく、押し込まれ
　　　た結果にすぎない

　①ⓐと③ⓑは事実認定の問題であるが、ほかの点は、事実自体には争いがな
く、それを不自然であるとみるか、不自然でないとみるかという争いになって
いる。

　田原睦夫裁判官の反対意見の中で触れられているが、女性が電車内での虚偽
の痴漢被害を申告する動機としては、一般的に、示談金の喝取目的、相手方か
ら車内での言動を注意された等のトラブルの腹いせ、痴漢被害にあう人物であ
るとの自己顕示、加害者をつくり出し、その困惑を喜ぶ愉快犯等があるが、A
にそれらの動機の存在をうかがわせるような証拠は存しないようである。他方、
被告人は、平成18年4月に助教授から教授に昇任したばかりであり、本件公訴
事実に係る日の2日後には、就任後初の教授会が開かれ、その時に被告人は所
信表明を行うことが予定されていたということで、どうも痴漢をするような人
物ではないようである。

　教員と法科大学院生の織田哲也くんの会話である。

教員「織田くん、どう考える？」

織田「うーん、難しいですね」

教員「事実認定の問題としては、当時、超過密であって積極的な回避行動をと
　　　ることができなかったか、成城学園前でいったん車外に出たのに同じド
　　　アから車内に戻ったのは、Aの意思によるものではなく押し込まれた
　　　結果と考えることができるかというのがあるが、いずれの点も、反対意
　　　見は、仮に回避行動をとることができたり、同じドアから車内に入った
　　　のがAの意思であったとしても、Aの証言は信用できるとしているの
　　　で、結局、①Aが車内で積極的な回避行動をとっていない点、②痴漢
　　　の被害に対し回避行動をとらなかったAが被告人のネクタイをつかむ

143

第Ⅰ部　第6講　事実認定の難しい事件、和解

という積極的な糾弾行動に出た点、③ A が成城学園前駅でいったん下
車しながら、車両を替えることなく、再び被告人のそばに乗車している
点を不自然とみるかどうかという問題になっていますね」

織田「被告人は、最高裁で無罪になったわけですけど、先生はどう思います
か？」

教員「わからないよ。最高裁の裁判官も 3 対 2 で意見が分かれているくらいだ
から、事実認定は難しいということだよ。法科大学院生や司法修習生が
押さえておくべきポイントとしては、証言の信用性について、具体的で
ある、迫真性があるというような主観的なことを重視せずに、あくまで
も動かしがたい事実（客観的事実）との整合性に重点をおいて検討する
必要があるということ。本件のように、整合性を検討すべき動かしがた
い事実（客観的事実）がなく、証言自体の合理性等から判断しなければ
ならないとなったら、非常に難しいということだよ」

織田「何か釈然としませんが」

教員「事実認定にこれが正解ですというハッキリしたものがあるわけではない
んだよ」

織田「僕は大都会には住んだ経験がないので、朝の満員電車に乗ったことがな
いんですよ。今度東京に行ったら、小田急線に乗って、朝の混雑具合が
どんなものか確認してみようかな」

教員「確認するのはいいけれど、くれぐれも同じようなことをして捕まらない
ようにね」

織田「大丈夫ですよ。ネクタイをして行きませんから（笑）」

Ⅱ　和　解

　ここまで、事実認定についてかなり検討したので、視点を変えて、和解につ
いて検討してみよう。

　和解のメリットとしては、次の点をあげることができる。

① 　紛争の早期解決

　　和解は、判決とは異なり、不服申立てがなく、早期に解決をすることが
でき、時間、労力、費用の点で、コスト削減を図ることができる。

② 事件の個性に応じた解決が可能

　判決であれば、訴訟物に対する判断のみであるが、和解は、他の紛争も
まとめて解決することができる。利害関係のある第三者を加えて和解する
ことも可能である。

③ 任意の履行が期待できる

　和解は、当事者が納得として成立するので、和解により債務の負担を負
った当事者が任意に履行することが期待できる。

④ 執行が可能

　和解は、確定判決と同一の効力を有し（民訴267条）、執行が可能な条項
については、履行されなければ、それに基づいて執行することができる
（民執22条7号）。

⑤ 当事者間の関係修復

　和解で解決すると、当事者間の関係が修復されることも多い。

以下、具体的に考えてみよう。

1 ┃ 第1のケース

〈Case ⑥-3〉

　Xは、令和7年5月1日、土木業を営むY会社に対し、建設機械を500
万円で売って、建設機械を引き渡した。Xは、Y会社に対し、売買契約に
基づき500万円の支払を求める訴えを提起した。Y会社は、「売買契約の締
結は認める。しかし、Y会社の取引先が倒産し、資金繰りに窮しており、
その代金を直ちに支払うことはできない」と主張した。Xは、訴えの提起
前に、売買代金債権を保全するため、Y会社の財産を仮差押えすることを
検討したが、Y会社には、不動産や銀行預金等のめぼしい財産はなかっ
た。

---

(1) 検 討

　要件事実は、「Xは、令和7年5月1日、Yに対し、建設機械を代金500万円
で売った」であり、Yはそれを認めており、抗弁を主張していない。そうする
と、直ちに弁論終結を求めて、YはXに対し500万円を支払えという判決を得

ることはできる。

　ところで、Yは、その代金を直ちに支払うことができないということを述べており、Yには、不動産や銀行預金等のめぼしい財産がなく、勝訴判決を得ても強制執行で売買代金を回収できない可能性が高いかもしれない。そうすると、勝訴判決を得てもそれで強制執行が功を奏しなければ、判決という紙切れをもらっただけで、Xとしては不満であろう。あるいは、Yは建設機械を所有しているので、それを差し押さえて強制執行を申し立てることが可能であったとしても、その手続をすると、Yは倒産することになるという場合、その差押えによって回収できると予想される金額やYとの今後の取引をどうするかということなども考慮して、強制執行することの可否を検討しなければならない。また、Yにはほかに債権者がおり、その債権者が債務名義を取得して強制執行する動きがあるかも考慮事項となる。

　こうしたことを総合的に考えて、Yの営業自体は悪くはなく、一時的に資金繰りに窮しているだけであり、直ちに倒産するような状況になければ、分割で支払うという形で和解をまとめるのが相当であるといえる。Yとしても、直ちに強制執行されて倒産に至ることを回避することができる。

(2)　和　解

　上記(1)の検討を経て、XとYは、令和8年4月5日、訴訟上の和解を成立させた。

　和解条項は、次のとおりである。

1　Yは、Xに対し、本件買受金債務として、500万円の支払義務があることを認める。
2　利害関係人Z（Y会社の代表取締役）は、Yの前項の債務を連帯保証する。
3　Y及びZは、Xに対し、連帯して1項の金員のうち400万円を次のとおり分割して、X名義の銀行口座（○銀行○支店のX名義の普通預金口座［口座番号○○○○］）に振り込んで支払う。
　　令和8年4月から令和9年11月まで毎月末日限り各20万円ずつ
4　Y及びZは、前項の分割金の支払を遅滞し、その額が40万円に達したときは、当然に期限の利益を失い、500万円から既払金を控除した残額及びこれに対する期限の利益を喪失した日の翌日から支払済みまで年1割の割合による遅

延損害金を支払う。

5 Y及びZが期限の利益を失うことなく第3項の分割金を支払ったときは、X
はその余の支払義務を免除する。

6 Xは、その余の請求を放棄する。

7 XとY及びZは、XとYとの間及びXとZとの間で、本件に対し、本和
解条項に定めるほか、何らの債権債務がないことを確認する。

8 訴訟費用及び和解費用は各自の負担とする。

1項は、Yが500万円の支払義務があることを認めている。したがって、こ
の条項は、Xの請求をYが認めたことを意味している。

2項は、Yの代表取締役であるZの連帯保証を得ることで、より確実に売
却代金の支払を受けることができるようにしたものである。もともとZは、
代金の支払義務はないが、和解ではこうした連帯保証人を付けることができる
のはメリットとしてあげられる（なお、民法465条の6～10に注意）。

3項は、500万円のうち400万円を分割で支払うことを約した条項であり、5
項で400万円を約束どおり支払えば、残100万円は免除することを定めている。
これは、Xとしても、Yの取引先が倒産したことから、500万円の全額の支払
を求めることはせずに、100万円を譲歩したものである。20回の分割払いであ
り、約2年近くかかるので、その間にYの支払状況が悪化して支払を怠った
りする可能性がないわけではない。そこで、4項で、そのような場合には、
500万円全額から既払金を控除した残額について直ちに弁済期を到来させ、そ
れを債務名義として強制執行できるようにしたものである。

他方、Yとしても、Xの請求を認容する判決が出されて、それに基づいて強
制執行されると、事業が倒産に至るかもしれず、しかも400万円を支払えばよ
いので、減額のメリットもある。

7項は、本件に関して、すべて解決し、互いに債権債務がないことを確認し
たものであり、この和解で紛争が終局的に解決したことを示している。

2 第2のケース

〈*Case* ⑤-4〉（115頁）では、次のとおりの和解が成立した。

147

第Ⅰ部　第6講　事実認定の難しい事件、和解

> 1　Yは、Xに対し、解決金として、令和8年8月1日限り、80万円を支払う。
> 2　Xは、その余の請求を放棄する。
> 3　XとYは、本和解条項に定めるほか、一切の債権債務がないことを確認する。
> 4　訴訟費用及び和解費用は各自の負担とする。

　Yとしては、判決に至ると勝訴できる可能性が高い。しかし、法的にはともかく、Xには、かつて非常に世話になっており、現在Xは経済的に困っているのに対し、自分は余裕があることから、Yは、ある程度の金額を支払って早期に解決することを希望した。他方、Xとしても、勝訴の可能性が低く、一定金額の支払を受けることで満足することにした。その結果、上記のとおり、80万円を支払うことで和解が成立した。

3　まとめ

　和解はいろいろな場面で成立する。弁護士としては、**依頼者のあるいは相手方の請求が認められるかを客観的に分析する**とともに、**執行可能性や当事者間の関係等からして、あるいはより広い視点に立って、和解が相当であると判断した場合には、本人に対しその旨説明し、助言することが重要**である。
　なお、和解と弁護士倫理の関係については、［基礎編］384頁参照。

♣*Coffee Break*　修習のための八カ条〜すべては1つの段ボールから〜 ――――
（倉澤菜美恵・77期司法修習生）

　このコラムでは、学習の箸休めに、司法修習や二回試験に向けて勉強される皆さんに対し、司法修習の期間をより有意義に過ごすための情報をお伝えできればと思います。

　まず、司法修習を有意義に過ごすための勝負は、導入修習の約1カ月前、「白表紙」と呼ばれる教科書が送られてきた段階から始まります。
　白表紙が詰められた段ボールは、白表紙にシンデレラフィットする最高の段ボールであり、後の導入修習や分野別修習での引っ越しに大変役立つので、

148

Ⅱ　和　解

大事にとっておくようにしましょう。

　また、白表紙類の中に、課題が書いてある薄い冊子が入っていると思うので、届いたらすぐに確認しましょう。導入修習前の1カ月の予定は、友人との旅行や合格祝賀会等で埋まっていることが多く、意外と課題をする時間が少なくなっている思うので、しっかりスケジュールを立てておくべきです。ちなみに、私自身は、課題確認が遅れた結果、イタリア旅行の13時間フライトの間に民事裁判の教科書を読む羽目になりました……。

　なお、巷では導入前の課題をやらなくても何とかなるとの噂がありますが、課題の中には、事前に提出が求められるものがあるうえ、導入修習は課題をこなすのに必要な知識が身についていることを前提にして進んでいきます。また、導入修習開始後2週間ほどで、即日起案（実力テストのようなもの）が行われるうえ、分野別修習が始まれば、各クール開始後2〜3日で起案が課されますので、導入前の段階から課題をしっかりとこなすことは修習を有意義なものにするために重要だと思います。

> 【教訓】
> 一、白表紙の段ボールは丁寧に開けるべし。
> 一、白表紙が届いたら、すぐに課題を確認すべし。

　次に、導入修習についてです。導入修習で多くの人が過ごすであろう司法研修所の寮は、埃っぽく乾燥しがちです。少しでも快適な環境に整えるために、丈夫なスリッパ（サンダルでも可）や加湿器を用意したり、雑巾やウエットティッシュ等でこまめに掃除をする等して、慣れない生活を乗り越えましょう。

　また、人見知りな方もいるかもしれませんが、修習では提出すべき書類や課題がたくさんありますので、締切りを忘れないようにするためにも、隣の席の人と話す等して、逐一情報を共有できる人を確保しておくとよいと思います。なお、この際、同じ修習地で、違う班の人（分野別修習の回り方が異なる人）と仲良くなっておくと、分野別修習での起案の情報等がもらえるので、おススメです。

> 【教訓】
> 一、入寮者は、丈夫なスリッパ・加湿器・掃除道具などを用意しておくべし。
> 一、修習の情報を得る努力をすべし。

　さらに、分野別修習についてです。分野別修習では、裁判所、検察庁、弁

149

第Ⅰ部　第6講　事実認定の難しい事件、和解

護士事務所を6週間ずつ巡ることになります。その際、一人暮らしをされる
方は、各庁舎との位置関係はもちろん、繁華街への交通の便や、土地柄等を
しっかり調べて、居住地を決めるようにしましょう。なお、修習地が決まっ
た時点で、引っ越し先を決める人が多いと思いますが、春の引っ越しシーズ
ンと被りますので、修習地の決定前から、ある程度、新居や引っ越し業者の
目ぼしを付けておくとよいと思います。

　また、分野別修習では、実務修習結果簿という書類を作成し、分野別修習
が終わる際に提出することになります。この結果簿には、修習で学んだこと
を記載するのですが、放置していると、最後に痛い目を見ることになるので、
気を付けてください。ちなみに、私は、弁護修習で記入をさぼった結果、最
終日に徹夜で結果簿を作成することになったので、皆さんは、同じ過ちを犯
さないようにしてくださいね。

【教訓】
一、慣れない土地に行く者は、居住地をしっかり見極めるべし。
一、修習結果簿は、逐一埋めていくべし。

　最後に修習全体についてです。

　導入修習の最後に民事裁判の教官から、指導官に質問されて答えがわから
ないときは、「……」や「わかりません」ではなく、「調べます」と答えるよ
うに教わりました。誰もが最初は知らないことばかりであり、修習は「無知
の知」のための期間だと思います（ソクラテスメソッド！？）。修習全体を通
して、自分の無知を自覚し、自ら調査し答えを探求する習慣を身に着けるこ
とが、修習の最も大切な学びの一つであると思うので、修習を充実させるた
めにも、このことは忘れないようにしてほしいと思います。

　また、修習のみならず修習外でも、でしゃばるくらいの気持ちで、何事に
も全力で取り組むようにしましょう。これは、弁護修習の指導弁護士からの
言葉ですが、今まで、周囲の空気を読んで積極的になれなかった私にとって
は、「でしゃばるマインド」は、金言でした。この言葉を胸に積極的に取り組
んだ結果、修習生バンドでドラムを叩いたり、このコラムを書くなど今まで
では考えつかないような経験をすることができました。

　皆さまも、「でしゃばるマインド」で修習期間を有意義なものにしていただ
けると幸いです。

150

Ⅱ　和　解

【教訓】

一、わからないことを認めたうえで、調べる姿勢を見せるべし。

一、何事にも、でしゃばる気持ちをもって取り組むべし。

　以上、私が修習前の段階で知りたかった情報をまとめてみました。これ以外にも、修習を有意義に過ごすための秘訣がまだまだあると思うので、周囲の先輩に聞く等して、一度しかない修習生活を、「修習も修習外も全力で」楽しんでください。

第 **II** 部

演習問題
（第 7 講～第11講）

要件事実問題

　要件事実の整理は、民法などの実体法の理解を前提にして、当事者の主張から主要事実を抽出し、その主張・立証責任を分配して整理する作業であるが、「誰が、どのような事実を主張・立証すべきか」を確定することは、個々の事案における審理と判断の骨格を形づくる作業にほかならない。したがって、要件事実の整理は、民事訴訟に携わるすべての法律家が習得すべき「スキル」である。

　では、この「スキル」は、どのようにすれば身につくのであろうか。それは、主張・立証責任の分配を逐一暗記するのではなく、基本的な考え方（いわば「思考方法の型」）を理解して使いこなせるようにすることである。

　この要件事実問題では、基本的な事例問題を素材とし、思考方法を含めて丁寧に解説することを心掛けた。

> **要件事実問題**
>
> 　Xの言い分について次の問いに答えよ。
> 1　訴訟物を説明せよ
> 2　請求原因の要件事実を摘示し、その説明をせよ。
> （Xの言い分）
> 　Aは、Bに対し、令和7年10月10日、所有していた別紙物件目録記載の土地（別紙省略。以下、「甲土地」という）を代金1000万円で売却しました

（以下、「本件売買」という）。私は、同年12月12日、Ａから、本件売買代金債権を800万円で譲り受けました。

　なお、本件売買の代金支払債務については、Ｙが連帯保証人となっていましたが、Ｙは、本件売買の際に姿を現さず、Ｙの委任状と印鑑登録証明書を持ったＢが、同年10月10日、Ｙの代理人として、Ａとの間で書面で連帯保証契約を締結したと聞いています。

　私は、Ｂの連帯保証人であるＹに対し、800万円の支払を求めます。

I　解　説

1　訴訟物

⑴　Ｘの言い分の解釈──処分権主義

　訴訟物を説明するにあたって最も大切なのは、「訴訟物の特定」である。訴訟物は何なのかを明らかにしなければならない。そして、訴訟物を特定する出発点となるのが「処分権主義」、すなわち「原告の言い分の解釈」である。

　本件でＸがＹに対し何を請求しているのかをみると、Ｘは「連帯保証人であるＹに対し、800万円の支払を求める」と主張している。Ｘは、Ｙに対し、保証債務（民446条１項）の履行を求めているのである（Ａから譲り受けた本件売買の代金債権ではない）。

⑵　訴訟物の特定

　これを前提に、訴訟物をどのように特定したらよいかが問題になるが、債権的請求であるから、権利の主体、権利の内容と発生原因で特定すればよいのが原則である（［基礎編］34頁、［要件事実編］41頁参照）。これを前提に、事案ごとに問題点を検討していくことになる。

　本件では、①「債権譲渡」の事案であること（保証契約に基づく請求権は、主債務である本件売買代金債権の債権譲渡に随伴して移転する）、②「連帯保証」であることの２点が問題となる。

　①　「債権譲渡」は、債権の同一性を保ったまま帰属主体を変更するものであるから、譲受債権の請求の訴訟物は、債権譲渡前の権利を特定しなけれ

155

ばならず、債権を取得した経緯や原因は訴訟物を特定する要素とはならない（［基礎編］284頁、［要件事実編］397頁参照）。

② 「連帯保証」については、「保証」と「連帯保証」とで、訴訟物が異なるのか（「連帯の合意」が訴訟物特定の要素となるのか）という問題があった。この点は、「連帯の合意」は保証契約の補充性を奪う「特約」であり、連帯の合意が、催告・検索の抗弁（民452条、453条）に対する再抗弁になるものと考えることになる（［基礎編］154頁、［要件事実編］206頁参照）。

これらの検討を経て、訴訟物を権利の主体（一般に、主体を記載しない場合には、当事者間、すなわち XY 間の権利関係を意味することになるが、本問は債権譲渡が介在している事案なので「主体」による特定が必要）、内容および発生原因で特定すると、本件の訴訟物は、「AY 間の保証契約に基づく保証債務履行請求権」となる。

(3) 訴訟物の個数

訴訟物の個数は、契約に基づく請求の場合は、契約の個数で決まるが、本件では、1個の保証契約に基づく請求であるから、訴訟物は1個である。

本件では特に問題にしていないが、売買代金債権の利息や損害金が請求されている場合には、訴訟物の個数に気をつける必要がある。利息や損害金といった附帯請求は、利息契約に基づく利息請求権や履行遅滞に基づく損害賠償請求権といった、主たる請求とは別個の訴訟物となるが、保証の場合は、保証契約の内容として利息や損害金が含まれる（民447条1項）ので、主たる債務の利息や損害金を含めて請求していたとしても、訴訟物は1個である（［基礎編］154頁、［要件事実編］206頁参照）。

なお、訴訟物が複数ある場合には、その併合形態についても検討しなければならない。

2 請求原因

要件事実の整理を行うにあたって、大事な視点は、「何が大きな枠組みか」を意識し、要件事実の構造をつかむことである。具体的にみてみよう。

本件では、訴訟物は「保証」や「代理」も問題になっているが、X が Y に対して請求できるのは、AY 間で発生した請求権（訴訟物たる権利）を取得し

Ⅰ 解 説

たからである。この債権譲渡の要件事実（①「譲受債権の発生原因事実」、②「譲受債権の取得原因事実」）が最も大きな枠組みになる。

---

① 譲受債権の発生原因事実
② 譲受債権の取得原因事実

次に、①「譲受債権の発生原因事実」が具体的に何なのかを検討する必要があるが、訴訟物たる譲受債権は、ＡＹ間の保証契約に基づく保証債務履行請求権であるから、「譲受債権の発生原因事実」として「保証債務の発生原因事実」が位置づけられる。そして、「保証」の要件事実は、ⓐ「主債務の発生原因事実」、ⓑ「保証契約の締結」であった（［基礎編］155頁、［要件事実編］207頁参照）。

なお、「保証契約は、書面でしなければ、その効力を生じない」（民446条2項）とされている。この書面性の要件については、保証契約における申込みと承諾の意思表示がいずれも書面でされている必要があるという見解と、保証人の保証意思が書面によってされたことで足りるという見解があるが、保証人保護の観点からは後者の見解で足りることとなるので、ⓒ保証人の意思表示が書面によってされたことが要件事実として必要となる。

---

①譲受債権の発生原因事実
　→「保証」：ⓐ主債務の発生原因事実
　　　　　　　ⓑ保証契約の締結
　　　　　　　ⓒ保証人の保証意思が書面による
②譲受債権の取得原因事実

そして、ⓐ「主債務の発生原因事実」とは何かをみると、主債務は本件売買代金債務であるから、その発生原因事実、すなわち、「売買契約」の要件事実が「主債務の発生原因事実」に位置づけられる。

なお、一般に、契約に基づく履行請求権の発生原因事実については、当該典型契約の冒頭規定が成立要件を規定しているものと解されており、売買契約で

157

第Ⅱ部　第7講　要件事実問題

あれば、その冒頭規定である民法555条から、具体的な要件事実を抽出してい
くこととなる。

```
①譲受債権の発生原因事実
  →「保証」：ⓐ主債務の発生原因事実
           →「売買契約」の締結
          ⓑ保証契約の締結
          ⓒ保証人の保証意思が書面による
②譲受債権の取得原因事実
```

　次に、ⓑ「保証契約の締結」とⓒ「保証人の保証意思が書面による」の要件
について検討すると、本件では「代理」が問題となっている。「代理」の要件
事実（民99条1項）は、㋑「法律行為」、㋺「顕名」、㋩「先立つ代理権授与」
であった（［基礎編］99頁、［要件事実編］118頁参照）が、この「法律行為」とし
て、「保証契約の締結」と「Ｙの保証契約の意思表示が書面でされたこと」が
位置づけられることとなる。

```
①譲受債権の発生原因事実
  →「保証」：ⓐ主債務の発生原因事実
           →「売買契約」の締結
          ⓑ保証契約の締結・ⓒ保証人の保証意思が書面による
           →代理：法律行為（書面による保証契約）
                顕名
                先立つ代理権授与
②譲受債権の取得原因事実
```

　さらに、②譲受債権の取得原因事実については、当該債権を目的とする売買
契約が主張されているので、ここに売買契約の成立要件が位置づけられること
となる。したがって、②譲受債権の取得原因事実としては、売買契約の成立を
主張すれば足りる（「ＡはＸに上記債権を譲渡した」といった債権譲渡の合意部分
だけを取り出した事実摘示は不適切ということになる）。

158

Ⅱ 検討例

　以上のように、債権譲渡の要件事実を大きな枠組みとして、その中に、保証や代理や売買の要件事実が位置づけられていくのである。
　さらに、それぞれに、指摘すべき問題点があるので、これを位置づけてみる。

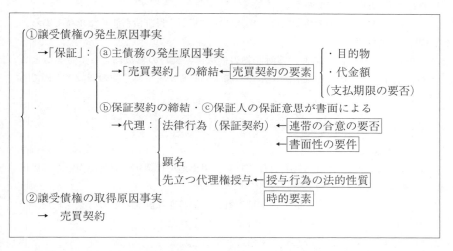

　大事なポイントは、「階層構造」を把握することである。要件事実の整理にあたっては、この階層構造を意識して、大きな枠組みの中に個々の要件事実を位置づけていくような形で整理していくことが大切である。

Ⅱ　検討例

　参考までに、検討例を記載する。

第1　訴訟物について
　1　本件の訴訟物
　ＡＹ間の保証契約に基づく保証債務履行請求権　1個
　2　訴訟物の説明
(1)　訴訟物の特定
　訴訟物は、処分権主義の下、Ｘの申立てによって定まるが、本件では、Ｘは、Ｂの保証人であるＹに対し、Ｂの売買代金支払債務に係る保証債務（民446条1項）の履行を請求している。保証債務は、主債務が債権譲渡された場合にも、これに随伴して移転するのであり、Ｘは、Ａから譲り受けた売買代金債権に付随

159

第Ⅱ部　第7講　要件事実問題

して取得した保証債務の履行を請求するものである。債権譲渡においては、債権の同一性を維持しつつ、債権の帰属主体を変更するにすぎないから、本件の訴訟物は、債権譲渡前の法律関係、すなわち、AY間の保証契約に基づいて発生した保証債務の履行請求である。

したがって、本件の訴訟物は、保証契約に基づく保証債務履行請求権である。

(2)　訴訟物の個数

契約に基づく請求における訴訟物の個数は、契約の個数によって定まるところ、本件では1個の保証契約に基づく請求であるから、訴訟物の個数は1個である。

第2　請求原因について

1　事実摘示

(1)　Aは、令和7年10月10日、Bに対し、甲土地を代金1000万円で売った（以下「本件売買」という）。

(2)　Bは、同日、Aとの間で、本件売買代金債務を保証するとの合意をした。

(3)　Bの(2)の意思表示は保証契約書によってされた。

(4)　Bは、(2)の際、Yのためにすることを示した。

(5)　Yは、Bに対し、上記保証契約に先立って、保証契約締結についての代理権を授与した。

(6)　Aは、同年12月12日、Xに対し、本件売買代金債権を、代金800万円で売った。

よって、Xは、Yに対し、上記保証契約に基づき、1000万円の支払を求める。

2　要件事実の説明

Xは、AのBに対する売買代金債務の保証人であるYに対し、保証債務の履行を請求する旨主張しているが、Xは、主たる債務であるAのBに対する売買代金債権を取得することによって、これに随伴してXに移転したYに対する保証債務履行請求権を行使するものである。

したがって、Xは、請求原因として、訴訟物たる権利の発生原因である保証債務の発生原因事実と、これを債権譲渡により取得したことを示す取得原因事実を主張・立証する必要がある。

譲受債権に基づく請求の要件事実は、①譲受債権の発生原因事実、②当該債権の取得原因事実である。

本件では、①譲受債権の発生原因事実として、保証債務の発生原因事実を主張・立証する必要があるが、保証債務の発生原因事実は、ⓐ主たる債務の発生原

160

因事実、ⓑ保証契約の締結（民446条１項）、ⓒＹのⓑの意思表示は書面による
こと（民446条２項）である。

　本件での主たる債務は売買代金支払債務であるから、ⓐの主たる債務の発生原
因事実として「売買契約の締結」を主張・立証する必要がある。

　ⓑの保証契約及びⓒの書面性の要件については、本件の保証契約はＢがＹの
代理人として行ったものである。代理の要件事実（民99条１項）は、㋑代理人・
相手方間の法律行為、㋺顕名、㋩法律行為に先立つ代理権の授与である。㋑の法
律行為は、AB間での保証の合意であるが、少なくとも保証人の意思表示は書面
による必要があるから（民446条２項参照）、Ｙの保証意思が書面に現れている必
要がある。

　②当該債権の取得原因事実については、本件では、売買による債権譲渡が問題
になっているから、Ａ・Ｘ間の売買契約の締結を主張・立証することとなる。

要件事実・争点整理問題 1

要件事実・争点整理問題 1

次の当事者の言い分について次の問いに答えよ。
1 訴訟物を記載せよ。
2 ＸおよびＹの攻撃防御方法について、事実摘示をせよ。
3 本件の争点は何か。

（Ｘの言い分）

　私は、以前から古美術品に興味があり、同じ趣味の者が集まる古美術サークルにも参加していましたが、令和7年の年末頃、同じサークル仲間のＹから、一部のマニアに高く評価されている茶碗が入手できそうだ、容易に転売できるのは間違いないから、300万円ほど貸してほしいなどと頼まれました。大金でしたし、コレクションではなく転売目的なのが私の考えに沿わないので躊躇していると、Ｙは、もちろん利息と遅延損害金の約束をしてもよいし、契約書も作ろうなどと頼み込んできました。

　結局、私はＹの頼みを断り切れなくなり、300万円を貸し付ける方向で準備を進め、令和8年2月1日、Ｙとの間で、返済期限を同年11月30日、利息を年10％（10カ月分）、期限までの返済がなかった場合の遅延利息を年15％として、Ｙに300万円を貸しました。

　ところが、Ｙは期限になっても返してくれません。なお、Ｙは、同年11

月30日に300万円と10カ月分の利息25万円の全額を返済したと言っている
ようですが、何を勘違いしているのでしょうか。確かに私はＹから325万
円を受け取りましたが、秋のオークションで私がＹの収集している絵画
を入手したので、代金325万円でＹに売ったものです。理由もなく絵画を
Ｙに渡したりはしません。

　とにかく、Ｙに対し元金と約定どおりの利息・遅延損害金の支払を求め
ます。

（Ｙの言い分）

　Ｘの言うとおり、300万円を借りたのは間違いありませんが、そもそ
も、茶碗の購入を熱心に勧めてきたのはＸです。

　実際、コアなファンがいる逸品で、高く転売できそうな話でしたが、一
時的に購入資金もありませんでしたので、Ｘに300万円を融通してもらい
ました。Ｘは、サークル内でも実力者で、今後も良い情報を提供してもら
いたいという思惑もあり、Ｘとの関係を考えて、お礼の趣旨で私から利息
や遅延損害金を決めることを申し出ました。もちろん、秋のオークション
シーズンで手元資金に余裕が出る見込みでしたし、実際、Ｘには、令和８
年11月30日には、300万円に利息の25万円をプラスして返済し、Ｘは受け
取っています。Ｘは、この325万円を絵画の購入代金であるかのような主
張をしていますが、この絵画は、Ｘから当面使う予定のないから飾ってお
いてはどうかと言われて渡されたもので、購入したものではありません。
実際は、カビが生えないよう管理しているようなものです。

　Ｘの請求は、言いがかりもいいところです。

I　訴訟物

　処分権主義により訴訟物の選択は原告の権能とされているが、ＸはＹに対
して貸金の返還と約定の利息の支払として、10％の利息と15％の遅延利息（遅
延損害金）の両方の支払を請求しているものと考えられる。貸金の部分が主た
る請求、利息および遅延損害金の部分が附帯請求である。

　このうち、主たる請求は「消費貸借契約に基づく貸金返還請求権」と特定す

163

ることができる。附帯請求のうち、利息の部分は、無利息が原則の消費貸借契約において（民589条1項）、約定によって生じる請求権であるから「利息契約に基づく利息請求権」と特定することができる。遅延損害金は、金銭債務の不履行（履行遅滞）を原因とする損害金であるから、「履行遅滞に基づく損害賠償請求権」と特定することができる。

これらの各請求権は、いずれも法的性質を異にする別個の請求権であるから、それぞれが別個の訴訟物であり、併合形態は単純併合となり、以下のように整理できる。

消費貸借契約に基づく貸金返還請求権　1個
利息契約に基づく利息請求権　1個
履行遅滞に基づく損害賠償請求権　1個
単純併合

では、以上の訴訟物の整理を前提に、XとYの言い分から、それぞれの主張を具体的に整理していこう。

Ⅱ | 主張整理

1 | 請求原因

まず請求原因から検討する。請求原因とは、訴訟物である権利または法律関係を発生させるために必要な法律要件に該当する事実のことであるから、訴訟物ごとに分けて考える必要がある。

(1) 貸金返還請求権

まず、主たる請求である貸金返還請求権の要件事実を考えてみよう（［基礎編］145頁、［要件事実編］197頁参照）。

いわゆる民法上の典型契約については、契約の成立要件が民法上の各契約に関する冒頭規定に定められているものと考えられる（冒頭規定説）。そして、消費貸借契約の冒頭規定である民法587条によれば、要物契約としての消費貸借契約の要件事実は、「金銭の返還合意」と「金銭の交付」に整理できる。

消費貸借契約は、借主が一定の期間目的物を利用することが前提となる契約類型であるから、貸金返還請求権が発生するのは、契約成立時ではなく、契約関係が終了した時点と考えるべきである。そうすると、消費貸借契約に基づいて貸金返還請求権が発生し、かつ、その行使が可能であるというためには、契約に基づく金銭交付がされたことを前提に、契約関係の終了原因として、返還時期の合意がある場合には「期限の合意」と「その到来」を要件事実として主張・立証する必要がある（期限の合意がない場合には「履行の催告」および「催告後相当期間の経過」を主張・立証する必要がある。[基礎編] 146頁、[要件事実編] 198頁参照）。

(2)　利息請求権

次に、利息請求権の要件事実について検討する（[基礎編] 151頁、[要件事実編] 203頁参照）。消費貸借契約では無利息が原則であり（民589条1項）、利息は約定（特約）に基づいて発生するものである以上、「利息の合意」が要件事実として必要となるのは当然である（ただし、商人間の契約では、商法513条1項により当然に法定利息の請求ができるため、利息の合意に代えて「契約当事者がいずれも商人であったこと」を主張・立証することができる）。

これに加え、利息は、元本の存在を前提としてその利用の対価として支払われるものであるから、元本に対して付従性を有している。したがって、元本債権の発生なくして利息請求権は発生しないのであるから、「元本債権の発生原因事実」の主張・立証が必要となる。

なお、利率については、利息の合意において利率も合意しているのであれば、民法404条1項の「別段の意思表示」として、「利率の合意」の主張・立証も必要となる（仮に、本件で利率の合意がなければ、「利息が生じた最初の時点における法定利率」（民404条1項）が適用される。

利息は元本使用の対価であるから、元本の使用期間につき利息が発生することになる。利息発生の始期は、金銭を受け取った日以後とされている（民589条2項）。

本件の場合、金銭交付日と返還時期の到来を摘示することとなる。

以上を整理すると、利息請求権の要件事実は次のようになる。

第Ⅱ部　第8講　要件事実・争点整理問題1

```
①　元本の発生原因──付従性から利息請求権の前提として必要
　　　　　　　　　┌利息の発生：原則無利息（民589条1項）
②　利息の合意　　│　　　　　　　→合意（例外：商人間取引。商513条1項）
　　　　　　　　　└利率：別段の意思表示（民404条1項）
③　一定期間の経過──元本の使用期間（金銭交付から返還時期の到来まで）
```

(3)　遅延損害金

　さらに、遅延損害金の要件事実について検討する（［基礎編］152頁、［要件事実編］204頁参照）。遅延損害金の法的性質は債務不履行（履行遅滞）に基づく損害賠償請求権であるが、履行遅滞の実体法上の要件は、元本債権の発生を前提として、「履行が可能であること」、「履行期を経過したこと（履行期が経過したが履行がないこと）」、「取引上の社会通念に照らして債務者の責めに帰すべき事由（帰責性）があること」に整理できるものと考えられる（民415条1項。［基礎編］127頁、［要件事実編］162頁参照）。

　まず、「履行が可能であること」については、元本債権の発生原因事実を主張・立証すれば、金銭債務の発生が基礎づけられるので、履行が可能であることも当然に現れることとなる。次に、「履行期の経過」であるが、債務者において「履行があったこと（弁済または弁済の提供）」を抗弁として主張・立証するのが合理的と考えられるので、「履行がないこと」の主張・立証は不要であり、「履行期の経過」の主張・立証で足りる。

　帰責性については、民法415条1項のただし書として規定されているから、この条文の構造からして、帰責性の不存在を債務者が抗弁として主張・立証することとなる。ただし、金銭債務の特則として、債務不履行の損害賠償について不可抗力が抗弁になり得ないことは民法419条3項に明記されているので、遅延損害金に対する抗弁としての不可抗力の主張は、主張自体失当となる。

　以上に加えて、損害賠償である以上は、「損害の発生と数額」が実体法上の要件となる。利率の合意がこれを基礎づける事実となるが、利率の約定がなければ、当然に法定利率（遅滞の責任を負った最初の時点の利率）が適用され（民419条1項本文・2項）、法定利率を超える約定があれば、約定利率の合意を主

166

張・立証することとなる（民419条1項ただし書）。

　以上を整理すると、履行遅滞に基づく損害賠償請求権の要件事実は次のようになる。

---

① 元本債権の発生原因事実
② 履行可能（①により当然に基礎づけられる）
③ 履行期の経過（履行または履行の提供が抗弁）
④ 帰責性←原則あり（不存在が抗弁。金銭債務では不可抗力は抗弁にならない）
⑤ 損害の発生および数額←約定利率（民419条1項ただし書）

　さて、これまで検討してきたことを、実際に事実摘示として表してみよう。貸金、利息、損害金の3つの訴訟物を一括して事実摘示すると次のようになる。これは実務上もよく出てくるパターンである。

┈┈ 要件事実・争点整理問題1　●請求原因● ┈┈┈┈┈┈
　㋐　Xは、令和8年2月1日、Yに対し、300万円を弁済期同年11月30
　　　日、利息年10％、遅延損害金年15％とする約定で貸し渡した。
　㋑　令和8年11月30日は経過した。
　　よって、Xは、Yに対し、上記消費貸借契約に基づき、貸金300万円並
　びにこれに対する令和8年2月1日から同年11月30日まで約定の年10％の
　割合による利息25万円および同年12月1日から支払済みまで約定の年15％
　の割合による遅延損害金の支払を求める。
┈┈┈┈┈┈┈┈┈┈┈┈┈┈┈┈┈┈┈┈┈┈┈┈┈┈┈┈┈┈┈┈┈┈

2 抗 弁

　Yは、請求原因に対し、貸金をすでに返済したとして、弁済の主張をしている。この主張は、請求原因の事実と両立し、かつ、請求原因により発生した貸金返還請求権および利息請求権を消滅させるものであるから、抗弁に位置づけられる。なお、弁済については、これを債務の消滅事由として位置づける民法473条が新設されており、弁済の法的根拠がより明確にされた。

第Ⅱ部　第8講　要件事実・争点整理問題1

　弁済の抗弁の要件事実は、①債務の本旨に従った給付のほか、②給付と債権
との関連性を、弁済の抗弁を主張する側で主張・立証する必要があると解され
る（［基礎編］63頁、［要件事実編］76頁参照）。

　②の要件について、これを不要とする見解からは、別口債務の存在が再抗弁
に位置づけられることとなるが、これを必要とする見解からは、別口債務の存
在が②の要件の否認の理由となる。本件の場合、別口債務として、売買契約に
基づく代金の支払債務の存在が主張されているが、②の要件を必要とする見解
からは、この主張が弁済の抗弁に対する再抗弁を構成することはなく、否認の
理由として位置づけられることとなる。

> **要件事実・争点整理問題1　●抗弁（弁済）●**
>
> ㋕　Yは、令和8年11月30日、Xに対し、本件消費貸借契約に基づく貸金
> 　および利息債務の履行として、325万円を支払った。

　これに対する認否は、「令和8年11月30日に325万円の給付を受けたことは認
めるが、これが本件消費貸借契約に基づく貸金及び利息債務の履行としてであ
ったことは否認する」となる。

Ⅲ　争　点

　このようにみると、本件の争点は、Yが令和8年11月30日にXに対し支払
った325万円が、本件消費貸借契約に基づく貸金および利息債務の履行として
といえるか、という1点である。

　325万円という金額からして、本件消費貸借契約に基づく貸金および利息債
務の履行としての可能性が高いが、Xが主張するように、XにおいてYの収
集している絵画を入手したので、Yが準備していた返済資金をそれに充てた可
能性もある。そうすると、絵画の価値はどの程度かが最も重要な争点であると
いえる（325万円程度の価値を有するのか、それともほとんど価値はないものか）。

168

Ⅲ　争　点

〔図13〕　ブロックダイアグラム（要件事実・争点整理問題１）

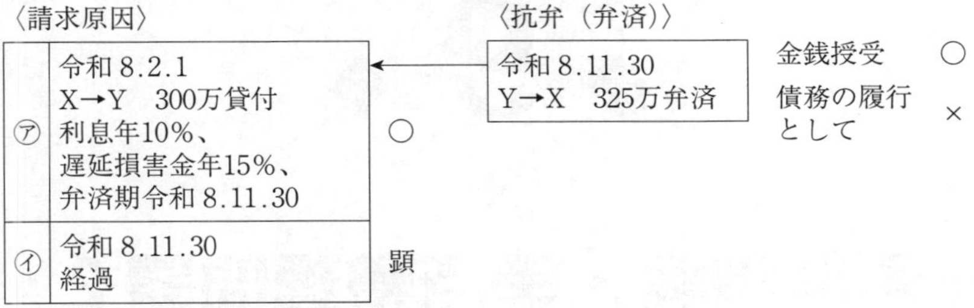

〈請求原因〉　　　　　　　　　〈抗弁（弁済）〉

| ㋐ | 令和8.2.1
X→Y　300万貸付
利息年10％、
遅延損害金年15％、
弁済期令和8.11.30 |
| ㋑ | 令和8.11.30
経過 |

令和8.11.30
Y→X　325万弁済

○

顕

金銭授受　　○

債務の履行
として　　　×

169

第Ⅱ部　第9講　要件事実・争点整理問題2

◈ 第 **9** 講 ◈

❖

要件事実・争点整理問題 2

❖

要件事実・争点整理問題2

　次の当事者の言い分について次の問いに答えよ（現在が令和9年1月1日とする）。

　1　訴訟物を記載せよ。

　2　XおよびYの攻撃防御方法について、事実摘示をせよ。

　3　本件の争点は何か。

（Xの言い分）

　私の父Aは、昭和60年頃から亡くなるまで文房具店を営んでいましたが、令和2年12月25日、Aが祖父から譲り受けた本件土地を3000万円で旧友のYに売りました。Yは、自宅を新築するために土地を必要としていたようで、Aは旧友のYの頼みを聞いて、売ることにしたそうです。しかし、結局、登記は移転されず、今も本件土地はA名義のままです。

　Aは、令和4年1月17日、急死しました。母はすでに亡くなっており、私は一人っ子です。私は、令和4年3月17日、Aの遺品の整理をしていると、本件土地の売買契約書と日記を発見しました。日記には、「Yが3000万円を準備できず、憤慨した」という趣旨のことが書かれていました。そこで、私は、直ちにYに電話で連絡すると、Yは「確かに、私はAから本件土地を買いましたが、大金で今すぐ代金を支払えないので、もう少し

170

待ってください」と言いました。私は、Ｙは父の旧友であると聞いていたこともあり、このＹの言葉を信じて、待つこととしました。

　それにもかかわらず、Ｙは全く支払おうとしないので、私は、令和８年11月11日に改めてＹに電話して支払を求めましたが、Ｙは「時効で支払う必要はない」などととんでもないことを言っていました。

　なお、Ｙは、令和３年１月に代金を用意した旨主張していますが、否認します。

　私は、Ｙに対し、本件土地の売買代金3000万円の支払を求めます。

（Ｙの言い分）

　Ｘの言うとおり、令和２年12月25日、Ａから本件土地を3000万円で買ったことに間違いありません。本件土地の登記の移転と代金の支払は、契約締結時に令和３年１月14日に河角司法書士事務所で行うことを決めており、私は、3000万円を準備して、同日、同所に行きました。ところが、Ａからは何の連絡もなく、Ａは現れませんでした。そこで、私は、電話をかけても通じなかったので、Ａに対し、令和３年２月１日付けの内容証明郵便をもって、本件土地の所有権移転登記手続を同月14日までに行うよう請求するとともに、この期間内にＡが移転登記手続をしない場合には本件売買契約を解除するとの通知をし、この内容証明郵便は同月２日にＡに届きました。したがって、本件売買契約は有効に解除されているはずです。

　仮にそうでないとしても、私は、本件土地の移転登記を受けていないのですから、代金の支払を拒めるはずです。

　また、令和４年３月17日にＸから連絡があったことは覚えていますが、私は本件売買契約をすでに解除していたのですから、代金を支払うなどと言うはずがありません。令和８年11月11日、Ｘからまた電話があったので、私は、本件代金債務について、消滅時効を主張すると述べたのですから、仮に本件売買契約が解除されていないとしても、私が代金を支払う理由はありません。なお、Ａが死亡したことやＸがＡの一人っ子であることなどは知りません。

171

第Ⅱ部　第9講　要件事実・争点整理問題2

Ⅰ　訴訟物

　処分権主義により、訴訟物は原告が自由に決めることができる。そこで、Xの言い分をみると、XはYに対して売買代金3000万円の支払を求めている。したがって、本件における訴訟物は、「AY間の売買契約に基づく代金支払請求権」である。

　では、訴訟物を出発点にして、XとYの言い分からそれぞれの主張を整理していこう。

Ⅱ　主張整理

1　請求原因

　Xの言い分には、Yに対する反論なども含まれているが、まずは訴訟物である「AY間の売買契約に基づく代金支払請求権」の最小限の発生原因事実を考えよう。

　「AY間の売買契約に基づく代金支払請求権」の発生原因として、Xは、「目的物」と「代金額」を確定して、AY間の売買契約の締結（民555条）を主張・立証すればよい（[基礎編] 47頁、[要件事実編] 53頁参照）。

　そして、本件の訴訟当事者であるXは、相続によりこの権利を取得しているから、相続による権利承継の事実として、①被相続人の死亡（民882条）、②相続人であることを基礎づける事実（民889条、890条）を主張・立証する必要がある（[基礎編] 316頁、[要件事実編] 459頁参照）。

　よって、請求原因の事実摘示は、次のようになる。

┌ 要件事実・争点整理問題2　●請求原因● ┄┄┄┄┄┄┄┄┄┄┄┄┄┄
┆　㋐　Aは、令和2年12月25日、Yに対し、本件土地を代金3000万円で売
┆　　った。
┆　㋑　Aは、令和4年1月17日、死亡した。
┆　㋒　Xは、Aの子である。
└┄┄┄┄┄┄┄┄┄┄┄┄┄┄┄┄┄┄┄┄┄┄┄┄┄┄┄┄┄┄┄┄┄

　㋒の摘示は、相続の要件事実について、「他に相続人がいること」との事実

172

が単独相続の主張に対する抗弁にまわるとする「非のみ説」(相続の法的効果の発生要件としては、相続人であることさえ主張すれば、「自分のみが相続人である」という主張までは不要とする見解)によった場合である。「のみ説」(相続の法的効果の発生要件として、他の相続人はいないことまで主張立証を要するとする見解)によると、「Xは、Aの子であり、ほかに相続人はいない」となる([基礎編]316頁、[要件事実編]459頁)。

2 抗　弁

　これに対し、Yの言い分からは、請求原因により発生した代金請求権の法律効果の発生を障害、消滅、阻止する事実である抗弁として、債務不履行解除(第1段落)、同時履行(第2段落)、消滅時効(第3段落)の主張が読み取れる。このうち、同時履行の抗弁はAの請求を一時的に阻止できるものにすぎず、この抗弁が認められた場合に得られる判決は、請求棄却ではなく、代金支払との引換給付判決(一部認容判決)となるのに対し、他の抗弁が認められると、Aの請求を全面的に排斥することができ、得られる判決も請求棄却となる。したがって、同時履行の抗弁の性質は一部抗弁となるから、検討の順序としても、他の全部抗弁を先行させることになる([基礎編]79頁、[要件事実編]97頁参照)。なお、債務不履行解除と消滅時効は、選択的な抗弁なので、どちらを先に検討してもよい。ここでは、債務不履行から検討することにしよう。

(1)　債務不履行解除(民540条、541条)

　Yは、本件売買契約が締結されたことを認めつつ、解除したから代金を支払わないと主張している。

　まずは主張の位置づけを考えてみよう。履行遅滞による解除の法的効果は、判例・通説とされる直接効果説では、契約の効力が遡及的に消滅するものと考えることになるから、この解除の主張は、請求原因における売買契約の締結の事実主張と両立し、その法的効果により売買契約を遡及的に消滅させるものといえ、その結果、請求原因に基づく代金請求は認められないこととなる。請求原因である売買契約の締結によっていったんは発生した請求権が、解除によって事後的に消滅するのだから、債務不履行解除の主張は消滅の抗弁として機能することになる。

173

第Ⅱ部　第9講　要件事実・争点整理問題2

そして、履行遅滞を理由とする債務不履行解除の要件事実は、

---

① 民法541条の催告

② 催告後相当期間の経過

③ 解除の意思表示

④ 催告に先立つ反対給付の履行の提供または先履行の合意

となる（［基礎編］131頁、［要件事実編］166頁参照）。

なお、旧法下では、債務不履行解除の要件として、実体法上は履行遅滞につき債務者の帰責事由の存在が必要と解されていたが、改正民法では、債務不履行解除は債務者の帰責性に対するサンクションではなく、債権者を契約の拘束力から解放するための制度と位置づけられたため、実体法上も債務不履行解除の要件として「債務者の帰責事由」は不要となった。

また、民法541条ただし書では、催告期間経過時における不履行がその契約および取引上の社会通念に照らして軽微であるときは解除ができないとされている。不履行部分がわずかである場合や契約目的を達成するために必須とは言えない付随的な義務の不履行の場合に解除を制限してきた従来の判例の考え方が明文化されたものである。この軽微性の要件は、条文の構造からも明らかなとおり、解除の効果を争う側が「不履行が社会通念上軽微であること」の主張・立証責任を負うものと考えられ、「不履行が社会通念上軽微でないこと」が解除の要件事実になるものではない（ただし、契約解除の主張をした時点において、不履行が軽微であることは通常現れると考えられるので、契約解除の主張は、主張自体失当になることがあると考えられる（［基礎編］133頁、［要件事実編］169頁参照））。

さらに、本件では、履行期についての合意が主張されているが、売買契約における履行期の合意は、契約の成立要件ではなく付款（特約）にすぎないから、請求原因の段階では履行期の合意は現れていない。そのため、要件事実の整理としては、本件売買契約については、履行期の定めがないものと扱うことも可能となる。そして、期限の定めのない債務については、履行の請求（催告）を受けた時から遅滞の責任を負うものとされているところ（民412条3項）、民法

174

412条の付遅滞の催告と民法541条の催告解除のための催告（上記①の要件）とを兼ねることができるというのが判例（大判大 6・6・27民輯23巻1153頁）の立場であるから、①「民法541条の催告」と②「催告後相当期間の経過」の主張をもって、履行遅滞の事実も基礎づけられると考えることも可能である。本件では、要件事実は必要最小限（ミニマム）の事実をもって構成すべきという考え方を重視し、履行期の合意の主張立証は要しないものとして主張を構成することとする（後記㋐および㋙の事実。理論上は、催告を受けた時から遅滞に陥り、催告後相当期間の経過によって解除権が発生するものと整理できるが、要件事実としては、両方の意味を含めて、㋐および㋙のように事実摘示をすれば足りるものと考えられる。［基礎編］130頁、［要件事実編］165頁参照）。

③の解除の意思表示については、催告後の解除の意思表示であることが必要であるところ、Ｙは、「令和 3 年 2 月14日までに本件土地の所有権移転登記手続をしなければ、本件売買契約を解除する」との意思表示をしている。この意思表示は、一見すると停止条件付きの意思表示のように読めるが、「催告期間内に履行がない」という条件成就の主張立証を解除権者が負うことになるのは合理的とはいえないので、その合理的意思解釈として、催告期間を経過したときには売買契約を解除するとの停止期限付解除の意思表示と解釈することになる（［要件事実編］172頁参照）。

④の催告に先立つ反対給付の履行の提供または先履行の合意に関しては、請求原因事実によって双務契約であることが現れ、履行遅滞の違法性阻却事由である同時履行の抗弁権の存在が基礎づけられていることから、その存在効果を否定するため、債務の本旨に従った弁済の提供（民493条）または先履行の合意を主張・立証する必要がある。本件の場合、履行方法の合意とそれに従った弁済の提供が主張されているので、合意に従った現実の提供の事実を摘示することになる（後記㋕および㋖の事実）。

よって、債務不履行解除の抗弁の事実摘示は、次のようになる。

第Ⅱ部　第9講　要件事実・争点整理問題2

```
            ┌       ┌ 債務の存在・履行可能 ← 請求原因で
            │       │ 履行期の経過 ← 催告（民412条3項、解除の催告を兼ねる）
            │ 履行遅滞│ 履行がないこと ← 履行または履行の提供が再抗弁
            │       │ 違法性 ← 同時履行の抗弁権の存在効果
  解除権の発生│       └     反対債務の履行の提供
            │ 催告解除の要件 ┌ 催告 ← 付遅滞の催告を兼ねる
            └ （民541条）  └ 催告後相当期間経過
  解除権の行使  解除の意思表示 ← 停止期限付解除の意思表示 （合理的意思解釈）
              （民540条）
```

要件事実・争点整理問題2　●抗弁1 （債務不履行解除）●

㋒　Aは、Yとの間で、本件売買契約締結の際、履行を、令和3年1月14日に河角司法書士事務所において行うとの合意をした。（上記④）

㋖　Yは、令和3年1月14日、代金3000万円を用意して、河角司法書士事務所に赴いた。（上記④）

㋗　Yは、令和3年2月2日、Aに対し、本件土地の所有権移転登記手続をするよう催告するとともに、同月14日までに本件土地の所有権移転登記手続をしなければ（同月14日が経過したときは）、本件売買契約を解除するとの意思表示をした。（上記①、③）

㋘　令和3年2月14日は経過した。（上記②）

----

(2)　消滅時効

Yは、消滅時効を援用した（民145条）から、代金を支払わないと主張している。

民法は、債権の消滅時効を債権者が権利を行使することができることを知った時（主観的起算点）から5年、権利を行使することができる時（客観的起算点）から10年と定めている（民166条1項）。

そして、主観的起算点から5年の消滅時効の抗弁を主張する場合の実体法上の要件は、

----

①　権利を行使することができる状態になったこと（民166条1項1号）

②　債権者が①の事実を知ったこと（同）

Ⅱ　主張整理

③　②から５年間が経過したこと（同）

④　時効援用の意思表示（民145条）

となる（［基礎編］68頁、［要件事実編］82頁参照）。

　本件では、請求原因において本件売買契約の締結の事実が現れており、これをもって、上記①と②の各事実が基礎づけられているようにも思える。もっとも、請求原因の段階では代金の支払時期の合意は現れていないため、契約時に権利行使が可能であることを前提に消滅時効の主張を構成することになりそうであるが、Ｙの主張の合理的解釈として、合意に基づく支払時期から５年が経過したことを主張するものと考えられる。そうすると、請求原因における売買契約の締結の事実に加え、代金支払時期の合意の存在およびその支払時期の到来という事実を主張することで、①権利を行使することができる状態になったことおよび②債権者が①の事実を知ったことが基礎づけられるものと考えられる。

　③の５年間の経過については、起算点は合意に基づく履行期である令和３年１月14日となり、初日不算入として期間を計算すると（民140条）、令和８年１月14日の経過を摘示することとなる。

　以上を踏まえると、Ｙの消滅時効の抗弁の事実摘示は次のとおりとなる。

┄┄要件事実・争点整理問題２　●抗弁２（消滅時効）●┄┄┄┄┄┄

㋙　㋕と同じ。（上記①、②）

㋚　令和８年１月14日は経過した。（上記③）

㋛　Ｙは、令和８年11月11日、Ｘに対し、上記時効を援用するとの意思表示をした。（上記④）
┄┄┄┄┄┄┄┄┄┄┄┄┄┄┄┄┄┄┄┄┄┄┄┄┄┄┄┄┄┄┄┄┄┄┄┄┄

(3)　同時履行（民533条）

　Ｙは、本件土地の移転登記を受けていないから、代金の支払を拒めるはずであると主張している。そして、一般に、不動産の売買契約においては、買主の代金支払義務と売主の移転登記義務は同時履行の関係に立つものとされている。

　この主張についての位置づけを考えると、同時履行の抗弁権により、反対債

177

第Ⅱ部　第9講　要件事実・争点整理問題2

務である目的物引渡債務が履行されるまで、代金債務の履行を拒むことができ（民533条）、阻止の抗弁として機能している。

同時履行の抗弁権の要件事実は、同時履行の抗弁権の行使のみである（［基礎編］78頁、［要件事実編］95頁参照）。なお、消滅時効の抗弁においては、起算点を特定するため履行期の合意の主張を要するものとしたが、同時履行の抗弁権については、請求原因において同時履行関係が現れていれば足りる（履行期の合意に関連して、先履行関係などの事情があるのであれば、それを有利に援用する債務者において主張・立証を要するものと考えることができる）。

そうすると、同時履行の抗弁の事実摘示は、次のとおりとなる。なお、この摘示は、意思表示のような法律行為の事実摘示をするものではなく、権利主張を摘示するものであり、認否の対象にもならない（［基礎編］78頁、［要件事実編］96頁参照）。

> 要件事実・争点整理問題2　●抗弁3（同時履行）●
>
> ㋜　Yは、XがYに対し本件土地の所有権移転登記手続をするまで、その代金の支払を拒絶する。

3 再抗弁

Yの抗弁に対し、Xの言い分からは、抗弁から発生する法律効果を障害、消滅、阻止し、請求原因の法律効果を発生させる事実である再抗弁として、消滅時効に対する債務承認が読み取れる。

(1) 債務承認（抗弁2に対し）

消滅時効の主張に対する反論として、Xは、Yが代金を支払うと述べていたと主張している。

この主張は、債務承認の主張であるが、その位置づけを考えると、債務承認は時効の更新事由に該当し、その時から新たに時効期間の進行が始まることとなる（民152条1項）。その結果、消滅時効の期間は満了しておらず、請求原因に基づく代金請求が認められることとなるから、債務承認の主張は消滅時効の抗弁に対する再抗弁として機能することとなる。

債務承認は、権利が存在することを知っているという事実を表示する行為で

178

あり、いわゆる観念の通知に当たる。その事実摘示としては、承認の事実自体
に争いがなければ、単に「承認した」と摘示すれば足りるものと考えられるが、
本件の場合、Yは承認を否定して争っているから、Xとしては、承認に該当す
る具体的事実を主張・立証しなければならない（［基礎編］73頁、［要件事実編］
87頁参照）。

したがって、債務承認の再抗弁の事実摘示は、次のとおりとなる。

要件事実・争点整理問題 2　●再抗弁 1 （債務承認）（抗弁 2 に対し）●

㋑　Yは、令和 4 年 3 月17日、Xに対し、本件売買代金の支払の猶予を申
し入れた。

---

(2)　その他

同時履行の抗弁に関しては、解除の場面で同時履行の存在効果を否定するた
めの履行の提供は、過去の一時点での提供で足りるのに対し、同時履行の抗弁
権を主張して履行を拒む場面では、過去の一時点での提供があったとしても引
換給付判決が出されることになるので、過去の一時点の履行の提供は再抗弁に
ならない（なお、債務を履行したのであれば、同時履行の抗弁を消滅させるため、
再抗弁となる）。

したがって、仮にXが登記手続に関する履行の提供をしたという主張をし
ていたとしても、同時履行の抗弁に対する再抗弁には位置づけられないものと
考えられる（［基礎編］81頁、129頁、［要件事実編］99頁、164頁参照）。

Ⅲ　争　点

各認否を記載したブロックダイアグラムは、〔図14〕のとおりである。

1　形式的争点

否認（×）と不知（△）が形式的争点であるが、そのうち、不知となってい
る、Aが令和 4 年 1 月17日に死亡したこと、XがAの子であることは、Xや
Aの戸籍に関する証拠が提出され、問題なく認められると考えられる。

179

第Ⅱ部 第9講 要件事実・争点整理問題2

〔図14〕 ブロックダイアグラム（要件事実・争点整理問題2）

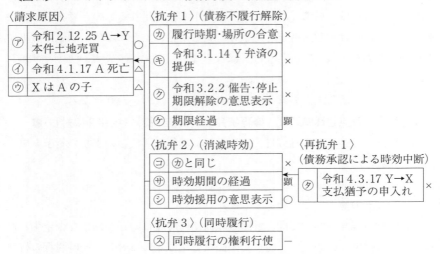

2 実質的争点

　実質的な争点は、①債務不履行解除の関係では、YがXに対し令和3年1月に弁済の提供をしたか、②消滅時効の関係では、令和4年3月17日にYが支払猶予の申入れをしたか、という2点である。

　Yが令和3年1月14日に売買代金3000万円の準備ができていたのかは、Yによると、「河角司法書士事務所」で授受をすることになっていたとのことであり、河角司法書士事務所の関係者を証人尋問することによってかなり明確になるように思われる（もっとも、河角司法書士事務所とYとがごく親しい関係にあれば、Yから頼まれてYに有利な証言をする可能性もあり、河角司法書士事務所とYとの関係を押さえておく必要がある）。また、その代金額は3000万円と高額であり、それだけの資金があったことを証する証拠（銀行預金等）を提出することができれば、Yの言い分が認められることになると考えられる。逆に、3000万円の資金を証することができなければ、Yの主張がかなりあやしいことになってくる。Xが発見したAの日記については、Aが当時記載したのかなどの点が問題となり、日記の提出を受けて検討することになる。さらに、内容証明郵

便によりAに対し移転登記手続をするように述べた点については、その証拠はあるか、送付先は実際にAが居住していた場所かなどが問題となりそうである。

　②の点については、令和4年3月17日にYが電話でXと話した内容については、それを録音していない限り、客観的な証拠はないのが通常である。そこで、どちらの言い分が合理的なものであるのを検討することが必要になる。Yが述べるように、仮に、売買契約をすでに解除しているのであれば、その旨を述べると考えられる。Xは、その日、初めてYに連絡しており、Aの日記を見て、かなり興奮して電話をかけたために、Yの話す内容を誤解したのだろうか。しかし、興奮していても、すでに契約を解除したことともうしばらく待ってほしいということとは、全く逆であり、聞き違えることはないだろう。そうすると、どちらかが虚偽の供述をしている可能性が高い。では、どちらが虚偽の供述をしているのかとなると、①の点と関係してくる。つまり、Yが実際に代金を用意して河角司法書士事務所に赴いていたのだとすると、Yが述べるように、すでに解除したと言うであろうし、Yが実際に代金を用意できていなければ、Xが述べるように、Yにおいて、突然の電話を受けてもう少し待ってほしいと言うように思われる。そうすると、結局、①のみが実質的な争点ということになるように思う。

181

第Ⅱ部　第10講　要件事実・争点整理問題3

第10講

要件事実・争点整理問題 3

要件事実・争点整理問題 3

　以下の X および Y の言い分に基づいて、次の問いに答えよ。

1　請求の趣旨および訴訟物を記載せよ。

2　X および Y の攻撃防御方法について、事実摘示をせよ。

3　本件の争点は何か。

（X の言い分）

　私は、A から、令和 5 年 3 月10日、本件土地を2500万円で購入し、A に2500万円を支払いました。息子が結婚することから、息子夫婦のために購入したものです。本件土地の紹介は工務店を営む知人の Z からの紹介でした。ところが、間もなく、息子の様子がおかしいと思っていたら、交際相手と破談になったとのことでした。その年の 4 月 5 日には A が死亡したようで、Z から相続人の調査をするという話を聞いたのですが、そのまま移転登記をしないでいました。息子の結婚話もなくなったので、Z に対し、結婚話が流れたので、当面本件土地を資材置場として使うことを認め、その管理を委ねていました。

　令和 8 年10月頃になって、息子が新しい女性と婚約したという話を聞き、その後、お相手の女性が妊娠しているという話も聞きました。そこで、Z に、本件土地に建物を建ててもらう前提で、本件土地が必要になっ

182

た事情を説明しました。

　ところが、令和8年12月10日、Yから突然、本件土地を2500万円で買い取るよう求める旨の通知が届きました。驚いて登記を調べてみると、令和5年8月30日付けで、相続を原因としてAからBに、その後、令和8年11月10日付けで、売買を原因としてBからYに、それぞれ移転登記がされていました。

　Aの相続人が子であるBのみであることは認めますが、Yは、近年、事業に失敗して資金繰りに苦慮していると聞いていますので、Yが本件土地を購入するような資金を準備できるとは考えられません。もともと、YはZの工務店仲間で、お互いに仕事を融通しあう仲であったと思います。本件土地は、私が購入したときから宅地として使える土地でしたし、Yが主張するBとの売買契約の代金額1500万円というのは、不当に安価で明らかに不自然です。Zは、Yに対する売掛金等がこげつくことをおそれ、本件土地を私に高値で売り付けるために、私が本件土地の移転登記をしていなかったことをいいことに、YとZがグルになって、Bを利用したものに違いありません。

　このように、YとZは、そもそも私がAから本件土地を買ったことを知りながら、私が本件土地を使用しなければならない状況になるや否や、グルになって私からお金をむしり取ろうとしたわけですから、BとYが売買契約を締結したかどうかは知りませんが、仮に売買をしていたとしても、Yが所有権を主張することが許されるはずはありません。

　したがって、私は、不合理な理由で所有権移転登記を経ているYに対し、本件土地の所有者として、私に所有権移転登記をするよう求めます。
（Yの言い分）

　私は、以前は工務店を営業していましたが、最近は、遊休地を購入し整備して転売する不動産業に軸足を移しています。

　Zとは、工務店を営業していた頃からの仕事仲間で、古い付き合いになりますが、令和8年10月頃、Zから、他人の所有名義になっている遊休地を資材置場に使っているが、買い手が付きそうなので、購入して転売しないかという話をもってきました。

第Ⅱ部　第10講　要件事実・争点整理問題3

　Zから聞いた話では、Aは本件土地の売却をZに相談し、Zが本件土地を管理して売却先を探していたようです。その際、Zは、XをAに紹介したこともあったようですが、Aが令和5年4月5日に死亡してしまったため、売却話は立ち消えになったと聞いています。AとXの間で売買契約があったのかは実際のところ知りませんが、XとZとのやり取りなどはZから聞いている事実と全く違いますので、家庭の事情で本件土地を利用したくなったXが、適当なことを言っているのだと思います。

　本件土地が令和5年8月30日にAからBに相続により移転登記がされたことはそのとおりです。Zは、Aの相続人であるBの所在を探し出してくれたので、私は、令和8年11月10日、Bとの間で本件土地を代金1500万円で買い取ることで合意しました。その後、私は土地を宅地として使えるよう、整地と地盤改良を施しました。そのうえで、Zから、Xが本件土地を宅地として利用することを希望していると聞いていたので、令和8年12月10日、2500万円での売却を提案した次第です。

　確かに、不動産業は動かす金額が大きいので、資金繰りは常に厳しいですが、今回も、資金調達をしたうえで、売買契約日である令和8年11月10日にBに対し代金1500万円を支払い、その日に所有権移転登記の手続まで完了しています。Xに提案した2500万円という代金額も、宅地としては整地や地盤改良が必要な状態であったことを考えると相当な額ですし、Xに高値で売りつけてやろうという意図があったわけではありません。

　むしろ、Xは、所有者だといいながら、本件土地を自ら管理することなく、Zに管理をゆだねていたのですから、Zの紹介でBから本件土地を取得した私に落ち度があるとは思えません。もちろん、Xの家庭の事情など全く知りません。

　早急にこの不毛な裁判を終えて、X以外の優良なお客様に本件土地を売却したいと考えています。

Ⅰ　請求の趣旨および訴訟物

　Xは、Yに対し、所有権移転登記をすることを求めている。Yの登記は不

184

実の登記であるが、このような場合、実務上は、登記の抹消ではなく、真正な登記名義の回復を原因として、YからXに直接所有権移転登記を求めることができるものと考えられる（[基礎編] 214頁、[要件事実編] 279頁）。

したがって、請求の趣旨は、

　Yは、Xに対し、別紙物件目録記載の土地について、真正な登記名義の回復を原因とする所有権移転登記手続をせよ。

となる。なお、登記手続を命じる判決は、意思表示を命じる判決であるから、その性質上仮執行宣言を付すことはできない（民執177条1項本文。[基礎編] 214頁、[要件事実編] 279頁参照）。したがって、本件において、付随的申立てとして、仮執行宣言の申立てをするのは相当でない。

次に訴訟物であるが、登記請求は、一般に「物権的登記請求権」、「債権的登記請求権」、「物権変動的登記請求権」の3つに分類されるが、Xの請求は、所有権に基づく請求であるから、物権的登記請求権にあたる。物権的登記請求権の性質は、いわゆる物権的請求権であるが、物権的請求権の訴訟物は、①「物権の種類」、②「物権的請求権の種別」、③「具体的給付」の3つにより特定される。「物権の種類」は所有権であり、「物権的請求権の種別」としては、返還請求権、妨害排除請求権、妨害予防請求権の3つの類型があり、占有侵害に対する請求は返還請求権であるが、本件の不実の登記のような占有以外の侵害に対する請求は妨害排除請求権と特定できる。「具体的給付」は、本件の場合、所有権移転登記請求である（[基礎編] 216頁、[要件事実編] 281頁参照）。

したがって、本件の訴訟物は、

　所有権に基づく妨害排除請求権としての所有権移転登記請求権

となる。

なお、訴訟物の個数は、侵害されている所有権の個数と所有権侵害の個数から決まるところ、本件の場合、1個の土地所有権が1個の登記によって侵害されているから、訴訟物の個数も1個である。

185

第Ⅱ部　第10講　要件事実・争点整理問題3

Ⅱ | 主張整理

1 | 請求原因

(1)　物権的請求権の要件事実

　物権的請求権は、所有者が、所有権の排他的支配を実現するため、正当な理由のない侵害に対して行使することのできる請求権である。したがって、所有権に基づく妨害排除請求権としての所有権移転登記請求権の実体法上の要件としては、

---

① 　X の現在の所有
② 　Y 名義の登記の存在
③ 　Y に登記保持権原がないこと

の3つになりそうである（［基礎編］216頁、［要件事実編］281頁参照）。

　もっとも、所有権の排他的支配性からすれば、登記保持権原があるという状態は、本来の排他的支配に制約が加わるという例外的な状態であるから、主張・立証責任の分配としては、例外的状態にあること（登記保持権原があること）を、Y が自己に有利な事由として主張・立証することを要するものと考えるのが合理的である。また、②の要件によって「Y 名義の登記の存在」が現れるため、Y の正当権原が登記の存在によって推定されるのかが問題にはなるが、登記の推定力は事実上の推定にとどまる（［基礎編］217頁、［要件事実編］282頁参照）から、Y 名義の登記の存在が主張・立証責任の所在に影響を及ぼすことはない。

　したがって、請求原因としては、

---

① 　X が本件土地を所有していること
② 　Y 名義の所有権移転登記が存在すること

で足りることとなる。要するに「X 所有」と「Y 登記」の2つである。

186

Ⅱ　主張整理

(2)　所有の摘示

　まず「X 所有」については、所有権の取得原因事実として、原始取得の原因
事実から X が所有するに至るまでの移転原因事実をすべて主張・立証する必
要があるとも考えられるが、原始取得にまでさかのぼって、その来歴をすべて
主張・立証する必要があるとすると、X に不可能を強いることになりかねない
し（権利自白を認める必要性）、所有の概念は法的概念ではあるものの日常的概
念であるから、これに自白の拘束力を及ぼしても当事者に不利益を与えること
はない（権利自白を認める許容性）（〔基礎編〕171頁、〔要件事実編〕227頁参照）。

　そこで、所有については権利自白が成立するものと考えることができ、権利
自白が成立する所有関係を前提に X の所有を基礎づければ足りると考えられ
る。

　権利自白の成立時点を検討する際には、直近からさかのぼっていくのが一般
的であり、Y の抗弁と対応する形で定まってくる。イメージとしては、次の図
のように整理できる。なお、「X もと所有」ではその当時の X 所有が、「A も
と所有＋ A → X 移転」では当該移転当時の X 所有が基礎づけられるにすぎな
いようにも思えるが、過去の一時点での X の所有を主張立証すれば、何もな
い限り現在の X 所有を基礎づけたことになる（権利継続の原則。〔基礎編〕49頁、
〔要件事実編〕55頁）。

```
                        ┌X 現所有    →占有権原の抗弁
                        │    ↓
┌X 現所有：権利自白を活用 ┤X もと所有→所有権喪失の抗弁
│                        │    ↓
└Y 現登記                 └A もと所有・A→X移転・A→Y 移転→対抗関係
```

　Y は、本件土地について、A が本件土地の所有者であったことを前提に、
その相続人である B から所有権を取得した旨を主張しているので、A のもと
所有については権利自白が成立している。

　具体的な権利自白の成立時点は、両当事者で争いがない直近の時点を特定す
ることになるが、本件の場合は、〔図15〕のように、A から X への所有権取得

187

〔図15〕 権利自白の成立時

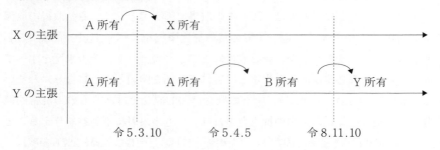

原因事実として主張されている令和5年3月10日当時のA所有は一致しているので、この時点でAのもと所有につき権利自白が成立することとなる。

Xは、Aから、同日、売買により本件土地を取得した旨の主張をしているから、権利自白に基づく「Aもと所有」と、AからXへの売買の事実によって、「X所有」が基礎づけられることとなる。

(3) 登記の存在

Yの所有権移転登記の存在がXの所有権に対する妨害事由となる。占有による妨害の時的要素については、請求原因としても現在の占有の事実の主張立証が必要とする見解（現占有説）と、過去の一時点における占有の主張立証で足りる（事後的な妨害状態の解消が抗弁になる）という見解（もと占有説）があるが、物権的請求権は、現に妨害状態が存在するからこそ発生する権利であり、現在の妨害状態が物権的請求権の発生を基礎づけるものと考えるのが実体法上の権利の性質と整合する。したがって、請求原因として現在の占有が必要と考える「現占有説」が妥当である（［基礎編］173頁、［要件事実編］228頁参照）。

登記による妨害も、占有による妨害の場合と同様、請求原因において、過去の一時点での登記の存在では足りず、現在（口頭弁論終結時）の登記の存在を主張立証する必要がある。

(4) 本件の請求原因

以上から、「X所有」を基礎づける事実として、「A令和5年3月10日当時所有」と同日の「A→X売買」が、「Y登記」を基礎づける事実として、現在（口頭弁論終結時）のY名義の所有権移転登記の存在が、それぞれ請求原因となる。

II 主張整理

2 抗 弁

(1) 対抗要件具備による所有権喪失の抗弁

　Y は、本件土地について、A の相続人である B から売買により本件土地を取得し、登記も具備した旨を主張している。相続は包括承継であるから、A と B を一体として考えると、X と Y は、いずれも A・B を起点とする二重譲渡の譲受人ということになり、対抗関係となる。そして、Y が X より先に所有権移転登記を具備すれば、Y は確定的に所有権を取得し、その結果として X は確定的に所有権を喪失（二重譲渡によって X に移転していた不完全な所有権の喪失）することとなる。したがって、Y の主張は、対抗要件具備による所有権喪失の抗弁を主張するものと考えられる。

　なお、対抗要件具備による所有権喪失の抗弁を主張するには、対抗関係の起点となる者（たとえば、二重譲渡の売主）からの対抗要件具備を主張・立証することを要するが、本問では、上記のとおり、A から B に対する相続が生じており、A＝B を対抗要件の起点となる者とみることができるから、B から Y への基づく登記を主張・立証すれば足りる。

　また、Y は、対抗要件を具備したことにより、自らが所有者であって X は所有者ではない旨を主張しているものと解されるから、対抗要件の抗弁（X が対抗要件を具備するまで権利主張を認めない旨の権利主張）ではなく、対抗要件具備による所有権喪失の抗弁のみを主張しているものと考えられる（［基礎編］186頁、［要件事実編］243頁参照）。

　対抗要件具備による所有権喪失の抗弁は、

---

① 　A・B から Y への所有権移転原因事実
② 　①に基づく Y の対抗要件具備

であり、本件の場合は、①については「A → B 相続」の事実と「B → Y 売買」を主張・立証する必要があり、②について、「B → Y 売買」に基づく所有権移転登記の具備を主張・立証すれば、確定的な所有権移転の効果をもたらす対抗要件の具備が基礎づけられることとなる。

189

第Ⅱ部　第10講　要件事実・争点整理問題3

(2)　相続の要件事実

相続は死亡によって開始するとされており（民882条）、被相続人の死亡の事実と相続人であることを基礎づける事実（民887条等）の主張・立証が必要となる。

さらに、相続によって単独承継した旨を主張する場合、自己のみが相続することの主張立証まで要するという考え方もあるが（いわゆる「のみ説」。この見解では、「他の相続人の存在」は否認の理由に位置づけられることになる）、相続は包括承継が原則であり、単独での承継を争う側が、他に相続人が存在することを主張立証するのが合理的である。したがって、相続による単独承継の要件事実としては、①被相続人の死亡と、②相続人であることを基礎づける事実の2つで足り、相続人が自己のみであったことまでの主張・立証は不要と考えられる（いわゆる「非のみ説」。この見解では、「他の相続人の存在」は相続の主張に対する抗弁に位置づけられる）。なお、「非のみ説」について、被相続人の父や母であるときは、民法887条の相続人（子およびその代襲相続人）がいないことを主張立証する必要があるという考え方が有力であるが、本件では相続人は子なので、この問題は生じない（[入門編] 317頁、[要件事実編] 459頁参照）。

したがって、本件の場合、相続の要件事実としては、①「Aの死亡」と②「BがAの子である」ことを主張立証すれば足りる。

3 ｜ 再抗弁・再々抗弁

(1)　主張の法律構成

Xは、BY間の売買契約が有効であったとしても、Yが所有権を主張することが許されるはずはない旨を主張している。このXの主張は、Yが背信的悪意者に当たると主張しているものと考えられる。

Yが背信的悪意者に該当すると、民法177条の「第三者」として保護されないこととなるため、Xは、登記なくして本件土地の所有権をYに対抗することができることとなる。そうすると、Yが背信的悪意者に当たる限り、YがXより先に対抗要件を具備したとしても、Xが本件土地の所有権を喪失するという効果は生じないこととなる。

190

Ⅱ　主張整理

(2)　背信的悪意者の要件事実

　民法177条の「第三者」とは、登記の不存在を主張するにつき正当な利益を有する者であり（制限説）、第1の譲渡があったことにつき第2の譲受人の善意・悪意は問わないが、単なる悪意にとどまらず登記の不存在を主張することが信義に反すると認められる事情がある場合には、登記の不存在を主張するについて正当な利益を有しないものであって、民法177条の「第三者」に当たらないと解されている（背信的悪意者排除論）。

　その要件は、

---

　①　第2譲受人の悪意
　②　第2譲受人の背信性を基礎づける評価根拠事実

の2つである（〔基礎編〕186頁、〔要件事実編〕243頁参照）。

　②の背信性は、規範的評価を含む概念であるから規範的要件に当たる。規範的要件については、規範的評価を基礎づける具体的事実が主要事実であると考えるので（主要事実説）、背信的悪意者に当たる旨を主張する側において、背信性の評価根拠事実を主張立証し、これを争う側が、背信性の評価障害事実を主張立証すべきものと考えられる（〔基礎編〕92頁、〔要件事実編〕109頁参照）。

(3)　評価根拠事実

　Xの主張から、Yの背信性を基礎づける具体的事実を抽出して摘示することになる。事実の抽出の仕方や表現方法はさまざまであり、参考例の事実摘示も一例にすぎないが、「評価」ではなく、「事実」を摘示することに十分注意しなければならない。

　後記Ⅲ検討例の3(2)のアからウまでの事情は、Zが第1売買に関する事情を認識していたことを示す事実であるが、これらの事実とエのYとZとの関係性を併せることにより、Yの背信性を基礎づけることになる。

　カの事実は、オの事実と相まって、第2売買が、単なる第1売買について悪意で行われたものではなく、背信性をもって行われたことを示すものといえる。

(4)　評価障害事実

　再抗弁としての背信性の評価障害事実に対し、Yは、再々抗弁として、背信

191

第Ⅱ部　第10講　要件事実・争点整理問題3

性の評価障害事実を主張・立証することができる。

　背信性の評価障害事実としては、第1売買についての登記の不存在を主張することが信義に反しない事情を整理して摘示することになる。検討例の事実摘示が一例にすぎないのは評価根拠事実と同様であるが、評価障害事実の摘示にあたっては、評価障害事実と両立する事実を摘示する点に特に注意を要する。両立しない事実（たとえば、本件第2売買にあたってYが資金繰りに窮しなかった事実は、評価根拠事実における資金がなかった事実と両立しない）は、評価根拠事実の否認の理由に位置づけられることになる。

　後記検討例の再々抗弁(1)および(2)は、第2売買契約に至る経緯の合理性を基礎づけるものであり、(3)は第2売買契約自体の合理性を基礎づけるものであるが、これらが相まって、YにおいてXの登記の不存在を主張することが信義に反しないことを基礎づけるものと考えられる。

Ⅲ　検討例

　要件事実・争点整理問題3の検討例を以下に掲げる（否認：×、不知：△）。

1　請求原因
　(1)　Aは、令和5年3月10日当時、本件土地を所有していた。（○）
　(2)　Aは、令和5年3月10日、Xに対し、本件土地を代金2500万円で売った（以下「第1売買契約」という。）。（△）
　(3)　本件土地には、別紙登記目録（省略）記載のY名義の所有権移転登記がある。（○）
　　よって、Xは、Yに対し、所有権に基づき、真正な登記名義の回復を原因とする所有権移転登記手続をすることを求める。
2　抗弁——対抗要件具備による所有権喪失（売買）
　(1)　Aは、令和5年4月5日、死亡した。（○）
　(2)　Bは、Aの子である。（○）
　(3)　Bは、Yに対し、令和8年11月10日、本件土地を代金1500万円で売った（以下「第2売買契約」という。）。（△）
　(4)　Bは、Yに対し、令和8年11月10日、第2売買に基づき、本件土地について所有権移転登記手続をした。（○）
3　再抗弁——背信的悪意者

(1) Yは、第2売買契約当時、第1売買契約を知っていた。(×)

(2) 背信性の評価根拠事実

ア Xは、Zから紹介されたAとの間で第1売買契約を締結した。(×)

イ Zは、第1売買契約後、Xから許可を受けて、本件土地を資材置場として使用していた。(○)

ウ Xは、令和8年10月頃、Zに対して、自宅を建築するために本件土地を使用する必要が生じたことを伝えていた。(×)

エ ZとYは、第2売買契約当時、仕事を融通しあう仲であり、かつ、Yの資金繰りの悪化により、ZのYに対する売掛金の回収が困難な状況となっていた。(×)

オ Yは、第2売買契約当時、第2売買の代金を支払うだけの資金がなかった。(×)

カ Yが第2売買契約を締結した目的は、Zと共謀して、本件土地を必要とするXに高値で売りつけることにあった。(×)

4 再々抗弁——背信性の評価障害事実

(1) Xは、第1売買契約後、本件土地の管理をもっぱらZに委ねていた。(○)

(2) Yは、令和8年10月頃、Zから、Zが資材置場に使っている本件土地を購入して転売するという話を持ち掛けられた。(△)

(3) 本件土地は、第2売買契約当時、宅地として使用するには地盤改良が必要な状況であったことから、第2売買契約の代金額1500万円は適正なものであった。(×)

Ⅳ 争 点

要件事実の整理をブロックダイアグラムにすると、〔図16〕のとおりとなる。

1 形式的争点

否認（×）または不知（△）の事実が形式的争点になる。

本問では、⑦（A→X売買）と㋑（B→Y売買）が不知となっている。⑦は、X側しか知らない事情であり、㋑はY側しか知らない事情といえる。これらの事実について「不知」なので、何らかの事情を知っているわけでないと考え

193

〔図16〕 ブロックダイアグラム（要件事実・争点整理問題３）

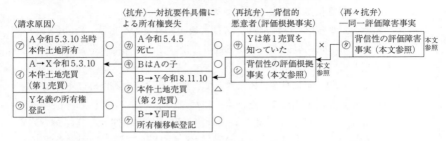

られる（仮に、こうした売買がされていないとする何らかの事情を知っているなら、否認して積極的に争うはずである）。そうすると、おそらく契約書等の証拠はあるであろうから、㋑はXから、㋒はYから提出されることによって、その事実は認定でき、実質的な争点ではないといえる（ただし、B→Y売買は、あやしそうな感じがあるが、実際に金銭が支払われていれば、その事実認定をすることになると思われる）。

2 実質的争点

そうすると、実質的な争点は、背信的悪意者である。双方の言い分からすると、Zがどうもおかしな動きをしている。つまり、本件土地をXが買い取ることに関与していながら、Yの売却にも関与しているということになり、Xが述べるように、「YとZがグルになってXから本件土地を取り上げようとしている」とも考えられるし、Yが述べるように、「Zから本件土地購入の話が持ち込まれ、Xが買い取ったことを知らずに購入した」とも考えられる。そうすると、YがAからXへの売買の事情をどの程度知っていたかというのがポイントになりそうである。その際には、売買代金額の1500万円が相当な価格かという点やYとZとがどのような関係にあったのかという点が問題となりそうである。契約書等の書証のほか、X、Yの本人尋問、B、Zの証人尋問をすることになると考えられる（ただし、X、Y双方の主張がおおむね正確であるとすると、Zが第1売買、第2売買でいずれも報酬をもらっている可能性もあり、証人として採用されても出頭しない可能性もかなりあるように思う）。

もっとも、AがXから2500万円を、BがYから1500万円を受領しているな

ら、AとBは、合計4000万円を受領していることになるので、BがXまたは
Y（本件土地を取得しない者）に対し1500万円程度返金するという和解が望まし
いようにも思われる（その場合、YからBに連絡を取ってもらいBに利害関係人
として和解に参加してもらうという方法もある。146頁参照）。ただし、AとBが
合計4000万円を受領しているかという点は気になる。仲介に入っているZが
かなりの金額をもらっており、AとBは4000万円をかなり下回る金額しか受
領していない可能性もある。このあたりは、Bにも和解期日に利害関係人とし
て来てもらって確かめたほうがよいように思う。

　なお、Bが参加しない場合には、XまたはYからBに対して訴えを提起し、
この事件と併合することが考えられようか。

事実認定問題

最後に、事実認定に関するかなり本格的な記録を検討することにしよう。

I 記録の検討方法

まず、はじめに、民事裁判の事件記録について、簡単に説明しよう。

1 記録の構成

(1) 3分方式

民事訴訟事件の記録は、「3分方式」によって編成されている。第1分類は、弁論関係書類、第2分類は証拠関係書類、第3分類はその他の書類である。

本書での該当部分を示しながら、説明しよう。第1分類は、調書群（[資料3] 202頁～[資料7] 207頁）、判決書群（本書ではなし）、主張書面群（[資料8] 208頁～[資料13] 221頁）に分かれる。

調書群は、口頭弁論調書、弁論準備期日調書、書面による準備手続調書などであり、いつ口頭弁論期日が開かれていかなる訴訟行為がされたかなどが記載されている。判決書群は、判決書や和解調書など、訴訟の終了を示す書類である（本書では、口頭弁論が終結されて判決言渡し前という設定なので、判決書等は存在しない）。主張書面群は、当事者が提出した訴状、答弁書、準備書面等の主張書面が綴られている。各群の中では、提出順（編年体）で綴られる。

第2分類（証拠関係書類）（[資料14] 222頁～[資料29] 245頁）は、目録（書証目録、証人当事者目録（省略））、証拠説明書（省略）、書証写し、証拠調べ調書、

嘱託回答書（本書ではなし）、証拠申出書（省略）の６群に分けて、この順に綴られる。各群の中では提出順に綴られる。書証については、原告提出書証を甲号証、被告提出書証を乙号証に分類したうえで、それぞれ提出順に綴られる。

第３分類（その他の書類。省略）は、訴訟委任状、代表者の資格証明関係、郵便送達報告書など、第１分類、第２分類に属さないものが綴られている。

各分類の間には分界紙（白紙の色紙）が綴られている。

(2) **本書での確認**

では、本書で確認していこう。

本件では、まず書面による準備手続（民訴法175条～）が採られている。書面による準備手続が、令和３年９月30日午後１時30分にウェブ会議の方法により開かれ、以後合計４回行われている（［資料４］202頁）。その後、口頭弁論期日が令和４年１月19日午後１時15分に開かれ、それまでの書面の陳述や証拠調べが行われ（書面による準備手続は、当事者の出頭なしに行われる手続であり、書面の陳述もできない）、本人尋問も実施されて、口頭弁論を終結した（［資料６］206頁）。その後、２回の和解期日が開かれて、和解打切りとなり（［資料７］207頁）、令和４年２月25日に判決言渡しの予定となった。

(3) **まとめ**

以上の説明からわかるとおり、訴訟物レベル、主張レベルについては第１分類を、証拠レベルについては第２分類をみればよいことがわかる（第３分類は、訴訟代理権の有無や訴状送達の日の確認などに使われる程度であり、主張や証拠とは関係がなく、本書でも全面的に省略している）。

2 事件記録を読む際の留意点

口頭弁論を終結した段階の記録を初めて読む場合、まず訴訟物を把握し、次に、主張を検討して、要件事実の整理を行い、争いのない事実と争いのある事実に分けるなどして争点を把握し、その争点について書証や尋問調書を検討していくことになる。

具体的には、次のような読み方が考えられる。

第Ⅱ部　第11講　事実認定問題

(1) 調書の記載事項の確認

　訴訟物と要件事実の整理については、第1分類の訴状、答弁書、準備書面等の各主張書面を検討することになるが、まず、口頭弁論調書をみて、各書面が陳述されているか、当事者が提出している書面以外の主張がされていないかを確認しておく必要がある。なぜなら、準備書面は、あくまでも期日における主張を準備するものであり、そのまま陳述する必要はないし、準備書面に記載していない事項も相手方が出頭していれば、主張することができるからである（民訴161条3項参照）。

　本件では、第1回口頭弁論調書（［資料6］206頁）をみると、当事者から提出された訴状、答弁書、各準備書面はすべて陳述されていることがわかる。

(2) 各主張書面の検討

　次に、各主張書面を順に読んでいきメモをつくる。メモは、各自の好みだが、登場人物が多かったりすると人物関係図を書くし、時の経過が問題となりそうだと時系列表をつくるし（［資料2］201頁参照）、債権譲渡や保証委託が出てくると、それを整理した図をつくったりなど、さまざまであり、要は、自分がわかるようにメモをとっていくとよい。なお、各主張書面で書証が引用されている場合、書証は証拠であって主張とは違うが、そのつどその書証を確認するほうがわかりやすいであろう。こうして、当事者双方の主張を検討しながら、必ず主張整理を行い、主要事実とそれに対する認否を確認していく。

　以上のようにして、当事者の主張の検討を終えると、争点を確認する。争点としては、認否が「否認」または「不知」となっている事実を形式的にピックアップすることで列挙される形式的争点（論理的争点）と、その中から書証等によって容易に認定できる事実を除いた証人尋問等の証拠調べによって認定する必要のある実質的争点がある。

　形式的争点と実質的争点の区別は、主張から判明することが多いが、必要に応じて主張書面で当事者が引用している書証等を確認するとわかる。ここで、実質的争点を取り違えると、後の検討が全く見当違いということになるので、注意を要する。

(3) 証拠の検討

　争点が把握できると、次は書証目録（［資料14］222頁、［資料15］223頁）で成

198

立が争われている書証の有無を確認するとよい。本件では、乙第2号証（[資料23]）の成立が否認となっている（223頁）。

　証拠をどのように検討するかは、各自の好みであり、まず書証を順にみていくという方法がある。もっとも、書証が少なければその方法もあるが、重要な書証は主張書面で引用されており確認していることが多いので、この時点で、書証の確認をする必要はないともいえる。

　事件の全体像を確認するには、陳述書を読むのがわかりやすい。陳述書は、当事者やそれに準じる者が主に時系列に従って事実関係を記載しているので、どのような経過であったのかは陳述書を読むことによってよくわかり、全体像を把握できる。

　その後は、証人尋問調書を読んでいくことになるが、尋問調書は、一問一答形式で記載されていることが多いので、読むのに時間がかかる。時間があるときは、何度でも読めばよいが、時間が限られていたり、大部の記録の場合には、何度も読み返すわけにはいかないので、争点を頭に入れて、争点に関係する部分に重点をおいて読むとともに、後でどこに記載されていたかがわかるように、メモをとっておく。

　書証の確認が十分にできていない場合には、最後にもう一度確認することが有益な場合がある。

　記録を読み終えると、作成したメモに基づいて、判断の枠組み（83頁参照）や間接事実等を整理し、必要に応じて記録を見直して、起案の骨子を作成する。

　では、いよいよ模擬記録に基づいて検討してみよう。

199

第Ⅱ部　第11講　事実認定問題

事実認定問題

模擬記録の事案について、以下の点について検討せよ。

1　本件の訴訟物および争点

2　判断の枠組みおよび争点に対する判断

〈登場人物〉

原告　X		城地　一
被告　Y		城地桃子

Ⅱ　事件記録

［資料1］　民事第一審訴訟事件記録表紙

□　保管金　　□　報告

取寄記録		保管物		期日		予定
民事第一審訴訟事件記録				／　・　：		
				／　・　：		
東京地方裁判所民事第100部				／　・　：		
				／　・　：		
事件番号	令和　3　年（　ワ　）第　12345　号			／　・　：		
	令和　　年（　　）第　　　号			／　・　：		
	令和　　年（　　）第　　　号			／　・　：		
付随事件 （関連事由）	令和　　年（　）第　号（　　）			／　・　：		
	令和　　年（　）第　号（　　）			／　・　：		
	令和　　年（　）第　号（　　）			／　・　：		
事件の標目	所有権一部移転登記抹消登記請求事件					
裁判官	西岡	書記官	芝田	係名		い A 係

Ⅱ　事件記録

符号	原告				
	城地　　一		代理人		村上　　誠子
符号	被告				
	城地　桃子		代理人		黒田　　絢

結果	令和　　年　　月　　日　　請求認容・一部認容・請求棄却・取下・和解成立・（　）

保存始期	令和　　年　　月　　日	全　　　冊中の第　　　冊
保存終期	令和　　年　　月　　日	

[資料2]　参考・時系列

昭和35年6月11日		被告出生
昭和58年5月11日		被告婚姻
昭和63年7月21日	0歳	原告出生
平成2年8月5日	2歳	被告離婚
平成19年3月23日	18歳	被告が母から2500万円を受領
平成19年4月1日	18歳	原告大学入学（一浪）
平成25年3月31日	24歳	原告大学卒業、医師免許取得
平成27年3月25日	26歳	本件建物購入、本件念書
平成27年4月25日	26歳	被告の自宅建物売却
平成27年5月23日	26歳	医療法人からの訴訟提起
平成27年6月12日	26歳	真正な登記名義の回復登記（本件登記）
平成28年4月11日	27歳	分割払いの和解成立
令和元年12月23日	31歳	原告が婚約者を被告に会わせる
令和2年6月20日	31歳	原告、本件登記を知る。
令和2年7月30日	32歳	原告が被告に暴力を振るう。即DV支援
令和2年11月27日	32歳	略式命令により罰金30万円に処せられる。
令和3年1月31日	32歳	原告本件マンションに転居
令和3年9月10日	33歳	訴え提起

201

第Ⅱ部　第11講　事実認定問題

［資料3］　準備手続期日指定書

令和3年（ワ）第12345号　所有権一部移転登記抹消登記請求事件
原　告　　城　地　　　一
被　告　　城　地　桃　子

　本件を書面による準備手続に付する。
　書面による準備手続の協議期日を令和3年9月30日午後1時30分と指定する。
　　　　　　　　　　　　　令和3年9月22日
　　　　　　　　　　　　　　　　　　　裁判官　　西　岡　修　輔

［資料4］　準備手続調書

　　　　　　　　　　　　　　　　　　　　　　　　　　　　裁判官認印

書面による準備手続調書

事 件 の 表 示　　　令和3年（ワ）第12345号
協 議 の 日 時　　　令和3年9月30日午後1時30分
場　　　　　所　　　東京地方裁判所民事第100部準備手続室
　　　　　　　　　　　　　　　　　　　（ウェブ会議の方法による）

裁　判　官　　　　　西　岡　修　輔
裁 判 所 書 記 官　　芝　田　由　平
通 話 先 等　　　　　原告代理人　村　上　誠　子
　　　　　　　　　　　　（原告代理人事務所（委任状記載の所在地））
　　　　　　　　　　　被告代理人　黒　田　　　絢
　　　　　　　　　　　　（被告代理人事務所（委任状記載の所在地））
指定協議の日時　　　令和3年10月29日午後2時00分（ウェブ会議）

　　　　　　　　　　　　　手 続 の 要 領 等
　ウェブ会議の方法により協議した結果は次のとおり
被　告
　本件建物は少なくとも持分2分の1につき被告所有と考えており、原告の主張
は争う方針である。

202

原告と被告との間で本件建物の持分２分の１につき被告の所有に帰することが確認されており、これに関する覚書等の書証を提出する予定である。

裁判官

1 被告は、答弁書及び書証を令和３年10月11日までに提出されたい。

2 原告は、答弁書に対する反論を令和３年10月25日までに提出されたい。

裁判所書記官　芝　田　由　平

裁判官認印

書面による準備手続調書

事 件 の 表 示　　令和３年（ワ）第12345号

協 議 の 日 時　　令和３年10月29日午後２時00分

場　　　　　所　　東京地方裁判所民事第100部準備手続室

（ウェブ会議の方法による）

裁　判　官　　　西　岡　修　輔

裁 判 所 書 記 官　芝　田　由　平

通 話 先 等　　　原告代理人　村　上　誠　子

　　　　　　　　　（原告代理人事務所（委任状記載の所在地））

　　　　　　　　　被告代理人　黒　田　　　絢

　　　　　　　　　（被告代理人事務所（委任状記載の所在地））

指定協議の日時　　令和３年12月６日午後２時00分（ウェブ会議）

手 続 の 要 領 等

　ウェブ会議の方法により協議した結果は次のとおり

原　告

1 被告提出の念書（乙２）の成立の真正は否認する。印影が原告の実印であることは認めるが、被告が原告の実印を盗用して偽造したものである。

2 求釈明の回答を待って具体的な反論を検討したいが、本件売買契約締結時の事情が重要であれば、当時の仲介業者の営業担当者の陳述書の提出を検討したい。

被　告

　被告は、本件売買契約の買主について、少なくとも持分２分の１は被告である

第Ⅱ部　第11講　事実認定問題

という認識であるが、法律構成は準備書面に記載する。

裁判官

1　被告は、認否・反論及び求釈明に対する回答を記載した準備書面を令和3年11月12日までに提出されたい。

2　原告は、上記準備書面に対する反論及び書証を令和3年11月30日までに提出されたい。

裁判所書記官　芝　田　由　平

裁判官認印

書面による準備手続調書

事 件 の 表 示　　令和3年（ワ）第12345号

協 議 の 日 時　　令和3年12月6日午後2時00分

場　　　　　　所　　東京地方裁判所民事第100部準備手続室

（ウェブ会議の方法による）

裁　　判　　官　　西　岡　俊　輔

裁 判 所 書 記 官　　芝　田　由　平

通 話 先 等　　原告代理人　村　上　誠　子

（原告代理人事務所（委任状記載の所在地））

被告代理人　黒　田　　絢

（被告代理人事務所（委任状記載の所在地））

指定協議の日時　　令和3年12月23日午後2時00分（ウェブ会議）

手 続 の 要 領 等

ウェブ会議の方法により協議した結果は次のとおり

原　　告

追加の主張は予定していない。人証は本人尋問のみを予定している。

被　　告

原告の主張に対する反論を提出予定である。人証は本人尋問を予定している。

裁判官

1　被告は、反論の準備書面を令和3年12月20日までに提出されたい。

2　双方とも、陳述書及び証拠申出書を令和3年12月20日までに提出されたい。

3 次回の協議で書面による準備手続を終了する予定である。尋問前に和解が可
　能か否かも検討されたい。

裁判所書記官　芝　田　由　平

裁判官認印

書面による準備手続調書

事 件 の 表 示　　　　令和３年（ワ）第12345号
協 議 の 日 時　　　令和３年12月23日午後２時00分
場　　　　　所　　　東京地方裁判所民事第100部準備手続室
（ウェブ会議の方法による）

裁　　判　　官　　　西　岡　俊　輔
裁 判 所 書 記 官　　　芝　田　由　平
通 話 先 等　　　原告代理人　村　上　誠　子
（原告代理人事務所（委任状記載の所在地））
　　　　　　　　　　被告代理人　黒　田　　　絢
（被告代理人事務所（委任状記載の所在地））
指定協議の日時

手 続 の 要 領 等
　ウェブ会議の方法により協議した結果は次のとおり
裁判官及び当事者双方
1　尋問前の和解は困難である。
2　本件の争点は以下のとおりである。
（記載省略）
3　口頭弁論期日を令和４年１月19日午後１時15分に指定し、同期日において次
　の順序及び時間で証拠調べを行う。
（記載省略）
裁判官
　書面による弁論準備手続終結

裁判所書記官　芝　田　由　平

第Ⅱ部　第11講　事実認定問題

［資料5］　口頭弁論期日指定書

令和3年（ワ）第12345号　所有権一部移転登記抹消登記請求事件
原　　告　　　城　地　　　一
被　　告　　　城　地　桃　子

　　　　本件口頭弁論期日を令和4年1月19日午後1時15分と指定する。

　　　　　　　　　　　　　　令和3年12月23日

　　　　　　　　　　　　　　　　裁判官　西　岡　俊　輔　㊞

［資料6］　第1回口頭弁論調書

　　　　　　　　　　　　　　　　　　　　　　　　　　　　裁判官認印

　　　　　　　　　　　　第1回口頭弁論調書

事　件　の　表　示　　　令和3年（ワ）第12345号
期　　　　　　　日　　　令和4年1月19日午後1時15分
場所及び公開の有無　　　東京地方裁判所民事第100部法廷で公開
裁　　判　　　官　　　　西　岡　俊　輔
裁　判　所　書　記　官　　芝　田　由　平
出　頭　し　た　当　事　者　　原　　　告　　城　地　　　一
　　　　　　　　　　　　　原告代理人　　村　上　誠　子
　　　　　　　　　　　　　被　　　告　　城　地　桃　子
　　　　　　　　　　　　　被告代理人　　黒　田　　　絢
指　　定　　期　　日　　　令和4年2月25日午後1時10分（判決言渡し）

　　　　　　　　　　　弁　論　の　要　領

原　告
　訴状、第1準備書面及び第2準備書面陳述
被　告
　答弁書、準備書面（1）及び準備書面（2）陳述
証拠関係別紙のとおり

206

Ⅱ　事件記録

裁判官
1　弁論終結
2　和解勧告

裁判所書記官　芝　田　由　平

[資料7]　別紙調書（和解経過表）

令和3年（ワ）第12345号

和解経過表

東京地方裁判所民事第100部

期　日		出頭した当事者等	手続の要領等
裁判官印	書記官印		次回指定期日
令和4年1月　19日 午後3時30分 印	 印	原　　告　城地　一 原告代理人　村上誠子 被　　告　城地桃子 被告代理人　黒田　絢	■続行　□延期　□打切 令和4年1月28日 午後2時30分（ウェブ会議）
令和4年1月　28日 午後2時30分（ウェブ会議）		□前回のとおり 原告代理人　村上誠子 （原告代理人事務所（委任状記載の所在地）） 被　　告　城地桃子 被告代理人　黒田　絢	□続行　□延期　■打切 令和　年　月　　日 午前・後　時　分

指定期日	□　口頭弁論 □　準備的口頭弁論 □　弁論準備手続 □ 　　　令和　年　月　日午前・後　時　分	裁判官印	・　　・
	上記指定期日につき，即日，当事者双方（代理人）に次の方法にて告知済 　　□口頭　□ウェブ会議　□電話　□普通郵便　□ファクシミリ 　　　　　　　　　　　　　　　　　　　　　　　　　裁判所書記官		

※該当事項の□にレ点又は■を付す。

207

[資料8] 訴 状

| 収 入 印 紙 | 訴　　　状 | |

令和3年9月10日

東京地方裁判所　御中

　　　　　　　　　　　原告訴訟代理人弁護士　　村 上 誠 子　　印

　　〒108-0072　東京都港区白金50丁目3番3白金コート501号
　　　　　　　　原　　告　　　　　　城 地　　一

　　〒108-0074　東京都港区高輪100 村上ビル3-301号
　　　　　　　　誠子法律事務所（送達場所）
　　　　　　　　上記訴訟代理人弁護士　　村 上 誠 子
　　　　　　　　電　話　〇〇-〇〇〇〇-〇〇〇〇
　　　　　　　　ＦＡＸ　〇〇-〇〇〇〇-〇〇〇〇

　　〒115-0045　東京都北区赤羽100
　　　　　　　　被　　告　　　　　　城 地 桃 子

所有権一部移転登記抹消登記請求事件
　　訴訟物の価額　　　〇〇〇万〇〇〇〇円
　　ちょう用印紙額　　〇万〇〇〇〇円

第1　請求の趣旨
　1　被告は、別紙物件目録記載の建物について、別紙登記目録記載の所有権一部移転登記の抹消登記手続をせよ
　2　訴訟費用は被告の負担とする
　との判決を求める。
第2　請求の原因
　1　当事者等
　（1）原告は、別紙物件目録記載の区分所有建物（以下「本件建物」という。）

の所有者である。

(2) 被告は、原告の実母であり、別紙登記目録記載のとおり、本件建物について共有者として登記されている（甲1。以下、この登記を「本件登記」という。)。

2 本件建物の所有

原告は、平成27年3月25日、当時の本件建物の所有者である大島眞一から、本件建物を代金5060万円（消費税込み）で購入した（以下、この売買契約を「本件売買契約」という。)。

なお、本件売買契約は、被告を原告の代理人として行われたものであるが、本件売買契約に先立って授与された代理権に基づき、原告のために行われたものである。

3 不実の登記の存在

本件建物の全部事項証明書（甲1）によると、別紙登記目録記載のとおり、原告から被告に対し、平成27年6月12日付けで真正な登記名義の回復を原因とする所有権一部移転登記がされ、被告が本件建物につき持分2分の1を有する共有者である旨の登記（本件登記）がされている。

しかし、本件建物の所有権は、本件売買契約に基づいて原告に移転したのであり、被告が本件建物を共有するということはあり得ない。

したがって、上記登記は不実であることが明らかであり、原告は、被告に対し、上記所有権一部移転登記の抹消登記請求権を有する。

4 よって、原告は、本件建物の所有権に基づき、被告に対し、上記所有権一部移転登記の抹消登記手続をすることを求める。

第3 関連事実

1 本件建物を購入した経緯

原告は、平成25年に医師免許を取得した医師であるが、本件建物を購入したのは、医師として一人前に稼働できるようになったことを踏まえ、実母である被告に対する恩返しとして、被告に快適な住環境を提供する趣旨で購入したものである。

確かに、本件建物を被告が利用すること自体は想定していたが、購入費用は全て原告が負担し、住宅ローンも原告名義で組んでいるのであり、本件建物の所有者が原告であることは当然の前提であった。

2 本件登記がされた経緯

原告は、本件登記がされていることを全く知らなかったものであるが、本件登記された時期（平成27年6月12日）からして、原告が奨学金返還訴訟を

209

第Ⅱ部　第11講　事実認定問題

　　提起されたこと（平成27年5月23日）を契機に、奨学金の返還を求める債権
　　者からの差し押さえを回避することを企図して、被告が独断で行ったものと
　　考えられる。
　　　すなわち、原告は、医学部に入学した際、医療法人白衣会から、医師免許
　　取得後に一定期間就労することで返還が免除される奨学金の支給を受けた
　　が、返還免除の条件を満たさなかったことから、奨学金全額の返還を求めら
　　れ、平成27年5月に訴訟を提起された。これを知った被告は、自らの住居が
　　奪われることを恐れて狼狽し、本件登記を作出したものと考えられる。
　　　なお、上記の奨学金については、平成28年4月11日に分割弁済の和解が成
　　立している。
　3　交渉経緯
　　　原告は、令和3年1月末頃から、被告に代わって本件建物に居住するよう
　　になったが、それ以前に本件登記がされていることを知り、被告にその抹消
　　を求めた。前記2の経緯から、本件登記が不実であることは明らかであった
　　が、被告は、原告の話には全く聞く耳を持たないという態度を貫き、現在に
　　至っている。
　4　まとめ
　　　以上のとおり、原告が本件建物を所有しており、被告名義の本件登記が不
　　実のものであることは明らかであるから、速やかに請求認容の判決をするこ
　　とを求める。

証 拠 方 法

甲第1号証　　　　　全部事項証明書（建物）
甲第2号証　　　　　区分所有建物売買契約書
甲第3号証　　　　　委任状
甲第4号証　　　　　住宅ローン契約書

附 属 書 類

1	訴状副本	1通
2	甲第1号証	1通
3	甲第1号証の写し	1通
4	甲第2号証から甲第4号証までの写し	各2通
5	証拠説明書	2通
6	固定資産評価証明書	1通
7	訴訟委任状	1通

II　事件記録

（別　紙）
物　件　目　録

（一棟の建物の表示）
所　　　在　　港区白金50丁目　3番3
建物の名称　　白金コート
（専有部分の建物の表示）
家 屋 番 号　　白金50丁目　3番3の501
建物の名称　　501
種　　　類　　居宅
構　　　造　　鉄筋コンクリート造1階建
床 面 積　　5階部分　72.24平方メートル
（敷地権の目的たる土地の表示）
土地の符号　　1
所在及び地番　港区白金50丁目　3番3
地　　　目　　宅地
地　　　積　　344.56平方メートル
（敷地権の表示）
土地の符号　　1
敷地権の種類　所有権
敷地権の割合　123456分の5005

（別　紙）
登　記　目　録

1　東京法務局港出張所平成27年6月12日受付
　　第18223号所有権一部移転
　　　　原　因　　　　真正な登記名義の回復
　　　　共有者　　　　東京都港区白金50丁目3番3　白金コート501号
　　　　　　　　　　　持分2分の1
　　　　　　　　　　　城　地　桃　子

211

第Ⅱ部　第11講　事実認定問題

[資料9]　答弁書

令和3年（ワ）第12345号　所有権一部移転登記抹消登記請求事件
原　告　　城　地　　一
被　告　　城　地　桃　子

答　弁　書

令和3年10月11日

東京地方裁判所民事第100部　御中

〒108-0072　東京都港区白金100　黒田ビル2階202号
黒田絢法律事務所（送達場所）
被告訴訟代理人弁護士　　　黒　田　　絢　㊞
電　話　○○-○○○○-○○○○
ＦＡＸ　○○-○○○○-○○○○

（略称は訴状の記載に準じる）

第1　請求の趣旨に対する答弁

1　原告の請求を棄却する

2　訴訟費用は原告の負担とする

との判決を求める。

第2　請求の原因に対する認否

1　1項（当事者等）について

(1)　1項(1)は否認する。

(2)　1項(2)は認める。

2　2項（本件建物の所有）について

否認する。本件売買の買主は、少なくとも持分2分の1につき被告である。

3　3項（不実の登記の存在）について

第1段落は認め、第2段落は否認し、第3段落は争う。

4　4項について

争う。

第3　被告の主張

1　被告に対する貸付け等

被告は、昭和63年に元夫との間で原告をもうけ、平成2年に離婚してから
は女手一つで原告を養育し、白々大学医学部に入学させた。

　ところが、原告は、医学部に入学して以降、被告に対して粗暴な態度をと
るとともに、被告が大切に保管していた現金を遊興費や自動車の購入費用な
どとして頻繁に持ち出すようになった。

　被告は、平成19年3月23日、被告の母から2500万円の現金を受領している
が、これが全てなくなり、被告が原告に渡した現金は、少なくとも2500万円
を超えるものと考えられる（乙1）。

　被告は、このような原告の横暴ともいうべき行動に対して抗しきれなかっ
たものであるが、原告に対しては、決して贈与ではなく、貸付け又は立替え
である旨を繰り返し確認していた。

2　本件建物を購入した経緯

　本件建物を購入することとしたのは、被告の自宅が老朽化し、修繕するに
しても相応の資金がいることから、これまでの貸付金や立替金の清算とし
て、そのための資金を原告に負担するよう求めたことを契機とするものであ
る。

　原告が自宅の修繕ではなくマンションの購入を望んだことから、本件建物
を購入することになったが、本件建物の代金である5060万円のうち、少なく
ともその半額は被告の原告に対する貸付金又は立替金の清算であり、実質的
には被告が負担している。

　住宅ローンは全額を原告名義で組むことになるため、便宜上、登記上の所
有名義は原告の単独名義としたが、本件建物は、これまでの貸付金又は立替
金の清算の趣旨で、被告のために購入したものであり、その所有権につき、
少なくとも持分2分の1につき被告に帰属することは、原告と被告との間で
共通認識となっていた。

　そこで、この点について不明確にならないよう、原告は、本件売買契約と
同時に、被告に対して実印を押捺した念書等を差し入れている（乙2～4）。

3　本件登記の経緯

　被告は、本件建物の所有者として、本件建物に居住していたが、原告は、
本件建物の購入後、被告に対して横暴な態度をますます強め、相変わらず、
金銭の貸付けや立替えを求めてきた。

　しかも、原告は、医学部に入学した際、医療法人白衣会から医師免許取得
後の就労を返還免除の条件とする奨学金の支給を受けておきながら、自らの
身勝手により上記条件を満たさず、平成27年5月には3000万円を超える額を

第Ⅱ部　第11講　事実認定問題

一時金により支払うよう求める民事訴訟を提起された。

被告は、本件建物の購入後、これを生活の本拠とし、被告名義であった自宅の土地建物を平成27年4月25日に売却していたため（乙5）、原告の身勝手により本件建物を差し押さえられ、退去を余儀なくされれば、住む場所を失うおそれがあった。このことに強い危機意識を持った被告は、原告の了解を得て、少なくとも本件建物の購入資金の半額は、被告が貸付金又は立替金の清算として負担していることが明らかであることから、その内容での所有権一部移転登記をすることとし、その旨の本件登記がされた。

このように、本件登記は、実体的な権利関係に整合するものであり、不実の登記ということはない。

4　原告の暴力行為等

その後も、原告は、被告に対する横暴な態度を改めず、令和2年7月30日には、被告の肩を突き飛ばすなどの暴力行為に及んだ。被告は、これまでの原告の度重なる横暴な言動もあり、直ちに警察に通報するとともに、自らは一時的にシェルターに避難をし、住民基本台帳事務における支援措置の申出をした。

その後、原告は、上記の暴力行為により略式起訴され、30万円の罰金刑を受けた。

ところが、原告は、被告が本件建物を退去したことを奇貨として、自ら夫婦で本件建物に入居して現在に至っている。このような原告の態度は、身勝手というほかない。

5　まとめ

以上のとおり、本件建物の所有権につき少なくとも持分2分の1は被告に帰属するのであり、原告が本件登記の抹消登記手続を求めることはできないのであるから、原告の請求は理由がない。

証　拠　方　法

乙第1号証　　　　普通預金通帳（抜粋）
乙第2号証　　　　念書
乙第3号証　　　　印鑑登録証明書
乙第4号証　　　　委任状
乙第5号証　　　　全部事項証明書（土地・建物）

附　属　書　類

214

1　乙号証の写し	各 1 通
2　証拠説明書	1 通
3　訴訟委任状	1 通

[資料10]　原告第 1 準備書面

令和 3 年（ワ）第12345号　所有権一部移転登記抹消登記請求事件
原　告　　城　地　　一
被　告　　城　地　桃　子

第 1 準備書面

令和 3 年10月25日

東京地方裁判所民事第100部　御中

原告訴訟代理人弁護士　　　村　上　誠　子　㊞

第 1　答弁書「第 3　被告の主張」に対する認否
　1　 1 項（被告に対する貸付け等）について
　　 1 項の第 1 段落は認め、第 2 段落から第 4 段落は全て否認する。
　2　 2 項（本件建物を購入した経緯）について
　(1)　第 1 段落のうち、被告の自宅が老朽化し、被告が修繕のための資金を原
　　　告に負担するよう求めたことは認め、その余は否認する。
　(2)　第 2 段落のうち、原告がマンションの購入を望んだため本件建物を購入
　　　することになったことは認め、その余は否認する。
　(3)　第 3 段落のうち、住宅ローン全額を原告名義で組んだこと、登記上の所
　　　有名義は原告の単独名義としたことは認め、その余は否認する。
　(4)　第 4 段落は否認する。
　3　 3 項（本件登記の経緯）について
　(1)　第 1 段落のうち、被告が本件建物に居住していたことは認め、その余は
　　　否認する。
　(2)　第 2 段落のうち、「自らの身勝手により」とある部分は争い、その余は
　　　認める。
　(3)　第 3 段落の第 1 文は不知。同第 2 文のうち本件登記がされたことは認

第Ⅱ部　第11講　事実認定問題

め、その余は否認する。

(4)　第4段落は争う。

4　4項（原告の暴力行為等）について

(1)　第1段落のうち、第1文は否認し、同第2文のうち被告が警察に通報したことは認め、その余は不知。

(2)　第2段落は認める。

(3)　第3段落のうち、原告が本件建物に入居したことは認め、その余は争う。

5　5項（まとめ）は争う。

第2　原告の主張

1　本件建物を購入した経緯

(1)　被告は、原告が幼い時に離婚し、その後、原告を養育してきたことは事実であり、その中で様々な苦労があったこと自体は原告も認めるところである。

　　原告は、医師免許を取得してしばらくした頃、被告から自宅が老朽化していることについて相談を受けたが、その際、原告は、医師としてやっていくことに自信を持ち始めていたこともあり、これまでの苦労に報いるため母である被告のためにマンションを購入することを提案した。この提案を被告は喜び、以後、自宅の修繕ではなくマンション購入に向けて準備を進めることとなったが、購入するマンションに実際に住むのは被告であるため、マンションの選定から仲介業者との折衝などは全て被告が行うこととなった。

　　なお、原告は、勤務医として病院の近くに住むことが便利であったことから、本件建物を退去した被告に代わって令和3年1月31日に入居するまで、実際は勤務する病院の近くの単身マンションに居住していた。

(2)　本件売買契約においては、購入する物件については被告の希望を最大限尊重することとしたが、金銭的には原告が全額負担することから、原告所有のマンションとすること自体は当然の前提であった。被告が本件建物を所有又は共有するということは全く想定しておらず、原告と被告との間で、所有関係について確認するようなこともなかった。

　　実際に、原告は、住民票上の住所を被告の自宅のままにしていたが、本件建物を購入した後、自らの住民票上の住所を本件建物に移している。

(3)　被告は、原告に対して多額の貸付金や立替金があった旨を主張しているが、そのような事実はない。

216

医師になるまで、学費のみならず交際費や遊興費などを親に頼ったことを否定するつもりはない。例えば、大学生になった原告が運転免許を取得すると、被告名義で購入した自動車を原告が自由に使っていたこともあった。しかし、こうしたことは、親子間の養育の一環であって、貸付けや立替えであったということはあり得ない。

2　被告が提出する念書

被告は、本件売買契約と同時に、原告が被告に対して実印を押印した念書を差し入れたとして、本件念書（乙2）を提出する。

しかし、原告は、このような本件念書を作成したことはないし、これまで見たこともない。本件建物の所有者が原告であることは当然の前提であり、被告との間で本件念書を作成するという話をしたこともない。

被告が提出する本件念書は、原告が実印などを本件建物に置いたままにしていたことから、これを被告が勝手に持ち出して使用し、原告に無断で作成したものと考えるほかなく、被告により偽造されたものである。

なお、印鑑登録証明書（乙3）や委任状（乙4）は、本件建物の購入に当たり、被告を代理人とするために、印鑑登録証明書を何通か取り寄せ、委任状も何通か作成したので、そのうちの1通が悪用されたものと考えられる。

3　原告の暴力行為等

原告は、被告に対する暴行行為により罰金刑に処せられたが、そもそも本件建物の所有関係とは無関係の事情である。

なお、被告は、原告が被告に婚約者を紹介した令和元年12月頃から原告に対して険悪な態度をとるようになり、原告が暴行を振るったとされる日（令和2年7月30日）も、原告が本件建物に被告を訪ねたところ、些細なことで口論となって激昂した被告が原告に詰め寄ってきたため、原告が被告を押し戻すため被告の右肩を押しただけであり、原告が被告に対して積極的に暴力的な行動を取ったということはない。

第3　求釈明

被告は、本件売買契約によって本件建物の所有権を「少なくとも2分の1」取得したと主張しているが、売主から原告に所有権が全部移転したこと自体は認めるのか否かを明らかにし、被告が本件建物の所有権又は共有持分権を取得したとする原因事実を特定されたい。

以　上

第Ⅱ部　第11講　事実認定問題

[資料11]　被告準備書面（1）

令和3年（ワ）第12345号　所有権一部移転登記抹消登記請求事件
原　告　　城　地　　　一
被　告　　城　地　桃　子

準備書面（1）

令和3年11月12日

東京地方裁判所民事第100部　御中

被告訴訟代理人弁護士　　黒　田　　　絢　㊞

第1　被告の主張の補充
　1　本件建物の購入及び本件念書の作成について
　(1)　原告は、被告に対してマンションを購入するよう提案したところ被告が
　　喜んでこれを受けたかのような主張をするが、事実と異なる。
　　　　被告は、原告に対して老朽化した自宅の修繕について相談したところ、
　　この際マンションを購入するよう強く勧めてきたものであり、被告は住み
　　慣れた自宅を離れるつもりなどなかったが、強引に話を進めようとする原
　　告に抵抗することができず、原告の意向に従ったにすぎない。
　　　　このように強引に話を進めようとする原告に対し、被告は、自宅を離れ
　　るのであれば、せめて新たに購入するマンションを今までの貸付金や立替
　　金を清算することで被告との共有とすることを明確にするよう求め、本件
　　念書を作成することになった。
　(2)　被告は、平成27年3月に本件建物を購入した後も、自宅の土地建物（葛
　　飾区亀有所在）を手放すつもりはなかったが、原告が売却を強く勧めてき
　　たことから、翌4月に、自宅の土地建物を売却した。被告が自宅の土地建
　　物の売却に応じたのは、本件念書が存在していたからであり、仮に本件建
　　物が原告の所有であるとすると、自宅の土地建物を売却することで被告は
　　一切の不動産を失うこととなるから、そのようなことをするはずがない。
　(3)　本件売買契約の後、売買契約書やいわゆる権利証（登記識別情報）な
　　ど、本件建物の重要書類については全て被告が自ら所有者として所持して
　　いた。このことも、被告が本件建物の所有者であることを裏付ける事情と

218

いえる。

(4) 原告は、本件売買契約の代金全額を自らが負担している旨を主張するが、既に主張しているとおり、貸付金や立替金との清算のため原告名義で住宅ローンを組んだものであり、実質的な費用負担の2分の1は被告である。

2 本件念書の作成経緯について

原告の住民票上の住所が本件建物に置かれていたことはそのとおりであり、原告の実印等が本件建物に保管されていたことは争わないが、被告は具体的な保管場所を知らず、本件念書は、原告がその内容を了解して自ら実印を押印したものである。

3 原告の暴力行為について

被告は、長年にわたり、原告の横暴に耐えてきたのであり、その端的な現れが令和2年7月30日の原告の被告に対する暴行である。

被告の主張こそが真実であり、上記の原告による暴行は、原告が本訴において虚偽の主張を繰り返していることを裏付けているのであるから、原告による暴力行為が本件と無関係であるということはあり得ない。

第3 求釈明について

被告の主張は、本件売買契約は、大島眞一を売主、原告及び被告の両名を買主として行われたものであり、持分2分の1については原告に帰属することなく被告に移転している旨を主張するものである。

平成27年6月12日付けの本件登記は、以上のような実体的な権利関係に登記名義を合致させるために行われたものである。

以 上

[資料12] 原告第2準備書面

令和3年（ワ）第12345号 所有権一部移転登記抹消登記請求事件
原 告 城 地 一
被 告 城 地 桃 子

第2準備書面

令和3年11月30日

東京地方裁判所民事第100部 御中

原告訴訟代理人弁護士　　　村　上　誠　子　㊞

第1　本件念書の作成経緯について

　　原告は、実印等を含む重要な書類や小物を本件建物のクローゼット内に置いていた書類入れ（鍵のないアクリル製の引き出し）に保管していたのであり、そのことは被告も認識していた。したがって、被告は、原告の実印等を自由に使用することができた。

　　被告が本件建物につき登記申請に使った委任状（乙4）については、甲3号証の委任状と日付も含めて同じであり、原告が本件建物を購入するにあたり登記手続等にも必要であるからとして、何通か交付した委任状の中の一つと考えられる。それを被告が悪用したものである。

第2　原告の補充主張（原告と被告との関係性）について

　　被告は、原告が学生の頃から、原告が被告に暴力的な態度をとるなど、関係性が悪化していたかのような主張を繰り返している。

　　しかし、原告が被告に対して感謝の気持ちを有していたことは既に主張したとおりであり、原告と被告との関係性は決して悪いものではなかった。原告は、医師として自立した人生を歩めるようになったことから、被告が居住することを前提として本件建物を購入したのであり、そのことは本件売買契約の仲介業者の担当者の陳述書（甲5）からも明らかである。

　　したがって、原告と被告との関係は、本件売買契約の前後を通じて良好であったのであり、清算すべき貸付金や立替金があったとはおよそ考えられないし、原告は、実印が被告により無断で使用されるなどということは考えてもいなかった。

　　原告と被告との関係性が悪化したのは、令和元年のクリスマス前に原告が被告に婚約者（現在の原告の妻）を紹介したことが発端と考えられる。その日以降、被告は、原告に対して攻撃的な態度をとるようになるとともに、本件建物の所有権を主張するようになった。

　　原告による暴力行為も、被告が原告に対して攻撃的な行動をとったことによって誘発されたものであることは、既に主張したとおりである。

以　上

［資料13］　被告準備書面（2）

令和3年（ワ）第12345号　所有権一部移転登記抹消登記請求事件
原　告　　　城　地　　　一
被　告　　　城　地　桃　子

<h2 align="center">準備書面（2）</h2>

令和3年12月20日

東京地方裁判所民事第100部　御中

　　　　　　　　　　　被告訴訟代理人弁護士　　　黒　田　　　絢　㊞

　　原告の第2準備書面に対する反論
1　原告は、仲介業者の担当者の陳述書（甲5）を提出しているが、被告が仲介
　業者に対して、真実は原告に多額の貸付金や立替金があるなどということを告
　げるはずがないのであり、仲介業者が原告と被告との関係性が良好であるもの
　と感じていたとしても、何ら不自然なことではない。
2　本件登記が実体的な権利関係を正しく反映していることは既に主張したとお
　りであり、被告が原告の実印を冒用したという事実はない。
　　被告が本件建物の登記申請に使った委任状（乙4）について、原告は、「本
　件建物を購入するにあたり登記手続等にも必要であるとして交付した委任状の
　一つであり、被告が悪用したものである」と主張する。確かに、平成27年3月
　25日の原告名義の登記手続に使用した際に作成したものであるが、その時の余
　部を使ったにすぎない。このことにつき原告は了解していた。

　　　　　　　　　　　　　　　　　　　　　　　　　　　　　　　　以　上

第Ⅱ部　第11講　事実認定問題

［資料14］　**書証目録（原告提出分）**

第3号様式（書証目録）　　　　　　　　事件の表示　令和3年（ワ）第12345号

（甲号証)　　　　　　　　　書　証　目　録　　　（　原　告　　提出分)

（この目録は，各期日の調書と一体となるものである。）

番号	提　　出		陳　　述			備　考
	期　　日	標　目　等	期　　日	成　立	成立の争いについての主張	
1	第　1　回 ☑弁　　　論 □準備的弁論 □弁論準備	全部事項証明書（建物）	第　　回 □弁　　　論 □準備的弁論 □弁論準備			
2	第　1　回 ☑弁　　　論 □準備的弁論 □弁論準備	区分所有建物売買契約書	第　　回 □弁　　　論 □準備的弁論 □弁論準備			
3	第　1　回 ☑弁　　　論 □準備的弁論 □弁論準備	委任状	第　　回 □弁　　　論 □準備的弁論 □弁論準備			
4	第　1　回 ☑弁　　　論 □準備的弁論 □弁論準備	住宅ローン契約書	第　　回 □弁　　　論 □準備的弁論 □弁論準備			
5	第　1　回 ☑弁　　　論 □準備的弁論 □弁論準備	陳述書（正直直正）	第　　回 □弁　　　論 □準備的弁論 □弁論準備			
6	第　1　回 ☑弁　　　論 □準備的弁論 □弁論準備	陳述書（原告）	第　　回 □弁　　　論 □準備的弁論 □弁論準備			

（注）　該当する事項の□にレを付する。

Ⅱ　事件記録

[資料15]　**書証目録（被告提出分）**

第3号様式（書証目録）　　　　　　　　　　事件の表示　令和3年（ワ）第12345号

（　乙　号証）　　　　　　　書　証　目　録　　　　（　被　告　提出分）
（この目録は，各期日の調書と一体となるものである。）

番号	提 出		陳 述			備 考
	期　日	標　目　等	期　日	成立	成立の争いについての主張	
1	第　1　回 ☑弁　　論 □準備的弁論 □弁論準備	普通預金通帳（抜粋）	第　回 □弁　　論 □準備的弁論 □弁論準備			
2	第　1　回 ☑弁　　論 □準備的弁論 □弁論準備	念書	第　回 □弁　　論 □準備的弁論 □弁論準備	否	印影が原告の実印であることは認める。被告が原告の実印を盗用して偽造したものである。	
3	第　1　回 ☑弁　　論 □準備的弁論 □弁論準備	印鑑登録証明書	第　回 □弁　　論 □準備的弁論 □弁論準備			
4	第　1　回 ☑弁　　論 □準備的弁論 □弁論準備	委任状	第　回 □弁　　論 □準備的弁論 □弁論準備			
5	第　1　回 ☑弁　　論 □準備的弁論 □弁論準備	全部事項証明書	第　回 □弁　　論 □準備的弁論 □弁論準備			
6	第　1　回 ☑弁　　論 □準備的弁論 □弁論準備	陳述書（被告）	第　回 □弁　　論 □準備的弁論 □弁論準備			

（注）　該当する事項の□にレを付する。

第Ⅱ部　第11講　事実認定問題

[資料16]　全部事項証明書（甲第 1 号証）

東京都港区白金50丁目 3 番 3　　　　　　　　　　　　　　　　　　全部事項証明書

専有部分の家屋番号	〔記載省略〕		

表　題　部（一棟の建物の表示）	調製	余　白	所在図番号	余　白

所　在	港区白金50丁目 3 番 3	余　白
建物の名称	白金コート	余　白

①構　造	②床　面　積　㎡		原因及びその日付〔登記の日付〕
鉄筋コンクリート造陸屋根10階建	1 階	150 ⦂ 93	〔平成20年10月10日〕
	2 階	144 ⦂ 48	
	3 階	144 ⦂ 48	
	4 階	144 ⦂ 48	
	5 階	144 ⦂ 48	
	6 階	144 ⦂ 48	
	7 階	144 ⦂ 48	
	8 階	144 ⦂ 48	
	9 階	144 ⦂ 48	
	10階	144 ⦂ 48	

表　題　部（敷地権の目的である土地の表示）

①土地の符号	②所在及び地番	③地　目	④地　積　㎡	登記の日付
1	港区白金50丁目 3 番 3	宅地	344 ⦂ 56	平成20年10月10日

（建物）

表　題　部（専有部分の建物の表示）	不動産番号	2345678901121

家屋番号	白金50丁目 3 番 3 の501	余　白
建物の名称	501	余　白

②種　類	②構　造	③床面積㎡	原因及びその日付〔登記の日付〕
居宅	鉄筋コンクリート造 1 階建	5 階部分　72 ⦂ 24	平成20年10月 1 日新築〔平成20年10月10日〕

表　題　部（敷地権の表示）

②土地の符号	②敷地権の種類	③敷地権の割合	原因及びその日付〔登記の日付〕
1	所有権	123456分の5005	平成20年10月 1 日敷地権〔平成20年10月10日〕

所　有　者	（記載省略）

224

Ⅱ　事件記録

権　利　部（甲区）（所有権に関する事項）			
順位番号	登記の目的	受付年月日・受付番号	権利者その他の事項
1	所有権保存	平成20年10月20日第12345号	所有者　渋谷区渋谷二丁目１番２号　渋谷株式会社
2	所有権移転	平成20年10月20日第12346号	原因　平成20年10月20日売買 所有者　東京都浦安市舞浜100　大島　眞一
3	所有権移転	平成27年３月25日第13456号	原因　平成27年３月25日売買 所有者　葛飾区亀有100　城地　一
4	所有権一部移転	平成27年６月12日第18223号	原因　真正な登記名義の回復 共有者　港区白金50丁目３番３白金コート501号 　持分２分の１ 　城地桃子

権　利　部（乙区）（所有権以外の権利に関する事項）			
順位番号	登記の目的	受付年月日・受付番号	権利者その他の事項
1	抵当権設定	平成20年10月20日第12347号	原因　平成20年10月20日金銭消費貸借同日設定 債権額　金6,500万円 利息　年3.00％（年365日日割計算） 損害金　年14.00％（年365日日割計算） 債務者　東京都浦安市舞浜100　大島眞一 抵当権者　東京都渋谷区一丁目１番１号　株式会社三友銀行
2	１番抵当権抹消	平成27年３月25日第13455号	原因平成27年３月24日解除
3	抵当権設定	平成27年３月25日第13457号	原因　平成27年３月25日保証委託契約による求償債権同日設定 債権額　金5,000万円 損害金　年14.00％（年365日日割計算） 債務者　葛飾区亀有100　城地一 抵当権者　東京都千代田区二番町100　株式会社菱Ｕ保証

225

第Ⅱ部　第11講　事実認定問題

これは登記記録に記録されている事項の全部を証明した書面である。
(東京法務局港出張所)
　令和3年9月3日
東京法務局港出張所　　　　　　　　　　　　　　登記官　　藤　原　正　人　印

＊下線のあるものは抹消事項であることを示す。整理番号　K○○○○○　（○／○）　○／○

[資料17]　売買契約書（甲第2号証）

収　入
印　紙

区分所有建物売買契約書

　売主・大島眞一（以下「甲」という。）と買主・城地一（以下「乙」という。）
とは、別紙（省略）区分所有建物の売買に関し、次のとおり契約を締結する。

第1条（売買物件）
　　甲は、自己が所有する別紙記載の区分所有建物（以下「本物件」という。）
　を乙に売り渡し、乙はこれを買い受ける。
第2条（売買面積）
　　本物件の売買面積は、登記簿上の表示面積によるものとし、本物件の登記簿
　上の面積と実測面積とが相違した場合であっても、甲及び乙は相互に相手方に
　対し売買代金の増減等一切異議・請求を申し述べない。
第3条（売買代金）
　　本物件の売買代金は、金5060万円（本体価格金4600万円＋消費税金460万円）
　とする。
第4条（売買代金の支払）
　　乙は、第3条（売買代金）に規定する本物件の売買代金を、以下のとおり甲
　に支払う。
　　　平成27年3月25日　5060万円一括
第5条（引渡し）
　　甲は、第4条（売買代金の支払）の規定による本物件の売買代金の受領と同
　時に、本物件を乙に引き渡す。
第6条（所有権の移転）
　　本物件の所有権は、第5条（引渡し）の規定による本物件の引渡しと同時
　に、甲から乙に移転する。

Ⅱ　事件記録

第7条（所有権移転登記）

　　甲は、第4条（売買代金の支払）の規定による本物件の売買代金の受領と同時に、本物件の所有権移転登記に必要な一切の書類を乙に交付し、乙の確認を得たうえ、両者協力してこの登記手続を完了させる。

　　なお、この登記手続に要する費用は、乙の負担とする。

【中略】

　本契約締結の証として本書2通を作成し、甲・乙両者記名捺印のうえ、各1通を所持するものとする。

平成27年3月25日

　　　　　　　　　　　売　主（甲）　　住所　　東京都浦安市舞浜100
　　　　　　　　　　　　　　　　　　　氏名　　大島　眞一　　　　⟨眞大
　　　　　　　　　　　　　　　　　　　　　　　　　　　　　　　　一島⟩

　　　　　　　　　　　買　主（乙）　　住所　　東京都葛飾区亀有100
　　　　　　　　　　　　　　　　　　　氏名　　城地　一
　　　　　　　　　　　　　　　　　　　同代理人　城地　桃子　　⟨桃城
　　　　　　　　　　　　　　　　　　　　　　　　　　　　　　　子地⟩

　　　　　　　　　　　仲介者　　　　　住所　　東京都渋谷区道玄坂50　　⟨社産正
　　　　　　　　　　　　　　　　　　　正直不動産株式会社　　　　　　　　之株直
　　　　　　　　　　　　　　　　　　　代表者代表取締役　正直　一番　　　印式不
　　　　　　　　　　　　　　　　　　　　　　　　　　　　　　　　　　　　会動⟩

［資料18］　委任状（甲第3号証）

委　任　状

　　東京都葛飾区亀有100
　　　　城　地　桃　子

　私は上記の者を代理人と定め、下記の不動産についての売買及び登記手続に関する一切の権限を委任します。

227

不動産の表示
　　東京都港区白金50丁目３番３　白金コート501号

　　　　　　　　　　　平成27年３月15日
　　　　　　　　　　　東京都葛飾区亀有100
　　　　　　　　　　　　城　地　　一　　㊞

[資料19]　住宅ローン契約書（甲第４号証）

住宅ローン契約書

収入印紙

契約日（借入日）平成27年３月25日

借主	ご住所	東京都葛飾区亀有100	
	お名前	フリガナ　シロチ　ハジメ	生年月日
		城地　一 代理人　城地　桃子　㊞	昭和63年７月21日
連帯保証人	ご住所	東京都東京都千代田区二番町100 株式会社菱Ｕ保証 代表取締役　菱　正人	株式会社 菱Ｕ保証 之印
	お名前	フリガナ	生年月日

返済用預金口座届出印

　借主（連帯債務の場合は、文中に特に断りのない限り借主全員をいいます。）は、後記規定を承認のうえ、菱Ｕ銀行（以下「当行」といいます。）から次の借入要項のとおり金銭を借り受けます。
　連帯保証人（以下「保証人」といいます。）は、借主の委託を受けて、後記規定を承認のうえ、借主がこの契約によって負担する一切の債務について、保証債務を負います。
　なお、借主および保証人は、この契約が当行による金銭の交付をもって成立し、その効力が生じることに同意します。

（借入事項）

借入金額			¥50,000,000 –	
	内訳	毎月返済部分		
		半年ごと増額返済部分		
資金使途			住宅購入資金	
利　率			年3.0%	
最終返済日			2043年3月27日	

（以下記載略）

[資料20]　陳述書（甲第5号証）

陳 述 書

令和3年11月20日
正直不動産株式会社
元営業担当　正直　直正　㊞

　私は、平成27年当時、正直不動産で東京都港区白金50丁目3番3所在の白金コートマンション（以下、これを「本件マンション」といいます。）の売買の仲介をしたものです。

　この度、本件マンションの関係で、城地一様と城地桃子様とが対立しているということを聞き、大変残念な気持ちがしております。

　既に、私は、正直不動産を離れ、別の仕事をしていますので、当時の記録は残っていませんが、城地桃子様と建物選びから諸手続きの進め方に至るまで、いろいろと相談をさせていただいたのをよく覚えています。

　本件マンションの購入が決まった際には、城地一様ともお会いし、一緒に本件マンションを見に行きました。その際、城地一様は、お母様でいらっしゃる城地桃子様ととても仲良く見えました。本件マンションは、城地一様が城地桃子様のために購入されるということで、長年にわたって苦労して育ててこられた城地桃子様の恩に報いる姿を感じ、とても感動したことが印象に残っています。

　なお、売買契約の手続等は、全て問題なく行われたものと考えています。

　私が覚えているのは以上のとおりですが、その後、お二人の間で訴訟になるというのは、誠に驚きであります。早く紛争が解決し、親子愛を感じるお二人の関係に戻られることを祈っています。

第Ⅱ部　第11講　事実認定問題

[資料21]　陳述書（甲第6号証）

陳　述　書

令和3年12月15日
東京都港区白金5ノ丁目3番3
白金コート501号
城　地　　一　　㊞

1　私は、被告の長男です。ほかに兄弟はいません。被告は、私が2歳の時に離
　婚したとのことで、父については全く記憶がありません。子供のころからしつ
　けに厳しい母でしたが、私の教育には最大限できることをしてくれていたもの
　と思っています。

2　平成19年に白々大学医学部に入学してからも、自宅から通学していました。
　もともと母子家庭で、大学生になるまで苦労しながら育ててもらったという思
　いがありました。そこで、被告に迷惑をかけたくないという思いもあって、卒
　業後に医療法人白衣会グループの病院で勤務することを条件とする奨学金を利
　用しました。

3　私は、平成25年に医学部を卒業し、無事医師免許を取得して、東京都港区内
　の病院で勤務を始めました。医療法人白衣会グループは、老人介護や精神科を
　中心とする医療機関でしたが、私は専門を腎臓内科にしましたので、その分野
　で実績のある医療法人明律の関連病院に就職しました。若手勤務医の生活は不
　規則で、自宅からの通勤は大変ですので、勤務先の近くで一人暮らしをするこ
　とにしました。その後、比較的ショートスパンで関連病院をいくつか転勤し、
　そのたびに転居しましたが、住民票は当時の被告宅（葛飾区亀有）にしていま
　した。

4　私が医師になって2年ほどが経った頃、被告から、自宅が老朽化してきたの
　で建て替えるべきか悩んでいるという話を聞きました。私は、医師としてやっ
　ていける自信もついてきていましたので、これまで育ててくれた母に恩返しす
　べく、被告のためにマンションを購入することを決意し、被告にそのことを伝
　えました。

　　被告は、大いに喜んでくれました。その後、被告は、マンションの選定か
　ら仲介業者とのやり取りに至るまで、全て自分で行っていましたので、私は、
　本件マンションの購入に関する一連の手続等を被告に任せていました。もっと

230

も、お金を出すのはあくまで私ですので、私がマンションの所有者になること
が当然の前提でした。

　そして、私は、平成27年3月、私の名義で住宅ローンを組み、私の名義で本
件マンションを購入しました。その後、被告は本件マンションに一人で住むよ
うになりました。

　その後、被告は、住まなくなった元の自宅を売却しましたので、私は、私の
住民票上の住所を元の自宅から本件マンションに移しました。

5　私は、平成27年5月、医療法人白衣会から、奨学金について返還免除の条件
を満たさなかったとして、その全額の返還を求める訴訟を提起されました。

　私が奨学金返還免除の条件に反してしまったことは争いようのない事実でし
たので、先方とは和解協議を行い、返済条件等につき話合いはスムーズには進
みませんでしたが、平成28年4月に分割払での和解が成立して訴訟は終了しま
した。

　なお、私が訴えられたことに被告は狼狽し、私の知らない間に本件登記をし
たようです。私は、本件登記のことなど一切知らされていませんので、本件マ
ンションに保管していた私の実印を使うなどして、勝手に本件登記をしたのだ
と思います。

6　私は、令和元年12月頃、被告に婚約者の女性を紹介しました。被告は、この
時の婚約者の態度が気に入らなかったのか、不機嫌な態度に終始し、その後、
私に対して大変きつく当たるようになりました。

　私は、その女性と結婚したのですが、母の態度がひどかったため、挙式は行
わず、入籍だけをしました。

7　令和2年7月30日、私が妻を連れて本件マンションを訪れた際、被告が妻の
些細な言動に激高し、掴みかかってきたため、私が被告の右肩を掴んで押し戻
そうとしたところ、被告は、私に暴力を振るわれたなどと騒ぎだし、110番通
報をしました。

　被告が暴行の被害者として被害届を提出したため、私は罰金刑を受けるこ
とになりました。その後、被告は、DV被害者としてふるまうようになり、私
と被告との親子関係は一方的に破綻させられてしまいました。

8　被告は、勝手に本件マンションを出て行きましたので、私は、令和3年1月
に本件マンションに引っ越して妻と二人で住むことにしました。平成27年6月
12日にされた本件登記が実際の権利関係に沿わない登記であることは明らかで
す。速やかに本件登記を抹消してほしいと思います。

以　上

[資料22] 預金通帳（乙第1号証）

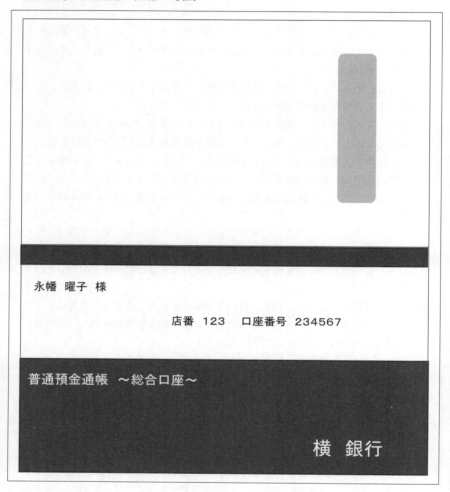

Ⅱ　事件記録

普通預金（兼お借入明細）

	年月日（和暦）	摘　要	お引き出し金額（円）	お預入れ金額（円）	残　高　（　円　）
1	19 −3-5	現金	25,000		3,415,678
2	19 −3-10	振込	ヤマダ ハナコ	25,000,000	26,415,678
3	19 −3-23	払戻	25,000,000		3,415,678
4					
5					
6					
7					
8					
9					
10					
11					
12					

以下　記載省略

1					
2					
3					
4					
5					
6					
7					
8					
9					
10					
11					
12					

第Ⅱ部　第11講　事実認定問題

[資料23]　念書（乙第2号証）

念　書

　後記のマンションは、母である城地桃子に対する借入金、立替金を償還するために購入したものであり、名義は私の単独名義としますが、その所有権（持分2分の1）は城地桃子に帰属することを確認します。
　上記を明確にするため、一筆差し入れます。

平成27年3月25日
東京都葛飾区亀有100

城　地　　一　㊞

城地　桃子　様

記

東京都港区白金50丁目3番3
白金コート501号

以　上

[資料24]　印鑑登録証明書（乙第3号証）

印鑑登録証明書

印　影	氏　名	城　地　　一		
㊞	生年月日	昭和63年7月21日	性別	男
	住　所	東京都葛飾区亀有100		

この写しは，登録されている印影と相違ないことを証明します。

平成27年3月15日
葛飾区長　　　葛　飾　口　調　㊞

234

II　事件記録

[資料25]　委任状（乙第 4 号証）

委　任　状

東京都葛飾区亀有100
城　地　桃　子

私は上記の者を代理人と定め、下記の不動産についての売買及び登記手続に関する一切の権限を委任します。

不動産の表示
東京都港区白金50丁目 3 番 3 　白金コート501号

平成27年 3 月15日
東京都葛飾区亀有100
城　地　　一　㊞

[資料26]　全部事項証明書（乙第 5 号証）

東京都葛飾区亀有100		全部事項証明書			（土地）	
表　題　部（土地の表示）		調　製	平成11年 2 月22日	**不動産番号**	1234567890123	
地図番号	余　白	筆界特定	余　白			
所　　在	東京都葛飾区亀有			余　白		
①　地　番	②　地　目	③　地　積　㎡		原因及びその日付〔登記の日付〕		
100	宅地	150	23	②③昭和63年 8 月 1 日地目変更〔昭和63年 8 月15日〕		
余　白	余　白	余　白		昭和63年法務省令第37号附則第 2 条第 2 項の規定により移記平成 4 年 4 月 1 日		

235

第Ⅱ部　第11講　事実認定問題

権　利　部（甲区）（所有権に関する事項）			
順位番号	登記の目的	受付年月日・受付番号	権 利 者 そ の 他 の 事 項
1	所有権移転	平成2年8月10日 第123456号	原因　平成2年8月5日財産分与 所有者　東京都足立区千住100 　　城地　桃子 順位2番の登記を移記
余 白	余 白	余 白	昭和63年法務省令第37号附則第2条第2項の規定により移記 平成4年4月1日
2	所有権移転	平成27年4月25日 第15678号	原因　平成27年4月25日売買 所有者　東京都中央区八丁堀100 　　株式会社悪徳不動産
3			

以下省略（建物も省略）

これは登記記録に記録されている事項の全部を証明した書面である。
　　令和3年10月1日
　　東京法務局葛飾出張所　　　　　　　　　　登記官　　藤　原　正　人　　㊞

[資料27]　陳述書（乙第6号証）

陳述書

令和3年12月18日
城　地　桃　子　㊞

1　私は、昭和35年生まれで、原告の母です。昭和58年に夫と結婚し、昭和63年には長男である原告が生まれましたが、平成2年に夫と離婚しました。財産分与により自宅の不動産（葛飾区亀有）を取得しましたが、その後は女手一つで原告を育ててきました。

2　被告は、幸いにも成績優秀で、浪人はしましたが平成19年に白々大学医学部に入学しました。原告を育てるため、休むことなく仕事に家事にと駆けずり回っていた苦労が少しは報われた思いがしました。

　　ところが、原告は、医学部生になって偉くなった気持ちになってしまったのか、金遣いが大変荒くなってしまいました。

3　原告が浪人生をし、大学に入学する直前の平成19年3月、横浜で暮らしてい

236

る私の母（原告の祖母）から、今後の生活のためにまとまったお金を受け取ったことがあります。私の母が母の姉の相続で入手したお金を私にくれたのです。当時大学進学も決まり喜んでいた原告を連れて母の自宅を訪問した際、3人で一緒に横浜にある横銀行に行き、母が自ら2500万円を払い戻し、これを母の自宅で私がそのまま受け取りました。

　私は、母から受け取った現金をそのまま自宅まで原告と一緒に持ち帰り、自宅で保管し、どの銀行に預けようかと考えていたのです。このことを知っていた原告は、大学生になってから、遊ぶ金ほしさからこの現金を当てにするようになりました。

　私は、やむなく原告に現金を渡していました。また、原告は自宅の私の現金を勝手に持ち出すこともありました。私は、常々、原告に対し、渡しているお金は貸付けか立替えであるということを強く念押ししていました。

　この頃に購入した自動車は、トヨタのＳＵＶという若者向きのもので、私の名義で購入しましたが、私は使ったことがなく、原告が自分の自動車として使っていました。

　こうしたこともあって、結局、母からもらった現金2500万円は、銀行に預けることはなく、全て原告が使ってしまいました。

4　原告は、平成25年に大学を卒業して医師として働き始めました。詳しくは分かりませんが、病院の近くにマンションを借りて一人暮らしをしているようでした。

　このころ、自宅建物の老朽化が進み、建て替えるなりリフォームするなりしなければならない状態でしたが、それには相応の資金が必要になることから、これまでの原告に対する貸付金や立替金を清算する趣旨で原告に費用負担を求めることにしました。

　そうしたところ、不動産投資に関するビジネス書を私に見せながら、この際、利便性の高いマンションを購入するのが将来的にも経済合理性があるなどと言い出し、自分名義でローンを組むから、不動産の名義は自分名義にしてほしいなどと求めてきました。

　私は、住み慣れた自宅を離れるつもりなどなかったのですが、原告のすることに反対すると何をされるか分からない怖さがありましたので、母から受け取った現金2500万円に相当する貸付金又は立替金をマンション購入費用で精算することとし、予算5000万円でマンションを購入しました。

　原告名義でローンを組むことから、2500万円の清算がうやむやにされては困りますので、原告には、この点について一筆を書かせました。それが、平成27

237

第Ⅱ部　第11講　事実認定問題

年3月25日付けの念書（乙2）です。

5　購入するマンションは、実質的には私も資金を出していますし、私が住むためのマンションですから、仲介業者との交渉、必要な諸手続は全て私が行いました。原告は、マンションの選定はもちろん、価格の交渉や必要な諸手続には一切関与しておらず、単に必要書類にハンコを押しただけです。

　　もちろん、本件マンションに住むのは私ですし、いわゆる権利証等の重要書類は全て私が管理しています。したがって、私が原告のために支出した2500万円に相当する貸付金又は立替金を、マンション購入費用で精算することとし、私が本件マンションの持分2分の1の権利を有しています。

6　マンションに引っ越してすぐに、原告は、私に対して、元の自宅を売却するよう、強く求めてきました。私は、愛着のある大切な建物で、私のものでしたので、これを売りたくなかったのですが、原告の高圧的な態度に押されたのと、原告に念書を書かせ、マンションの持分2分の1につき自分の所有に属することが明らかになっていることから、自宅の土地建物を売却することとしました。自宅の土地建物は、平成27年4月25日に2000万円で売れました。今から思えば、売却の話があって1か月経たないうちに、買主が現れ代金の支払と移転登記がされていますので、私に売却の話を持ち込むよりも前に、原告は売却の手続を始めたのではないかと思います。

7　原告は、大学に入学する際、医療法人白衣会との間で、医師免許取得後に常勤の医師として9年間勤務した場合には返還義務を免除するとの条件で合計3000万円余の奨学金を借り入れていました。原告は、医師になった後も別の病院に勤務していたため、奨学金を全額返還しなければならなくなり、平成27年5月には裁判所に訴えられてしまいました。

　　原告は、住民票上の住所をマンションに移していたため、私が裁判所から送られてきた訴状等の書面を受け取りました。私は、驚いて弁護士に相談したところ、マンションが原告名義になっているため、このままでは差し押さえられてしまうかもしれないと言われました。

　　私は、本件マンションの名義を原告にしたことを後悔しました。本件マンションには原告名義で住宅ローンの抵当権が設定されているため、私名義の登記に簡単に書き直すことはできないようでしたが、移転登記なら可能なようでしたので、大急ぎで持分2分の1を私の所有とする本件登記をしました。登記手続に必要な書類は全て私が作成しましたが、当然原告にも事情を話しました。

　　登記手続については本件建物を買い受けた時の正直不動産にお願いし、登記手続に必要な印鑑登録証明書（乙3）と委任状（乙4）については、平成27年

II　事件記録

　　3月25日の本件建物の移転登記の際に取得・作成した書類がまだ使えるという
　　ことでしたので、本件建物を買い受けた際に取った余部を使いました。
8　その後も、原告は、私に対して高圧的な態度を取り続け、令和2年7月、本
　件マンションで原告に暴力を振るわれました。
　　私は、恐怖のあまり110番通報し、警察官が駆け付けたことでその場は収ま
　りましたが、私は恐怖のあまり、もうここには住めないと考え、警察とも相談
　して、いわゆるDV支援の申立てを行い、しばらくシェルターで過ごしたの
　ち、現在の住所に引っ越しました。その後、警察と相談し、一定の距離をとれ
　ば加害行為のおそれは小さいと判断されたこと、必要な書類等を原告に送付し
　てもらう必要があったことから、現在の住所は原告に伝えています。
　　原告は、この私に対する暴力行為により、罰金刑を受けたと聞いています。
9　原告は、私が退去した後、本件マンションに夫婦で住んでいるということで
　す。本当にあり得ないことだと思います。本件マンションの2分の1は、本来
　私のものなのです。ところが、私を被告にして本件登記の抹消を求めているの
　が本件訴訟です。私から全てを奪おうという原告の意図は明らかです。お金も
　不動産も全て原告のせいで失いました。本件マンションまで奪われては、私に
　は何も残りません。このような請求が認められるはずはありませんので、裁判
　所におかれては、正義に基づく判断を下されるようお願いいたします。

以　上

[資料28]　原告本人尋問調書

原告本人尋問調書

原告代理人

甲第6号証（陳述書）を示す。

1　この陳述書は、あなたが私に話したことを私がまとめて、あなたが署名押印
　したものですね。
　　　　そうです。
2　内容に間違いはありますか。
　　　　ありません。
3　あなたの職業は何ですか。
　　　　腎臓内科医です。
4　医師になったのはいつですか。

239

第Ⅱ部　第11講　事実認定問題

平成25年です。

5　本件で問題になっているマンション、この裁判では本件建物と言っていますが、あなたは、本件建物を購入しましたか。

はい、そうです。

6　本件建物は、だれのために購入したのですか。

母が住むためです。

7　なぜ、お母様が住むために、本件建物を購入したのですか。

母は私が幼い頃に離婚しており、その後、文字どおり女手一つで私を育ててくれました。無事医師になり、経済的にも心配がなくなったので、今までの恩返しをする思いがありました。

8　お母様はね、この裁判で、本件建物の持分2分の1は自分のもので、あなたとの共有であるという主張をしているわけですが、そのようなつもりで購入したのですか。

いいえ、そのようなことはありません。本件建物は、私が所有するつもりで購入したことに間違いありません。

9　本件建物は、誰のお金で購入したのですか。

全額、私名義でローンを組んでいますし、現に私がローンを支払い続けていますので、私のお金で購入したものです。

10　お母様はお金を出していないのですか。

母には一切負担はさせていません。すべて私が負担していることに間違いありません。

11　お母様はね、この裁判で、あなたに貸付金や立替金があったと主張されているんだけれど、そのようなことはあるのですか。

あり得ないと思います。

乙第2号証（念書）を示す。

12　この念書は、あなたが署名押印したものですか。

いいえ、違います。

13　この念書は、どのようにして作られたものですか。

私は、このような念書を見たことがありませんでしたので、母が偽造したのではないかと思います。

14　お母様名義の共有の登記、この裁判では本件登記と呼んでいますが、本件登記がされたのを知っていましたか。

いいえ。私が妻と婚約した際、将来的には本件建物に住むかもしれないという考えもあったのですが、母の前で妻に本件建物は私の所有だという

240

ことを言った際に、母から、本件建物の半分は私のものだし、名義も半分は私のものにしていると言われたのがきっかけで知りました。

15　本件登記は、どのようにされたものだと思いますか。

その時は驚いてしまって、後で落ち着いて本件登記を確認したところ、本件登記は平成27年6月にされていましたが、その頃、私は、奨学金の支払を求められて裁判を起こされていました。これは、私が、当初は老人医療全般に関心があって、その分野の医療法人に就職するつもりで奨学金を受け取っていたのですが、医学部に在学中、恩師に巡り合って腎臓内科を志し、奨学金の貸与を受けた医療法人に就職しなかったことから全額の支払を求める裁判を起こされ、その金額が3000万円とか高額だったので、母が動転したんだと思うのです。

16　少し答えが長くなってきましたので話を整理しますが、あなたは、就職すれば退職金が免除になる奨学金を病院から受け取っていたけれど、その病院に就職しなかったので、高額な奨学金を返さなければならなくなったと、それで、お母様はどうしたのですか。

裁判を起こされたことを知って、私名義の本件建物を差し押さえられ、ここから追い出されるのではないかと、ひどく慌てていて、弁護士に相談するとか言っていました。

17　その後、裁判はどうなりましたか。

私が返済しなければならなかったのは確かですが、分割支払の条件を巡って話合いはすぐにはつかず、訴えから1年近く経った平成28年4月に分割払での返還合意ができて、裁判は和解で終了しました。奨学金の関係では、自分の仕事以外のことをほったらかしにする悪い癖が出て、反省していますが、最終的に分割払には応じてくれるだろうとは思っていました。

18　お母様は狼狽されていたということだけれど、本件登記がされたことには気が付かなかったのですか。

本件登記がされていたことには全く気が付きませんでした。確かに母は狼狽していましたが、私としては、しょせんはお金の問題と言いますか、分割払の合意には応じてくれるだろうと思っていましたので、そこまで深刻には考えていませんでした。

19　本件登記をするには、あなたの了解、つまり実印とか委任状とかが必要だと思うのですが、お母様は、どうやって本件登記をしたのだと思いますか。

私は、本件建物を購入した際、住民票上の住所を本件建物に移し、実印等は本件建物内に置いていましたので、母が勝手にそれを使って手続を進

第Ⅱ部　第11講　事実認定問題

めたのだと思います。念書を作ったのも、本件登記を知った私が、元に戻
すよう求めたことから、偽造したのだと思います。

委任状や印鑑登録証明書は、日付からして本件建物の購入時のものが使
われています。

被告代理人

20　あなたは、被告が、あなたがまだ浪人生だった頃、被告の母、つまりあなた
の祖母から2500万円の現金を受け取っていたのを知っていますか。

金銭を受けとっていたこと自体は知っています。

21　祖母から2500万円を受け取る際、あなたも一緒にいましたね。

はい。

22　あなたは、大学生の時、下宿していましたか。

はい。

23　被告から仕送りを受けていたのではないですか。

はい。受けていました。

24　仕送りが足りないといって送金をお願いしたり、現金をもらったりしたこと
はありませんか。

そういう場合もあったかもしれません。

25　大学生のときに、ＳＵＶタイプの自動車に乗っていたと思いますが、それも
被告に買わせたのではないですか。

サークル活動等で自動車が欲しかったので、母と相談して購入しまし
た。自動車を選ぶ時も、いくつかのメーカーを回りましたが、ディーラー
と息子も乗るから若者向けのがいいなどと楽しそうに話していたのをよく
覚えています。

26　自動車の購入代金はいくらぐらいで、誰が支払ったのですか。

母が全額を支払っています。多分、車両本体は350万円くらいだと思い
ますが、付属品や税金やらで、430万円くらいになっていたと思います。
自動車の名義は母名義でした。

27　本件建物を購入したのは、恩返ししたいという話がありましたが、きっかけ
は、被告が自宅の修繕を相談したことではありませんか。

自宅が老朽化してきたということで相談を受けました。

28　マンションを買おうというのは、あなたが提案したことではないですか。

はい。私が提案しました。

29　なぜ、マンションの購入を提案したのですか。

自宅は古くなっていましたし、マンションのほうが何かと便利だと考え

たからです。

30　資産価値として優れているという考えはありませんでしたか。

　　　　それもあります。

31　被告は、あなたがマンションを購入する提案をするまで、自宅から引っ越したいとか、マンションに住みたいとか言ったことはありますか。

　　　　いいえ。それはないと思います。

32　被告は、これまでの貸付金や立替金を清算するなら仕方がないということで、住み慣れた自宅を出てマンションを購入するというあなたの提案を了承したのではありませんでしたか。

　　　　そのようなことはありません。

33　まあ、いいでしょう。被告は、元の自宅を売却していますが、これも、あなたが提案しましたか。

　　　　母は本件建物に転居しましたし、元の自宅を有効活用することは難しいと思いましたので、売却してはどうかと言ったことはあります。売却代金は母が取得しています。

34　被告が自宅の売却に踏み切ったのは、自分の家があるから、つまり本件建物について権利を持っているからではないのですか。

　　　　それは私にはわかりませんが、本件建物は私の名義ですが、母がずっと使っていけばよいと考えていましたし、母もそう考えていたと思います。

35　あなたは、その被告に暴力を振るって有罪判決を受けていますよね。

　　　　そうですが、そのこととこの裁判は関係ないと思います。

36　聞かれたことにだけ答えてください。もし、本件建物があなたのものだとすると、被告にしてみれば、いつまで本件建物に住めるのか、何の保障もないですよね。被告との間で本件建物をずっと使用してよいという内容の契約書とかを作っていたのですか。

　　　　特に契約という認識はありませんでしたし、契約書のようなものも作っていません。親子ですので。

37　そうだとすると、あなたに追い出されると被告は住む場所がなくなりますよね。そんな判断を被告がすると思いますか。

原告代理人

　　　　異議があります。意見を押し付けています。

裁判官

38　では、私の方で質問を整理しますが、あなたの当時の認識としては、本件建物はあなたの所有なわけですが、被告が自分名義の不動産を失ってしまうこと

243

について、問題を感じたり、被告から懸念が示されたりといったことはありませんでしたか。

　　　特にそういう問題意識はありませんでした。母との関係が悪化したのは、私が婚約者を紹介したのがきっかけで、それまで親子関係は良好でしたから、将来のことを心配するという発想はありませんでした。

被告代理人

39　仲介業者と交渉して購入するマンションを本件建物に決めたのは誰ですか。誰が見つけてきた物件なのですか。

　　　母です。

40　仲介業者と交渉したり、契約に必要な書類を準備したのは誰ですか。

　　　母です。

41　あなたは、本件建物に関する重要書類、契約書とか、いわゆる権利証とか、そういったものを自分で管理していましたか。

　　　いいえ。母が本件建物で保管しているものと思っていました。

42　今、あなたは本件建物に住んでいるということですが、なぜ、本件建物に引っ越したのですか。

　　　母が一方的に本件建物を出て行って音信不通になったからです。ずっと空けておくのももったいないですので、妻と相談して、引っ越すことにしました。

裁判官

43　先ほど、本件登記がされているのを知ったのは、母と口論になった際だという話がありましたが、それは具体的には何年の何月頃か、わかりますか。

　　　妻と結婚を前提に、本件建物の名義の話題にした頃ですから、令和2年6月頃のことです。

44　本件建物の所有関係が被告との間で問題になったのは、それが初めてですか。

　　　初めてです。というか、本件建物が私の所有であることは当たり前のことだと思っていたので、ここに食って掛かられるとは、正直、思っていませんでした。

45　その時に、念書の話は出ましたか。

　　　出ませんでした。

46　その当時、あなたはどこに住んでいましたか。

　　　勤務病院の徒歩圏内にある東京都渋谷区内のマンションで、まだ一人暮らしをしていました。

II　事件記録

47　住民票は動かしていませんでしたか。

　　　　住民票は、ずっと本件建物のままです。

48　実印とかそういった大切なものは、どこに保管していましたか。

　　　　本件建物です。ずっと本件建物に保管しています。

　　　　　　　　　　　　　　　　　　　　　　　　　　　　　　　以　上

[資料29]　被告本人尋問調書

被告本人尋問調書

被告代理人

乙第6号証（陳述書）を示す。

1　この陳述書は、あなたが内容を確認して署名押印したものですね。

　　　　はい、間違いありません。

2　どこか訂正したいところはありますか。

　　　　特にありません。

3　この裁判では、あなたが住んでいたマンションを本件建物と呼んでいます
　が、本件建物は誰の所有ですか。

　　　　半分は私です。

4　あなたと原告が共同で購入したのですか。

　　　　はい。そうです。

甲第2号証（区分所有建物売買契約書）を示す。

5　本件建物の売買契約書ですが、これを見ると、あなたは原告の代理人として
　売買契約を締結していて、本件建物の買主は原告であるように読めるのです
　が、そうではないのですか。

　　　　住宅ローンを原告名義で組んで支払を原告がしていくために、買主の名
　　　義を形式上原告にしただけのことです。そもそも、原告には私に対する多
　　　額の貸付金や立替金がありましたから、本件建物を購入することで、その
　　　清算をしたということになります。

6　順を追って、本件建物を購入する経緯を聞いていきますが、貸付金や立替金
　の具体的な内容は何ですか。

　　　　原告は、以前から粗暴で、母親である私に対して乱暴な行動をとってい
　　　ましたが、大学に入学して下宿するようになってからは、遊ぶ金ほしさか
　　　ら、私に金銭の支払を求めたり、私が保管していた現金を勝手に持ち出し

245

第Ⅱ部　第11講　事実認定問題

たりするようになりました。

7　たとえば、ＳＵＶタイプの高価な自動車を買わされたりもしたのですか。

　　　　そうです。私は日常の買い物程度しか自動車は使いませんので、軽自動
　　　車で十分なのですが、スポーツタイプの大きな自動車を買わされました。
　　　付属品とかも入れると500万円近くしたのではないかと思います。

8　原告が現金を持ち出したという話ですが、あなたは現金を保管していたので
すか。

　　　　はい、私の母から、現金を2500万円預かっていました。これを自宅で保
　　　管していたのですが、全部原告に持っていかれました。

乙第1号証（普通預金通帳）を示す。

9　これは、あなたのお母さんの通帳ですが、平成19年3月に2500万円が払い戻
されていますね。これはどういうお金ですか。

　　　　母の姉が死亡し、その相続で母が2500万円を取得したのです。それで、
　　　母はそんな大金を持っていても使わないということで、私にくれたもので
　　　す。

10　そのことを原告は知っていますか。

　　　　はい。知っているも何も、その場にいましたから。一緒に銀行まで行っ
　　　て、払戻しの手続を見ていますから。

11　この銀行、横浜の銀行みたいですけど、あなたのお母さんは、横浜に住んで
いるの。

　　　　はい。

12　この日は、わざわざ横浜まで行ったのですか。

　　　　そうです。母から大事な話があるということで、息子も連れて横浜に行
　　　きました。そこで、2500万円をもらったわけです。

13　その2500万円は、どういう趣旨でもらったのですか。

　　　　母は、私が離婚して苦労しているのは知っていましたので、これを自由
　　　に使っても良いということで、もらったものです。現金で受け取りました
　　　ので、息子と大事に持って帰りました。

14　この2500万円は、どういう形で保管していたのですか。

　　　　家の金庫に入れて、銀行に預けようかと探しているうちに、息子が持ち
　　　出したのです。

15　あなたの生活費ではなく、原告に持っていかれちゃったということですね。

　　　　そうです。遊ぶ金に消えました。息子は、いつも私のところに来て、お
　　　金を貸してほしいって言うんです。私も、2500万円をもらって気が大きく

なっていたところもあり、それを認めていました。

16　あなたが原告に持っていかれたお金は、この2500万円だけですか。

　　　　いいえ。ほかにもいっぱいありますが、少なくとも2500万円がすっかり
　　　なくなってしまったのは事実です。実際はそれ以上あります。

17　そのようにして原告が持って行ったお金を、原告に対する貸付金または立替
　　金ということにしたのですか。

　　　　そうです。私にも老後の生活がありますので、根こそぎ持っていくのを
　　　認めるわけにはいきませんので、貸付金または立替金だから必ず清算する
　　　ように常々言っていました。

18　普通、親子ですから、親が子に渡したお金を貸付けだの立替えだのというの
　　は変な感じもするのですが。

　　　　いやいや、私と原告との関係は、そんなんじゃないんです。私も、自分
　　　が生きていくために、ここだけはきっちりしとかないといけないと思って
　　　いました。

乙第2号証（念書）を示す。

19　この念書ですが、これは原告が作成したことで間違いないですか。

　　　　はい、そこに記載している日に原告が作成しました。

20　ここに記載されている「借入金、立替金」というのが、原告が遊興費として
　　あなたから持ち出していったお金ということですか。

　　　　そうです。

21　この時点で、借入金または立替金の具体的な額は、いくらぐらいだったので
　　すか。

　　　　母から預かっていた2500万円がきれいになくなっていますので、少なく
　　　とも2500万円は間違いありません。私は全く使っておらず、すべて原告が
　　　使いました。この念書もその前提で作成したものです。

22　原告も、本件建物を購入する趣旨というのは、念書に記載されたとおりであ
　　ると理解していたのですか。

　　　　そうです。ですから、形式的には代理人となっていますが、マンション
　　　を選んだのも私、仲介業者と交渉したのも私、実際に契約書を作成したり
　　　必要な書類をそろえたりしたのも私。全部私が買主としてやりました。

23　本件建物に関する重要書類、契約書だとか、そういったものは、あなたが管
　　理していたのですか。

　　　　ずっと私が本件建物で保管していました。原告は、どこにあるのかも知
　　　らないはずです。私も買主ですので当然のことと思います。

247

第Ⅱ部　第11講　事実認定問題

24　あなたは、本件建物に引っ越した後、平成27年4月に自宅を売却しています
　　が、なぜ売却したのですか。

　　　　原告から、こんな無駄なもんいつまで持っているのか、といった感じで
　　　売却するよう強く迫られて、仕方なく売却しました。

25　本当は売却するつもりはなかったのですか。

　　　　私名義の大事な不動産ですから売却などしたくなかったのですが、私が
　　　半分の権利があるマンションを買いましたので、売却しても良いかなと思
　　　ったのです。このマンションが原告のものなら、売却するはずはありませ
　　　ん。

26　本件建物の半分を所有しているから、自宅を売却しても良いと思ったわけで
　　すね。では、次に、本件登記のことを聞きますが、本件建物にはあなた名義の
　　共有持分権が登記されていますね。これはなぜですか。

　　　　原告が、奨学金の不払で訴えられてしまいましたので、原告名義にして
　　　いる本件建物が差し押さえられたりして、私が住む場所を追われるという
　　　ことになったら困ると考えたからです。

27　持分2分の1につき、真正な登記名義の回復という登記を理由として、所有
　　権一部移転登記をしたのですね。

　　　　はい、実態に合わせたわけです。

28　この登記は、原告も知っているのですか。

　　　　それは知っています。

29　次に、原告に暴力を振るわれたということですが、原告はあなたに対する暴
　　力で有罪判決を受けていますね。何があったのですか。

　　　　もともと、原告は私と意見が対立すると、すぐに暴力に訴えてきまし
　　　た。令和2年の7月30日も、意見の対立があって、暴力を振るわれまし
　　　た。

30　どうして、この日は110番通報までしたのですか。

　　　　本当にけがをしたというのがわかりましたし、もう耐えられないと思い
　　　ました。

31　すぐに身を隠したのですか。

　　　　110番通報して警察がやってきて、私が事情を話したら、いわゆるDV
　　　ということで、その手続を教えてくれて、一時的にシェルターに身を寄せ
　　　ることになりました。

32　最後に、裁判官に行っておきたいことはありますか。

　　　　このマンションの半分は私のものです。これまで原告に取られてしまっ

たら、私はすべてを奪われることになります。そのような理不尽は絶対に許せませんし、あり得ないことだと思っています。今もあの家に息子夫婦が住んでいると思うと、本当に悔しいです。

原告代理人

33　あなたは、原告からお金を持っていかれて、それを貸付金や立替金ということにしていたということですが、結局貸付金や立替金は、いくらぐらいだったのですか。

　　　　少なくとも母から預かった2500万円は確実になくなりましたし、総額だと、それ以上になります。

34　原告は、医学部に入って下宿していたんですよね。授業料は奨学金でまかなうとしても、それ以外にお金が必要になったことは否定しませんが、それが貸付金や立替金だというのがわからないんです。原告との間で、いずれは返すようにという約束をしていたのですか。

　　　　はい。していました。

35　そういった約束の証拠はあるのですか。借用書とかは作っていたのですか。

　　　　いちいち作っていませんでした。だから念書を作ったのです。

36　高額な自動車を買わされたということですけど、あなた名義で購入したんでしょ。

　　　　そうですけど。使っていたのは原告です。

甲第5号証（陳述書）を示す。

37　これは、本件建物の仲介をした担当者の陳述書です。担当者の名前に記憶はありますか。

　　　　この方とは、ずっと私がやり取りしていましたので、よく覚えています。お名前も、面白い名前だと思いました。

38　この陳述書には、良好な親子関係で、原告のあなたに対する愛情を感じたといったことが書かれているのですけど、これは事実とは異なることが記載されているのですか。

　　　　この方は、そのように受け取ったということだと思います。

39　念書の存在とかは、担当者に話をしなかったのですか。

　　　　私と原告との関係について、仲介業者や売主に話をしたことはありません。

40　あなたが本件建物に住んでいた当時、本件建物に原告の持ち物が置いてありませんでしたか。

　　　　置いてありました。

249

第Ⅱ部　第11講　事実認定問題

41　置いてましたよね。あなたは本件建物に住んでいるのだから、原告の持ち物がどのへんに置かれているかぐらいは、わかっていましたよね。
　　　　それは分かっていました。
42　実印とかの大事な書類を保管する場所も想像つきますね。
　　　　まあ、想像はつきます。
43　原告は、本件建物に住民票を移していますね。
　　　　はい。
44　原告は、令和元年の12月に、婚約者をあなたに紹介しましたね。
　　　　はい。そうですけど。
45　原告は、ホテルのレストランを予約してあなたを招待したんですが、その日、あなたは、レストランのコース料理を最後まで食べましたか。
　　　　婚約者が礼儀をわきまえていない感じがして、途中で帰りました。
46　その後、婚約者を受け入れないような態度をとり続けたのではありませんか。
　　　　別にそんなつもりはないですけど。
47　原告の結婚には反対していましたね。
　　　　まあ、反対はしてましたね。息子が悪い子に捕まったと思いました。
48　原告は、その後、婚約者と実際に結婚することに決めたのですが、令和2年6月頃、婚約者もいる前で、本件建物の所有関係が話題になって口論になりましたね。
　　　　はい。やはり、そのようなことを言い出したかと思いました。
49　どのような口論になったのですか。
　　　　原告が、その女に対して、私の住んでいるマンションのことを、これは自分のものだといった説明をしていたのですね。それで口論になってけんか別れですね。
50　念書があれば、その時に念書を持ち出せば話がついたのではありませんか。
　　　　興奮していたので、そこまでは思いつかなかったです。
51　その時に、持分2分の1につきあなた名義の登記があると原告に伝えましたね。
　　　　はい。
52　それに対する原告の反応は、どんなものでしたか。
　　　　訳のわからないことを言うなとかなんとか、馬鹿にするような態度をとってきましたので、登記をした際に発行してもらった登記を見せてやりました。

250

III 争点整理

53 その場で登記を見せたのですか。

　　　ええ。見せましたよ。

54 そうしたら、どうなりましたか。

　　　あり得ないからすぐ抹消しろと、いつもの調子で脅しつけてきました。

55 それで、あなたは本件登記を抹消しないのですか。

　　　するわけありません。真実の登記ですから。

56 その後、原告から本件登記の抹消の申入れがありましたね。

　　　DVで避難する前に、申入れというか、脅しですよね、登記を何とかし
　　ろという。それが1、2回ありました。

57 それに対して、あなたはどうしましたか。

　　　余計なことを言うと何をされるかわからないので、無視するようにして
　　いました。

裁判官

58 この裁判で提出された念書ですが、令和2年6月の口論になった日には、念
　書を持ち出すことまで頭が回らなかったという話がありましたね。

　　　はい。

59 その後、原告から本件登記を抹消してほしいという申入れというか脅しが
　1、2回あったことに対して無視していたということですが、念書を示せばよ
　かったのではないですか。

　　　それ以上は関わりたくありませんでした。

以　上

III　争点整理

　以下は、裁判官、司法修習生の秋人くんと法科大学院生のらなさん（以下、
それぞれ「J」、「A」、「R」と表示する場合あり）の会話である。

J　民事裁判の実務では、「事実認定」が勝敗を分けることが非常に多いので
　すが、そもそも「事実認定」というのは、争いがある事実について、その存
　否を裁判所が判断を示すということですので、何が争いのある事実なのか、
　裁判所がいかなる事実の存否を認定すれば訴訟の勝敗が決せられるのかが、
　明らかにされていなければなりません。

　　民事裁判の実務では、争いのある事実を特定する作業を「争点整理」とよ

第Ⅱ部　第11講　事実認定問題

んでいます。事実認定の前提として、まずは本件の争点を整理していきましょう。秋人くんとらなさん、よろしくお願いしますね。

1 請求の趣旨

J　所有権の帰属という権利関係を確定させるために、どういう具体的事実が争われているのかを明らかにしないと、裁判所が何を事実認定すればいいのかわからないですよね。裁判所が「どのような事実の有無を決めればよいのか」という観点から、もう少し分析してみましょう。まず、民事裁判の基本的な構造のおさらいからです。

　民事裁判は、まず当事者が権利の発生を主張します。どのような権利を主張するかは、処分権主義ですので、原告の専権です。権利を主張しても、権利自体は目に見えませんので、権利の有無を裁判所が確定するには、そのような法律効果を発生させる事実、つまり、主要事実を主張する必要があります。どのような事実を主張するのかも、当事者の権能に属し、争いがない主要事実は裁判所を拘束します。これが弁論主義でした。弁論主義を前提にしつつも、何が権利の発生や消滅といった法律効果を発生させる事実なのかは特定しないと、収拾がつきません。判断に必要な事実を特定する作業は「要件事実論」として『完全講義　民事裁判実務［基礎編］』（以下、［基礎編］という）または『完全講義　民事裁判実務［要件事実編］』（以下、［要件事実編］という）として勉強しました。

　必要な事実を特定したとしても、そうした事実は「過去の話」なので、裁判官には、その事実があったかどうかがわかりません。そこで、証拠によって事実を認定することになります。証拠の評価は自由心証主義ということになり、裁判官が自由な心証に基づいて事実を認定します。証拠から事実を認定する手法が「事実認定論」です。

　当事者は、権利を主張し、これを認めてもらうために必要な事実を主張し、事実の認定に必要な証拠を提出し、裁判所は、提出された証拠から事実を認定し、認定した事実から権利の有無を判断するという形で、「権利」（訴訟物レベル）、「事実」（主張レベル）、「証拠」（立証レベル）が円環的な三層構造になっているのでした（［基礎編］9頁、［要件事実編］9頁）。

252

Ⅲ　争点整理

〔図17〕　権利・事実・証拠の三層構造

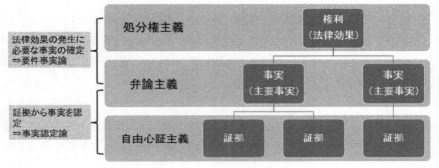

　まず、「権利」(訴訟物レベル) から分析していきましょう。本件の場合、どのような主張がされていますか。
A　原告が、被告のした本件建物の所有権一部移転登記の抹消登記手続を求めています (訴状第1の1 ([資料8] 208頁))。
J　請求の趣旨の根拠規定はわかりますか。
R　民訴法134条には、訴状の必要的記載事項として、「当事者及び法定代理人」と「請求の趣旨及び原因」と規定しています ([基礎編] 12頁、[要件事実編] 12頁)。
J　請求の趣旨は、訴状の必要的記載事項ですね。本件の場合、「本件建物の所有権一部移転登記 (平成27年6月12日付け) の抹消登記手続をせよ」というのが請求の趣旨になります。登記をするのは登記官なので、被告に対して登記せよと求めるわけではありません ([基礎編] 214頁、[要件事実編] 279頁)。不動産登記法60条に規定がありますが、登記というのは、本来は登記権利者と登記義務者の共同申請によってすることになります。登記権利者と登記義務者の違いはわかりますよね。
A　登記権利者がその登記によって利益を得る人、要するに登記を取得する人で、登記義務者がその登記によって不利益を受ける人、要するに登記を失う人のことです ([基礎編] 207頁、[要件事実編] 272頁)。
J　共同申請が原則だとすると、登記を取得する者も喪失する者も了解していれば問題ないですが、そうでないと、何か問題は起こりませんか。

253

第Ⅱ部　第11講　事実認定問題

R　共同申請をしないといけないので、登記を喪失する者がゴネれば、登記できないことになります。

J　そうです。登記義務者がこの意思表示をしない場合、登記義務者が登記申請の意思表示をしたことにする必要があります。つまり、意思表示を擬制する必要があるわけです。そのために認められているのが「登記請求権」です。登記申請の意思表示を擬制する趣旨で、「登記手続をせよ」という表現を用いるのが通例です。

A　抹消登記をするのは登記官であって被告ではない、被告がするのは「抹消登記手続」であると。裁判で使う表現には、細かいところにも意味があるのですね。

J　さらに細かいことをいえば、請求の趣旨の表記方法としては、移転登記の場合には、移転先の主体を明らかにするため「原告に対し」という文言を入れ、登記原因も記載します。たとえば、「被告は、原告に対し、令和7年7月7日付け売買を原因とする所有権移転登記手続をせよ」といった記載をします。この「原告に対し」というのは、あくまで移転登記の受け手を明らかにしているだけで、登記申請の意思表示の相手が「原告」であることを意味しているわけではありません。登記申請の意思表示は登記官に対するものです。これに対し、抹消登記請求の場合、「原告に対し」という文言や、登記原因の記載は原則として不要とされています。（[基礎編] 214頁、[要件事実編] 279頁）。

R　だけど、抹消登記でも登記原因を記載した請求の趣旨を見たことがあるような気がします。「錯誤」を原因とするみたいな。

A　共同申請について定めた不動産登記法60条を見ていたのですが、その隣の59条3号には、権利に関する登記については登記原因が登記事項とされていますね。

J　確かに、登記原因は登記事項ですので、登記請求に関する主文でも登記原因を特定するのが原則です。抹消登記については、抹消の対象となる登記を特定すれば足りると考えられていますが、登記原因が明確な場合には、登記原因を記載することが多いように思います。登記の特定は、登記事項証明書の記載に従って、登記目録を用いて特定するのが一般的です。不正確な記載

254

だと登記ができないということにもなりかねないので、正確に記載する必要
があります。難しい登記では、あらかじめ法務局に問い合わせて登記が可能
であることを確認してから訴訟を起こすこともあるようです。

R　登記するために裁判までして登記できなかったら意味がないですからね。

J　次に、付随的申立てについては、何か気づくことはありましたか。

R　付随的申立てってなんでしたっけ？

J　主たる請求のほかに請求の趣旨に記載する申立てのことです。要するに訴
訟費用の負担についての裁判の申立てと仮執行宣言の申立てですね。

R　「訴訟費用は被告の負担とする」という申立てはあります（訴状第1の2
（［資料8］208頁））が、仮執行宣言の申立てがありませんね。

J　そうですね。仮執行宣言とは、そもそもどのような制度でしたか？

R　仮に執行するということですよね。要するに、確定していないけど、仮に
執行するという感じですよね。

A　確定していない判決に対して債務名義としての効力を生じさせるものです。
条文を見ますと、民事執行法22条には債務名義がずらっと並んでいますが、
その2号で「仮執行の宣言を付した判決」が債務名義として規定されていま
す。

J　さすが、民事執行法にも詳しいですね。ところで、本件の場合、なぜ仮執
行宣言の申立てがされていないのか、わかりますか。民事訴訟法の規定に根
拠がありますよ。

A　条文を見ますと、仮執行宣言について規定している民訴法259条には、仮
執行宣言を付すことができるのは、「財産上の請求」となっています。登記
請求は、意思表示を求めるものなので、「財産上の請求」ではないというこ
とでしょうか。

J　そのとおりです。速やかな権利実現は大切ですが、未確定なのに強制執行
してしまうわけですので、上級審で結論が変わってしまったら、元に戻さな
いといけない。地裁の裁判官であれば、高裁で判断がひっくり返ってしまう
経験は少なからずあると思いますが、ひっくり返ったとしても、財産上の請
求であれば、回復が可能ですから、財産上の請求については、仮執行宣言で
速やかな権利実現ができるようにしているわけです。

第Ⅱ部　第11講　事実認定問題

　　民事執行法177条1項本文では、「意思表示をすべきことを債務者に命ずる
　判決が確定したときは、債務者は、その確定の時に意思表示をしたものとみ
　なす」旨規定していますね。登記請求の判決も、確定して初めて意思表示が
　擬制され、確定判決を登記官に提出することで、登記権利者単独で登記申請
　ができるようになるわけです。単独で登記ができるというのは、不動産登記
　法63条1項に規定があります。

R　つまり、確定しないと意思表示を擬制する効果は発生しないから、仮執行
　宣言を付しても意味がないのですね。

J　そういうことです。だから、登記請求の訴訟では、仮執行宣言の申立ては
　しないわけです。

2 │ 訴訟物

J　請求の趣旨は、原告がこの裁判で求める結論部分を記載したものですから、
　これが認められるかどうかが問題になるわけですが、請求の趣旨は結論部分
　のみしか記載しませんので、これだけでは、原告がどのような法的根拠に基
　づいて、いかなる請求権を主張しているのかはわかりません。訴訟において
　審判の対象となるのは、原告が主張する権利または法律関係、すなわち「訴
　訟物」ということになります。本件の訴訟物は、何でしょうか。

A　訴状によると、原告は、自分が本件建物を所有しているという主張を根拠
　に抹消登記を求めていますから、根拠は所有権ですよね。

J　そうですね。民訴法246条を根拠とする処分権主義の下では、訴訟物の選
　択は原告の専権であり、裁判所はこれに拘束されるとされています。訴訟物
　は、訴状の記載から判断することになりますが、請求の趣旨の記載から訴訟
　物を直ちに特定することはできませんので、請求原因に関する記載、特に
　「よって書き」といわれる請求原因のまとめ部分を合理的に解釈して判断す
　ることになります。本件の場合、原告は本件建物を所有しているという主張
　をしています（209頁）ので、原告が所有権に基づく請求をしていることは
　明らかですね。このような所有権に基づく請求権を物権的請求権といいます
　が、物権的請求権には明文の根拠はありましたか。

R　明文の根拠はありませんが、占有権にも物権的請求権が認められており

256

（民198条～200条）、所有権の排他的支配性から認められるものです。

J　物権的請求権は、一般に３つの類型があるといわれていますが、覚えていますか。

A　返還請求権、妨害排除請求権、妨害予防請求権です（［基礎編］169頁、「要件事実編」225頁）。

J　本件の場合、妨害予防という性質のものではないことは明らかですが、実務上、返還請求権と妨害排除請求権は、どのように区別していますか。

R　占有による侵害が返還請求、占有以外の方法による侵害が妨害排除請求です。

J　では、本件の場合はどうですか。

R　登記による所有権侵害は占有以外の方法による侵害ですから、妨害排除請求です。

J　では、以上を前提に、訴訟物を特定してください。

A　性質は所有権に基づく妨害排除請求権で、具体的な権利内容は所有権移転登記の抹消登記請求ですから、訴訟物は、「所有権に基づく妨害排除請求権としての所有権移転登記抹消登記請求権」となります。

J　そのとおりです。基本的な理解は十分なようですね。

R　物権的請求権と物権的登記請求権は、どういう関係にあるのでしょうか。

J　細かいところを突いてきましたね。登記請求権にも３類型があります（［基礎編］207頁、「要件事実編」272頁）。①物権的登記請求権、②債権的登記請求権、③物権変動的登記請求権です。①物権的登記請求権は、実体的権利関係と登記が一致しない場合に物権そのものの効力として発生する登記請求権で、物権的請求権の一種といえます。本件の場合は、物権的登記請求権ですね。

　ちなみに、②債権的登記請求権というのは、不動産の売買契約のように当事者間の合意の効果として登記手続の請求権が発生する場合です。③物権変動的登記請求権は、物権変動の過程と登記が一致しない場合に物権変動それ自体を根拠に発生する登記請求権で、たとえばAから不動産を買ったBが、Cに不動産を譲渡したけれど、登記はAのままで、Aに対する債権的請求も時効等でなくなってしまった場合などに意味がある請求権とされています。

257

第Ⅱ部　第11講　事実認定問題

物権変動の過程自体から認められるものなので、物権的請求権とは性質が異なる特殊な登記請求権ということになりますが、先ほどのような場合、AからCに中間省略登記をすることが認められていますので、物権変動的登記請求権という請求権を認める実益は乏しいといわれています。

　訴訟物は、先ほど秋人くんが言ったのを正確に述べると、「所有権に基づく妨害排除請求権としての所有権一部移転登記抹消登記請求権」です。「所有権一部移転」登記は、甲1の全部事項証明書（［資料16］224頁）の甲区順位番号4欄から持ってきています。その登記の抹消を求めるという請求です。

　それでは、最後に訴訟物の個数を確認しておきましょう。本件の訴訟物の個数はいくつですか。

R　1個に決まってるじゃないですか。

J　確かに、本件の場合、いかにも1個ですね。一般に所有権に基づく物権的請求権の訴訟物の個数は、どのように判断するか知っていますか。

A　「侵害されている所有権の個数」と「所有権侵害の個数」から判断します（［基礎編］216頁、「要件事実編」280頁）。

J　そうです。その掛け合わせで個数が決まるのでした。「侵害されている所有権の個数」は本件建物1個、「所有権侵害の個数」は本件登記による1個の侵害ということになりますので、本件の訴訟物の個数は1×1で1個ということになります。

3 ｜ 請求原因

(1)　原告所有

J　では、特定された訴訟物を前提に、請求原因について検討していきましょう。所有権に基づく妨害排除請求権の一般的な発生要件は何でしょうか。

A　①「原告の所有」と②「被告名義の登記の存在」の2つです（［基礎編］216頁、「要件事実編」281頁）。

J　では、原告所有について、考えていきましょう。

(ｱ)　権利自白

J　物権的請求権というのは、所有権の円満な支配を回復するために認められる請求権ですので、当たり前ですが、原告が本件建物を現在所有しているか

Ⅲ　争点整理

らこそ発生する請求権ということになります。「所有」という概念については、どうやって立証するんでしたか。

A　権利自白を活用します（［基礎編］171頁、［要件事実編］227頁）。

J　権利自白が成立するかどうかは、直近から遡って確認していくのが原則です（［基礎編］172頁、［要件事実編］227頁）。直近の所有、つまり、原告の現所有（持分2分の1）について、被告は認めていますか。

A　認めていません。答弁書第2の2（［資料9］212頁）によると、被告は、「少なくとも持分2分の1」につき自分が所有者だと主張しています。

J　その後、主張は変わっていませんか。

A　被告準備書面（1）第3（［資料11］219頁）で、持分2分の1について被告が所有していると主張し、「少なくとも」がなくなっています。

J　そうですね。そうすると、原告は、大島眞一から本件建物を購入したと主張していますが、原告が本件売買契約によって本件建物の所有権を主張したという点についてはどうですか。要するに「原告もと所有」について自白は成立しますか。

R　「大島眞一」という名前が気になりますが……。

J　いやいやそんなことより、「原告もと所有」の話をしてはどうですか。

R　そうですね。これも成立しないように思います。被告の主張は、要するに本件売買契約によって自分が持分2分の1を取得したというもので、原告は一度も本件建物の持分2分の1を取得していないことになるはずです。

J　そうすると、「原告もと所有」についても権利自白は成立しませんね。では、更に遡って、前主である大島眞一の所有についてはどうですか。

A　ここは、被告もそれを前提にして主張を組み立てていますので、権利自白を認めてよいと思います。

J　そうすると、権利自白が成立する事実は、どのように摘示することになりますか。

R　「大島眞一が所有していた」ですかね。

J　必ず権利自白の成立時点を特定してください。いつの時点ですか。

R　大島眞一が所有権を取得した時点ですから、不動産登記記録（甲第1号証（［資料16］225頁））によると、平成20年10月20日ですね。

259

第Ⅱ部　第11講　事実認定問題

A　違いますよね。本件売買契約（平成27年3月25日）の時点で大島眞一が所有していたことを特定すればよいのですよね。

J　秋人くんが正解です。常に直近から見て争いがない時点を特定していきます。間違えないように。

R　ちょっと、うっかりしただけですよ。

(イ) 所有権取得原因・代理の要件事実

J　原告は、どのような法律行為によって本件建物の所有権を取得しましたか。

R　売買契約です。

J　誰と誰との間の売買契約ですか。

R　大島と原告です。

J　原告は、自分で売買の意思表示をしたのですか。被告に任せてたのではなかったでしたか。訴状には端的に法律構成が書かれているような気が……。

A　「代理人として」と書いてあります（訴状第2の2のなお書き部分（［資料8］209頁））。だから、本件売買契約は代理構成をしないといけないですね。

J　そうです。代理の要件事実は、理解していますか。

R　①法律行為、②顕名、③先立つ代理権授与の3つです（［基礎編］99頁、［要件事実編］118頁）。

J　「法律行為」という要件ですが、これは、誰と誰との間の法律行為ですか。

R　「代理人と相手方」です。

J　本件の場合はどうなりますか。

R　大島と被告は本件建物について売買契約を締結した、って感じですかね。

J　売買契約は非常に典型的な契約で、条文など見るまでもないかと思うかもしれませんが、念のため確認すると、民法555条には「売買は、当事者の一方がある財産権を相手方に移転することを約し、相手方がこれに対してその代金を支払うことを約することによって、その効力を生ずる」とあります。要するに、売買契約の目的物と代金額が、売買契約の要素になっているということです（［基礎編］47頁、［要件事実編］53頁）。これを踏まえてもう一度事実摘示を考えてみてください。

R　「大島眞一と被告は、平成27年3月25日、本件建物について代金を5060万円とする売買契約を締結した」でいいですか。

260

Ⅲ　争点整理

J　それでも言いたいことはわかりますが、いわゆる要件事実の事実摘示としては、物足りないですかね。どっちが買主でどっちが売主かがわからないですよね。きちんと表現すると、「大島眞一は、平成27年3月25日、被告に対し、本件建物を代金5060万円で売った」と表現します。これで、必要最低限の事実を盛り込んだ形です。なお、売買契約は諾成・不要式の契約ですから、引渡しとか、書面でといった事実摘示は出てきません。

　　これで、代理の3要件のうちの①法律行為が整理できましたね。あとは、②顕名と③先立つ代理権授与ですね。

A　顕名は、民法99条にありますが、代理人が「本人のためにすることを示し」たことですね。代理権授与行為については、法律行為に先立つことが時的要素となります。

J　そのとおりですね。これによって、代理人と相手方との間で行われた法律行為の効果が本人に帰属するということになります。

R　いつ代理権を授与したかは、必ずしも明確ではありませんね。

J　これは、争点との関係でどこまで特定するかを検討すれば足りるところです。要件事実としては、法律行為に先立っていればよい、ということになりますが、代理権授与行為の有無が争点になるなら、いつの時点の行為なのか、何月何日、あるいは何月何日頃という形で特定する必要が出てきます。時的因子で行為を特定することで、時的要素も自ずと明らかになるような形で事実摘示をします（［基礎編］59頁、［要件事実編］68頁）。

　　本件の場合は、確かに代理権授与の有無が争点になりますが、具体的な代理権授与行為の有無が争点というわけではなさそうです。主たる争点との関係で、ここでは、先立っていることを事実摘示して、先に進むことにしましょう。

A　まとめますと、

---

①　大島眞一は、平成27年3月25日、被告に対し、本件建物を代金5060万円で売った。

②　被告は、①の契約の際、原告のためにすることを示した。

③　原告は、①の契約に先立って、被告に対し、①の契約締結の代理権を

261

第Ⅱ部　第11講　事実認定問題

> 授与した。

となります。

J　本件売買契約の効果が原告に帰属することによって、原告が本件建物の所有権を取得します。何もなければ現在に至るまで原告が本件建物を所有しているということになります（［基礎編］49頁、［要件事実編］55頁）から、物権的請求権の要件の一つである原告の所有の要件はこれで基礎づけられたことになりますね。

(2)　被告名義の登記の存在

J　物権的請求権の要件として、被告名義の登記の存在が必要です（［基礎編］218頁、［要件事実編］283頁）。物権的請求権は、所有権の円満な支配が現に妨害されていることによって発生する請求権ですので、実体法上は、現に所有権が侵害されていることが要件になります。要件事実の事実摘示としては、どのような事実の摘示が必要でしょうか。

A　「現占有説」です（［基礎編］173頁、［要件事実編］229頁）。

J　ちなみに、「占有」という概念は、支配が及んでいるかどうかという法的評価を含む概念ですが、あくまで事実概念です。「概括的抽象的事実」といえます。法律効果については、一度発生した法律効果は、何もなければ現在まで存続しているという考え方をしますが、「現在の占有」という要件については、現在の占有という「事実」が要件事実ですので、過去の一時点における占有という事実を主張立証しても足りません。「現在の占有」という事実を主張立証しないと、実体法上の権利の発生が基礎づけられないということになります。登記の場合も同じです。過去の一時点における登記の存在を主張すれば足りるとは考えません。

R　登記の存在の立証は、難しくないですよね。登記事項証明書で裏付けられますし。

A　ここは、事実認定上の争点にはならないですね。

J　そうです。請求原因については、ひととおり理解できたでしょうか。次は、認否を確認していきましょう。事実認定上の主たる争点が何かを意識しながら、当事者の争い方を確認したいと思います。

262

(3) 請求原因に対する認否

J　被告は、どのように争っていますか。

R　要するに、本件建物の持分2分の1は被告の所有であるという主張をしています（被告準備書面（1）第3（[資料11] 219頁))。

J　それは、否認ですか、抗弁ですか。否認と抗弁の違いから考えてみてください。

R　否認は両立しない事実を主張して事実の存在を否定する場合ですよね。本件建物を原告が所有しているか被告が所有しているかは、両立しない事実関係ですので、否認でよいと思います。

A　本件売買契約によって原告が本件建物を取得したのだけれど、別途、原告と被告との合意によって本件建物の所有権が被告に帰属する旨を定めたとすると、請求原因で摘示された事実関係を前提にしつつ、これと両立し、かつ、原告所有に基礎づけられた物権的請求権の発生を障害する事実を抗弁として主張しているとみることもできるでしょうか。

J　どちらも、否認と抗弁の違いを前提にして、筋の通った説明をしてくれたと思います。被告の主張（被告準備書面（1）第3（[資料11] 219頁))をみますと、「持分2分の1については原告に帰属することなく被告に移転している」という主張ですので、売買契約で原告が持分2分の1を取得したことは争いがなく、残2分の1についても原告が取得したか、ということになります。

R　そうすると、請求原因に対する認否はどうなりますか。原告所有に関する事実摘示については、ざっくりと否認するという感じになりそうですが。

A　代理構成による本件売買契約全体を否認するということになると思います。

J　その理解で、代理の要件事実として事実摘示した部分、①法律行為、②顕名、③先立つ代理権授与に関する事実摘示は、いずれも否認ということになります。

(4) 要件事実の整理

それでは、事実摘示を書き出してみましょう。

第Ⅱ部　第11講　事実認定問題

> 1　請求原因
> (1)　大島眞一は、平成27年３月25日当時、本件建物を所有していた。
> (2)　大島眞一は、同日、被告に対し、本件建物を代金5060万円で売った（以下、「本件売買契約」という）。
> (3)　被告は、(2)の際、原告のためにすることを示した。
> (4)　原告は、(2)に先立って、被告に対し、本件売買契約の代理権を授与した。
> (5)　本件建物には、被告名義の別紙登記目録記載の所有権一部移転登記（以下、「本件登記」という）がある。
> 　よって、原告は、被告に対し、本件建物の所有権に基づく妨害排除請求権として、本件登記の抹消登記手続をすることを求める。
> 2　請求原因に対する認否
> 　請求原因(1)および(5)は認め、(2)から(4)までの事実のうち、本件建物の持分２分の１については否認し、その余を認める。

J　この事実摘示で、請求原因事実は網羅されていますね。要件事実の構造を図示すると次のようになります。これですべての要件事実が網羅されていることが確認できると思います。

　これに対して、被告は、持分２分の１について原告を買主とする売買契約の成立を否認しています。抗弁事実は特に主張されていないものと考えられます。

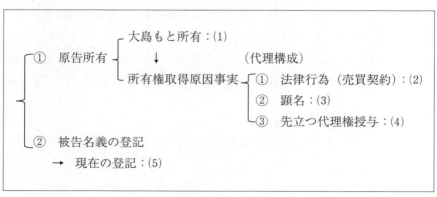

Ⅲ　争点整理

4 | 争点の特定

J　では、以上の前提に、事実認定上の争点を確定させましょう。

R　争点は、争いのある請求原因事実ですから、本件の場合、本件売買契約の存否、顕名の有無、先立つ代理権授与の有無が全部争点になります。

A　全部争点というと、なんだか争点がぼやけた感じがしますね。

J　否認の理由をしっかり分析してみましょう。そうすることで争点が明らかになってくるかもしれません。

A　被告は、本件建物の持分2分の1は被告の所有だとして、原告の請求原因を否認しています。

J　なぜ、被告の所有だと主張しているのですか。その根拠、理由は何ですか。

R　本件売買契約につき持分2分の1の買主は被告であるということです。

J　そうですね。その部分が本件で被告が最も主張したいことのはずですね。本件の証拠関係を前提にすると、本件売買契約に関する契約書（甲第2号証（[資料17] 226頁））は代理構成のもので作成されています。そうだけれども、持分2分の1の所有権は被告に帰属するのだということを被告としては言いたい。

R　先ほど出ましたが、所有権が本件売買契約に基づいていったんは原告に移転したのだけれど、原告と被告との合意によって所有権が被告に移転するという構成と、どう違うんですか。

J　そのように考えると、請求原因事実を前提として持分2分の1につき所有権喪失の抗弁です。この場合には、所有権喪失の合意の存在を被告が本証のレベル（26頁）で立証するということになります。

A　そうすると、本件では否認の理由という位置づけですから、本件売買契約の買主は被告であった可能性も否定できない、となれば被告の勝ちということですね。

J　原告が立証責任を負う請求原因を否認していると整理すると、本件売買契約によって原告が本件建物の所有権全部を取得したことに疑いが生じれば、請求棄却という結論になります。逆に、本件売買契約によって本件建物の所有権を原告が全部取得したことが確かだと認定できれば、請求認容となりま

265

第Ⅱ部 第11講 事実認定問題

す。ようするに、本件の争点は、「本件売買契約のうち争いのある持分2分の1につき原告が買ったと認められるか」です。この点につき、被告は、自己が買主であるという間接事実を立証しようし、それがある程度認められることによって、主要事実が認められないという構造になります。

Ⅳ 事実認定の基礎知識

J　争点となる事実が絞り込まれてきましたので、証拠も見ながら、更に事実認定の検討を進めていきましょう。

　実際に事実認定の検討に入る前に、事実認定に関する基礎知識をおさらいしておきたいと思いますので、ここからは、本書『完全講義　民事裁判実務[実践編]』で要件事実と事実認定について勉強している弁護士2年目の小島夏樹さんに解説講義をしてもらいます。秋人くん、らなさんもこれを受けて、事実認定の基礎知識を整理しておいてください。

　それでは、小島夏樹さん、よろしくお願いします。

〜・〜・〜・〜・〜・〜・〜・〜・〜・〜・〜・〜・〜・〜・〜・〜・〜・〜・〜・〜

　小島夏樹です。今日は、このような機会をいただき、ありがとうございます。精一杯わかりやすくお話ししたいと思いますので、どうぞ、よろしくお願いします。

1　判断の枠組みの把握

　本件の場合、「本件売買契約のうち争いのある持分2分の1につき原告が買った事実が認められるか」が争点になっていますが、事実は証拠によって認定するわけですから、どのような証拠によってこのような事実が裏付けられるのかを整理して把握することが必要になります。

　すなわち「判断の枠組み」を確認しておく必要があります。4類型（83頁）のどれにあたるかの確認です。

(1)　直接証拠が存在する場合

　判断の枠組みを分析する際には、まず、「直接証拠である類型的信用文書」があるかを確認します（84頁）。「直接証拠である類型的信用文書」があり、その成立に争いがない場合は第1類型、争いがある場合が第2類型になります。

IV　事実認定の基礎知識

　類型的信用文書がない場合、証言・供述も直接証拠です（第3類型）。当事者が自らの体験として自らの言い分に沿った事実経過を供述するのが通常ですし、あるいは、当該事実を体験している人を証人として証言してもらう方法もあります。当事者の供述や証人の証言が直接証拠になることが多いです。

　もっとも、民事裁判の世界では、本人の言い分が対立している場合が大半なので、本人の供述は直接証拠になると言ってみても、あまり意味はありません（93頁参照）。したがって、直接証拠として本人の供述しかないような場合は、その信用性を検証するため、これを基礎づける事実経過を丁寧に立証して、そこに供述を位置づけて、動かしがたい事実と供述の整合性を検証していく作業が必要になります。ここでも、証言や供述を支える事実、つまり補助事実を整理して認定し、証言や供述と認定できる事実関係との整合性を検証して証言や供述の信用性の有無・程度を検討していくということになります。

　当事者の供述は、まさに当事者が当該事案について語っている「ストーリー」ですから、動かしがたい事実を認定し、積極方向の事実と消極方法の事実の両面を押さえたうえで、当事者双方が主張している事案の「ストーリー」と動かしがたい事実との整合性を検証していくイメージです。

(2)　直接証拠が存在しない場合

　当事者間の法律関係が争われている場合、当事者本人の供述が直接証拠になるなら、直接証拠がない場合というのは、そもそも存在しないのではないかと思うかもしれませんが、たとえばかなり古い事実関係が争点になっていて、書証も残っていないし、事実を体験している人物もすでに死亡しているなどして、証言や供述を得ることもできないような場合には、直接証拠は存在しないことになります。

　直接証拠がない場合には、主要事実を直接認定することはできませんので、主要事実の認定に役立つ事実である間接事実を総合して、各当事者の言い分が動かしがたい間接事実と整合するかどうかを検証していくことになります（第4類型）。第4類型は、動かしがたい間接事実を認定していきながら、全体のストーリーと動かしがたい事実との整合性を検証していくイメージになります。

　直接証拠が証言・供述のみの場合と直接証拠がない場合とは、補助事実（証言・供述の信用性の判断）なのか間接事実なのかで認定している事実のレベル

267

に違いはありますが、やっていることは同じです。

(3) 直接証拠になる書証の重要性

このように、まず直接証拠になる「類型的信用文書」があるかどうかを確認することが判断の枠組みを把握する第一歩になります。書証は、過去に生じた事実関係を切り取って残したものですので、事実認定の大きな手掛かりになります。書証があるかどうかというのは、事実認定をするうえで非常に重要です。

直接証拠となる「類型的信用文書」があれば、その書証の信用性という観点から、審理・判断すべき事実を明らかにしていくことになります。

2 │ 類型的信用文書

「類型的信用文書」とは、どのようなものでしょうか。

たとえば、売買契約の有無が争点になった場合を考えてみましょう。売買契約の存在を基礎づける書証として「私は、その日に、売買契約を締結したのです」という陳述書が提出された場合、この陳述書という書証は「類型的信用文書」といえるでしょうか。日記に「売買契約を締結した」と書いてあるものが書証として提出された場合はどうでしょうか。これらは「主観的」な書証で、客観性がありません。そもそも売買契約なのだから「契約書」とか「請求書」、「納品書」とかがあるだろうと思いますよね。陳述書とか日記とかではなく、契約書とか請求書といった書面が「類型的信用文書」になるというのは、感覚的にも明らかと思います。

この感覚をもう少し分析的に考えてみますと、契約書や請求書は、その前提となる事実が存在しないと、通常は作成されない書面といえます。そもそも偽造されたような場合は別ですが、そうでない限り、基礎となる事実もないのに、何となく作成するような書面ではありません。その点で、主観的な陳述書や日記などとは違って、客観性があるといえます。

このように、通常はそのような事実があったから作成されたのであろうと考えられる類型の文書を「類型的信用文書」とよんでいます（57頁）。民事訴訟法の教科書にはあまりで出てきませんが、事実認定の分析をする際には便利な概念です（司研・事例事実認定26頁）。

要件事実を整理して主要事実レベルでの争点を特定し、その主要事実との関

係で判断の枠組みををを分析し、直接証拠である類型的信用文書があるかどうか
を確認します。直接証拠である類型的信用文書があり、その成立に争いがなけ
れば（第1類型）、いかなる理由でその文書が作成されたかを検討します。そ
の成立に争いがあれば（第2類型）、その成立の真正を検討します。直接証拠
である類型的信用文書がなければ、供述証拠（証人や本人の証言・供述）が直接
証拠になる場合には補助事実を、直接証拠がない場合には間接事実を整理し、
双方当事者が提示するストーリーと動かしがたい事実（補助事実・間接事実）
との整合性を検討することになります。

　ちなみに、本件の場合だと、被告から本件念書（乙第2号証（［資料23］234
頁））が提出されていますね。この本件念書には本件建物につき持分2分の1
は被告に帰属する旨記載されていますので、まさに本件念書で原告が記載どお
りの意思を表示したのであれば、本件念書で直接立証することができそうです。
つまり、本件念書は直接証拠ですし、何もなければ念書など作りませんので、
類型的に信用性が高い文書といえます。したがって、本件の場合は、「直接証
拠である類型的信用文書がある」ということになります（第1または第2類型）。

3 | 証拠力

(1) 形式的証拠力と実質的証拠力

　直接証拠たる類型的信用文書があれば、その証拠力をチェックすることにな
ります。まず、書証の証拠力については、「形式的証拠力」（32頁）と「実質的
証拠力」（52頁）の2つの証拠力を検討します。

　一般に「証拠として信用できるか」というのは、記載されている内容が証明
したい事実に対してどれほど役立つものかという観点で「証拠力」という言葉
が使われます。「信用性」と同じ意味と理解しておけばよいと思います。

　本件から離れて、別の事例を考えてみましょう。たとえば、「8月4日に100
万円を受け取った」という事実が、日記や手帳にしっかりと明確に記載されて
いても、これがどれほど役立つかは、ほかの証拠や事実経過を総合しないと、
何ともいえないですよね。日記とか手帳とかは、書証としての信用性・証拠力
が低いからです。

　これに対して、8月4日付けの100万円の領収書は、領収書としての体裁が

269

第Ⅱ部　第11講　事実認定問題

整っていれば、いかにも100万円の授受があったことが裏付けられそうですね。領収書は、金銭の授受があって初めて作成されるものなので信用性が高いということです。こうした観点での証拠力、つまり、書証の記載内容が事実を認定する力のことを「実質的証拠力」といいます。

実質的証拠力は、いかにも「証拠力」という感じがしてイメージがしやすいと思います。当然のことながら、要証事実を特定の書証で立証するには、当該書証に実質的証拠力がなければなりません。

しかし、文書が作成される際、すなわち「文書の成立」において、それが文書の作成名義人によって作成されていなければならない、すなわち「真正に成立」したものでなければなりません。形式的証拠力とは、文書の真正に関する証拠力のことであり、文書が名義人によって作成されたものであれば「形式的証拠力がある」といいます。書証の場合は、実質的証拠力を検討する前提として、そもそも形式的証拠力がなければならないということになります。

これは、いくら体裁の整った領収書でも、偽造されたものだったら証拠として意味がないので、形式的証拠力は、そうした意味のない証拠を除外する概念といえます。

民訴法228条1項を確認してみましょう。「文書は、その成立が真正であることを証明しなければならない」と規定されています。これが形式的証拠力を必要とする条文上の根拠になります。

形式的証拠力は、証拠を排除するようなイメージなので、証拠能力の問題のように感じる人もいるかもしれませんが、民事訴訟では、刑事訴訟と違って、原則として証拠能力に制限はありません（違法収集証拠排除のような例外的な場合は、証拠能力が否定されることもあります）。証拠能力があることを前提に、証拠としての価値があるのかという問題です。証拠としての価値を検討するにあたって、成立の真正が認められない場合は、証拠としての価値なしとして形式的証拠力を否定することになります。

(2)　形式的証拠力

(ア)　書証の認否

では、形式的証拠力の有無は、どのようにチェックすればよいでしょうか。

成立の真正については、当事者間に争いがなければ、特に問題視することな

く成立の真正が認められます。すなわち、形式的証拠力があることを前提に検討を進めて問題ありません。

これに対して、当事者間に成立の真正に争いがあれば、成立の真正についての審理判断が必要です。書証については、成立について認否をすることになっており、その認否の結果が書証目録に記載されることになります。書証目録を見て成立の真正に争いがあるかどうかを確認しましょう。

なお、書証目録の認否の欄に何も記載されていないのは、成立の真正に争いがない、つまり成立の真正については問題視する必要がなく、実質的証拠力だけが問題になるということになります。

本件の場合、本件念書(乙第 2 号証([資料23] 234頁))については、成立について「否」という認否がされています([資料15] 223頁)ので、成立の真正が争われています。したがって、本件念書の実質的証拠力を検討する前提として、成立の真正、すなわち形式的証拠力が認められなければならないということになります。

では、成立の真正に争いがある場合、文書の形式的証拠力、つまり成立の真正は、どのようにして検討すればよいのでしょうか。ここでは、いわゆる「 2 段の推定」という考え方を用います。

〔図18〕 証拠構造の全体像

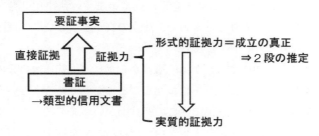

　　(イ)　2 段の推定

それでは、 2 段の推定についておさらいをしておきましょう。まずは、条文を見てみましょう。民訴法228条 4 項には、「私文書は、本人又はその代理人の署名又は押印があるときは、真正に成立したものと推定する」と規定されています。以下では、「本人」が作成名義人になっていることを前提に考えましょ

271

第Ⅱ部　第11講　事実認定問題

う。

　この条文でいう「本人の署名又は押印があるとき」というのは、形式的に本人名義の署名または押印が書面上に存在していることを意味しているのではなく、「本人の意思に基づく」署名または押印があることを意味するものと解釈されています。自分の意思で署名または押印をしたからこそ、文書全体について自分の意思で作成した、すなわち真正に成立したものと認めることができるわけです。

　特に、わが国では、ハンコを非常に大切にする慣習がありますので、大切な書面に自分で署名する場合はもちろんですし、自分の意思でハンコを押す場合も、その前提として書面全体の中身を十分に確認し、その内容を理解しているはずだと考えられます。中身も確認せずにホイホイと署名したりハンコを押したりはしないのが通常です。民訴法228条4項は、この経験則、つまり、署名したりハンコを押したりするのであれば、自分で書面の内容をよく確認したうえでするはずであるという経験則に基づいて、本人の署名または押印があるときは成立の真正が推定される旨を規定したものであると考えられます。この規定は、証拠力に関する経験則に基づく推定を法律の形で定めたものとして、「法定証拠法則」といわれています（40頁）。

　民訴法228条4項は、このように経験則による推定ですから、この推定は、「事実上の推定」にほかならないと考えられています。法律化はされていますが、法律上の推定ではありませんので、成立の真正を争う側は、反証で足りるということになります。

　そして、印鑑を大切にするわが国の慣習からすれば、普通は自分の印鑑を大切に保管しており、他人にこれを使わせることはないであろうという経験則があります。今後、電子化が進んで、この経験則がいつまで続くのかはわかりませんが、今のところ、やっぱり大事な場面ではハンコを押すことがありますよね。

　そうすると、本人の印鑑でハンコが押されていれば、その文書は本人が自分で押したに違いないということになります。そのハンコは本人しか使えないはずのものですから。そういうわけで、本人の印鑑による印影が顕出されている場合には、反証のない限りは「本人の意思に基づく押印」と事実上推定される

272

と考えられており、これは確立した判例法理になっています（最判昭39・5・12民集18巻4号597頁）。ちなみに、このハンコのことを、一般には「印鑑」とよんでいると思いますが、「印章」という用語が用いられることもあります。

そうすると、**書面上に「本人の印鑑」による印影があれば、「本人の意思に基づく押印」であることが事実上推定され、その結果、民訴法228条4項の前提条件が満たされることになり、同項に基づき、書面全体の成立の真正が推定される**ことになります。

念のためですが、ここで言っている「本人の印鑑」というのは、単に本人名の印影であればよいというわけではありません。たとえば、松倉らな名義の文書の成立の真正が問題になったとして、「松倉らな」という記名の横に赤い丸で「松倉」と書いてある印影が残っているとします。パッと見ると、「松倉らなのハンコが押してあるな」という感じがします。しかし、「松倉」というハンコは、はんこ屋さんに行けば誰でも簡単に購入することができますので、「松倉」と読めるハンコが押してあったとしても、それだけでは意味がありません。「松倉の印鑑」というのは、「松倉らな本人が保管・管理する印鑑」という意味です。この意味で、「本人の印鑑」であることの立証は必要です。

ここでの印鑑は、実印である必要はありませんが、実印であれば、印鑑登録がされますので、印鑑登録証明書を提出すれば「本人の印鑑」であることが容易に立証できます。こうすることで2段の推定により成立の真正が推定されますので、実印で文書を作成することには意味があるということになります。

ちなみに、「署名」については、自分の手を動かして記載するものですので、「本人の署名」であることが認定できれば、無理やり署名させられたような場合を除いて、本人の意思に基づく署名ということになります。もちろん、本人の署名か否かが争われ、筆跡鑑定が行われても決め手にならない場合などもあります。署名であれば推定が働きやすいようにも感じますが、実務上は本人の署名かどうかの認定自体が難しいという場合もあり、署名には署名の難しさがあります。

「本人の印鑑による印影」が顕出されていれば「本人の意思に基づく押印」であることが推定されるというのは、経験則に基づく事実上の推定ですので、成立の真正を争う側は、この推定について、反証が可能です。

第Ⅱ部　第11講　事実認定問題

(ウ)　2段の推定に対する反証

　では、「本人の印鑑による印影」であることが立証できたとして、これを争う側は、どのような反証活動をすればよいのかも整理しておきましょう。契約書など、請求を基礎づける重要な書面について成立の真正が争われることが結構あるかと思いますが、文書の成立の真正が否定されると、その証拠を事実認定に使うことができなくなりますので、成立の真正の成否が訴訟の結論に直結することが少なくありません。裁判の勝負所が、成立の真正に関する反証の成否ということも民事訴訟では決して珍しいことではありませんので、争われる典型的な場面を整理しておくことは、事実認定上の争点を的確に整理するうえで有益です。

　まず、**1段目の推定**ですが、ここでの推定は、「印鑑を大切に保管し、みだりに他人に使用させない」という経験則に基づく事実上の推定でした（41頁参照）。この**経験則に疑念が生じる場面**というのは、**印鑑が盗用されたり、冒用されたりした可能性がある場合**です。冒用というのは、ハンコを預かっていたけれど本来の趣旨とは異なる使い方をしたという意味です。

　盗用・冒用があったとなると「印鑑を大切にしているから本人の意思で押したに違いない」とは言えなくなりますので、盗用・冒用は1段目の経験則が破れる典型的な場面ということができます。また、本人が押印することが不可能・困難な事情というのも、反証となります。たとえば、書面の作成当時、外国に滞在していたとかいった事情です。もちろん、書面を郵送でやり取りしたとか、説明がつけば反証は奏功しないということになりますが、こうした事情が反証の典型例といえます。

　次に、**2段目の推定に対する反証**です。2段目の推定は、民訴法228条4項において、「本人の意思に基づく押印」があったことを前提に「押印する以上は文書内容を確認する」という経験則を法規化したものです（39頁参照）。この推定が破れるというのは、どのような場面でしょうか。「本人の意思で押印しているのに、文書の内容が確認できない」という場面ということになりますが、具体的には、**白地書面への押印を悪用される場面や、文書の内容が事後的に改ざんされた場面が典型例**になります。いずれの場面も、押印した時点では最終的に完成した書面の内容は確認できていませんので、このような事情があ

274

れば、成立の真正が否定されることになります。

　いずれも、「反証」で足りますので、これまで説明してきたような事情によって書面が作成された可能性があり、経験則が揺らぎ、1段目であれば本人の意思に基づく押印であるかどうか、2段目であれば本人の意思に基づいて真正に成立したものかどうか、真偽不明の状態になれば、成立の真正は否定されることになります。

　2段の推定の全体像をまとめると、〔図19〕のようになります。

〔図19〕　2段の推定

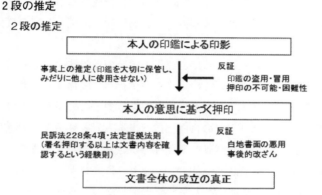

　2段の推定が争点になり得る典型例は、①「本人の印鑑による印影か否か」、②「1段目の反証の成否」、③「2段目の反証の成否」ということになります。当事者がどの点を主張しているのかを分析して主張を位置づけることができれば、事実認定上の争点を混乱することなく分析できるようになると思います。

　　(エ)　公文書の成立の真正

　ちなみに、公文書の場合、そもそも成立の真正が問題になることはほとんどありません。民訴法228条2項には公文書の成立の真正についての推定規定があり、同3項には成立の真正に疑いがある場合には当該官庁または公署への照会の規定も設けられています。成立の真正が問題になれば、当該官公署に照会すればよいということになります。実務で成立の真正が問題になるのは、やはり「私文書」の場合です。

275

第Ⅱ部　第11講　事実認定問題

(3)　実質的証拠力

　以上が、2段の推定を中心とする形式的証拠力の全体像になります。形式的証拠力が否定されれば、そもそも証拠としての価値はありませんが、形式的証拠力が認められれば、それが要証事実との関係でどれほど役立つかという「実質的証拠力」が問題になります。

　それでは、実質的証拠力についてみていきましょう。

(ア)　処分証書と報告文書（53頁参照）

　書証にもいろいろな種類があります。個人的に作成した日記やメモもあれば、領収書や契約書など、具体的な事実に基づいて作成される書類もあります。そして、日記やメモと契約書や領収書では、類型的に証拠としての価値が違うように感じます。

　民事紛争という観点で考えれば、意思表示その他の法律行為の有無が問題になることが多いわけですが、そのような法律行為に関係する書面というのは、社会一般の常識から考えても、非常に重要な書面として扱われるはずです。たとえば、契約書であれば、その書面上に「申込み」と「承諾」の意思表示が記載されていて、日時が特定され、署名押印がされていたりします。このような書面について形式的証拠力があれば（つまり、偽造ではなくて、本人が作成したということであれば）、やはり本人が意思表示したのだろうということになりそうです。そして、その結果として、何らかの法律効果が発生し、これが当事者を拘束するという結果になります。

　このように考えると、私人間の権利関係の存否が問題になる民事裁判においては、「意思表示その他の法律行為」に関する書面というのは、特別なのではないかという感じがするわけです。そこで、書証については、「意思表示その他の法律行為」という切り口で、「処分証書」と「報告文書」に区別するのが一般的です。

(イ)　処分証書の定義

　処分証書は、大雑把にいうと「意思表示その他の法律行為に関する文書」ということになりますが、その定義づけによって、考え方が分かれます（53頁参照）。

　処分証書を「意思表示その他の法律行為を記載した文書」と定義すると、法

律行為が記載されていれば処分証書ということになります。たとえば、売買契約書のように、売買の意思表示に相当する文言が形式的に記載されていれば、当該書面は「処分証書」ということになります。この考え方を、便宜上、「記載された説」とよぶことにしましょう。

もう一つの考え方は、処分証書とは、「意思表示その他の法律行為が文書によってされた場合のその文書」と定義する考え方です。この考え方だと、単に書面に意思表示その他の法律行為が記載されているかではなく、実際に書面上で意思表示その他の法律行為がされたという点がポイントになります。「書面によって意思表示その他の法律行為をした」といえるからこそ、「処分証書」とよべると考えます。この考え方を、便宜上、「よってした説」とよぶことにしましょう。

このように、処分証書の定義には、大きく分けると「記載された説」と「よってした説」の二つの考え方を想定することができます。司法修習生の間では、「記載された説」や「よってした説」という用語が使われることがあるようですが、そのような学説があるわけではなく、考え方をネーミングしたものと理解すればよいと思います。

この「記載された説」と「よってした説」では、何が違うのでしょうか。たとえば、令和7年8月5日付けの中古自動車の売買契約書があったとしましょう。契約日に、「ある中古車を50万円で買います」「50万円で売ります」という合意をして、契約書を作成します。契約日に押印をして契約書を完成させるイメージです。このような書面であれば、いずれの考え方であっても処分証書だということになります。

では、全く同じ記載内容の「令和7年8月5日付けの中古自動車の売買契約書」をもう一度イメージしてみましょう。その売主とされている人が、令和7年12月頃に、「そういえば8月5日に中古車の売買契約をしたのにお金を支払払ってもらっていない」と考えて、買主のところに行って、「8月5日に中古車の売買契約を締結したのに契約書を作っていなかったし、お金も支払ってもらっていない。8月5日付けの契約書を作ってきたから、これにハンコを押すように」と言って押印をさせます。

でき上がった書面は、最初の例と全く同じ見た目の「令和7年8月5日付け

277

の売買契約書」です。このような作成経緯の書面であっても、「記載された説」を前提にすれば、意思表示が記載されている以上は処分証書ということになります。

しかし、あとから作成した契約書を「処分証書」といってよいのでしょうか。一つ目の「契約日に作成した書面」と二つ目の「日付を遡らせた書面」では、作成経過が全く異なっていますので、その信用性も当然違うはずです。「日付を遡らせた書面」については、「その書面では意思表示なんかしてないよね、処分行為などしてないよね」と考えることができますし、「令和7年8月5日」という過去の日に契約をしたという認識を事後的に書面化したにすぎないと考えれば、過去に契約したことを書き留めたものとして「報告文書」と整理することができます。

このように、「処分証書」を「証拠としての信用性」に即して位置づけるのであれば、処分証書の定義は「よってした説」を前提にするのがよいように思います。「処分証書」というのは、外形が整っているだけではなく、実体を伴っている必要があるということを念頭に置いて、更に事実認定のプロセスを整理していきましょう。

(ウ) 処分証書の実質的証拠力

事実認定のキーになる類型的信用文書が、成立の真正が認められる「処分証書」であれば、「本人の意思に基づいて作成された書面によって、当該本人が法律行為その他の意思表示をした」ということになりますから、当該書面に記載されたとおりの意思表示その他の法律行為があったと認定することができます。

これに対して、処分証書として提出された書面について、「それは、契約日とは全く別の日に作られたもので、契約はしてないし、するつもりもないことはお互いわかっていたけれど、税務申告の関係で形だけの契約書を作ってくれと頼まれて、仕方なく作ったものだ」といった反論が出てきたとしましょう。

そのとおりだとしたら、「当該書面によって意思表示その他の法律行為をした」とはいえなくなりますから、そもそも処分証書に該当しないということになります（処分証書の定義について「よってした説」を前提にしています）。処分証書であれば、そのとおりの事実が認定されて勝負がつきますが、そもそも処

278

分証書に該当するのか否か、つまり「処分証書該当性」が争点になり得るということになります。

(エ) 報告文書の実質的証拠力

では、報告文書の場合はどうでしょうか。報告文書は、信用性が様々なので、個別に要証事実との結びつきを見ていくしかないということになります。

日記とか手帳とかいったものは補助的な位置づけになりますが、裁判の帰趨を決定づけるような重要な報告文書は、通常は、類型的信用文書です。典型例は、金銭の交付を立証するための「領収書」です。「領収書」は、金銭等を受領したからこそ作成するもので、それにより意思表示をしているわけではなく、処分証書には該当しません。しかし、きちんとした領収書であれば、金銭を受領したからこそ作成します。金銭の受領は債権の消滅を伴うのが通常ですので、金銭を受け取っていないのに領収書を発行することは、通常は考えられません。したがって、領収書は類型的信用文書に当たります。類型的に信用性が高い文書ですから、特に何も事情がなければ、記載どおりの事実を認定することができるのが前提です。

(オ) まとめ

判断の枠組みの話に戻しますと、直接証拠である類型的信用文書があるかどうかを確認し、これがあるという前提で証拠力の分析をしているわけですから、ここで分析の対象としている書証は、「類型的信用文書」であることが前提です。

この「類型的信用文書」は、類型的に信用性が高いものですので、このような書面について実質的証拠力を争うのであれば、当該書面の信用性を争う側が、当該書面の信用性を否定すべき「特段の事情」を主張立証する必要があると考えることになります。

たとえば、金銭の授受がないのに領収書が作成された「特段の事情」があれば、その領収書の実質的証拠力が否定されるということになります（58頁）。

先ほどの令和7年8月5日付けの売買契約書の例で考えてみますと、「実は令和7年12月頃に仕方なく作成したものである」という事情（このような事情を裏付ける事実関係）が認められるのであれば、当該契約書の処分証書性は否定されます。そうすると、当該契約書は、契約後に作成された報告文書と整理

することになります。「契約書」という体裁をとっている以上、類型的信用文書には当たりますが、「事実とは異なるが仕方なく作成した」という認定ができれば、当該報告文書の信用性を否定する「特段の事情」があるということになりそうです。もっとも、このような「処分証書該当性が否定⇒報告文書と位置づける⇒特段の事情の有無」という思考過程は、証拠の信用性の判断ですので、裁判官の自由心証の枠内の問題ということもできそうな部分です。実際の判決で、このような思考過程を分析的に記載することは、まずないと思います。

ただ、こうした思考過程を分析的に整理しておくことで、争点整理の過程で当事者と裁判所の間で「何を裁判所は判断すべきなのか」「その際のポイントとなる事実関係は何か」「なぜそれがポイントとなるのか」といったことの共通認識を得ることができ、当事者と裁判所との間で議論がかみ合わなくなったり、争点整理が混乱したりすることを防ぐことができると思います。

4 証拠構造の全体像

ここまで説明してきた証拠構造の分析から証拠力の評価について、書証がある場合の全体像を整理すると、〔図20〕のようになります。この全体像を頭に置いて、本件の事実認定を行ってみましょう。

〔図20〕 証拠構造の全体像

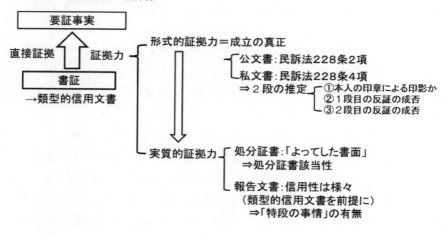

V 本件の分析

1 本件の枠組み

J　事実認定の基礎知識について、おさらいはできましたか。ここまでの基本
　　的な知識や全体像を前提に、本件事案について分析していきましょう。
　　　秋人くん、まず、本件の主たる争点と事実認定上の争点は何でしたか？

A　主要事実レベルでは、「本件売買契約の成否」ということです。被告は、
　　当初（答弁書第2の2（［資料9］212頁））は、「本件売買の買主は、少なくと
　　も持分2分の1につき被告である」と主張し、「持分の2分の1」なのか
　　「それ以上」なのかあいまいでしたが、原告からの求釈明（原告第1準備書面
　　第3（［資料10］217頁））を受けて、共有持分2分の1について原告に帰属す
　　ることなく被告に移転しているという主張（被告準備書面（1）第3（［資料
　　11］219頁））になっています。したがって、本件建物の共有持分2分の1に
　　つき原告が所有していることは争いがなく、残りの2分の1についても原告
　　が買ったか、というのが争点です。

J　買主を原告とする本件売買契約書（甲第2号証（［資料17］226頁））があり
　　ますから、原告は、この売買契約書で自らが買主であることを立証できそう
　　ですよね。被告は、この点について、どう争っているのでしょうか。

R　被告は、本件売買契約につき持分2分の1については被告が買主であると
　　主張しています（被告準備書面（1）第3（［資料11］219頁））。その根拠とし
　　て、念書（乙第2号証（［資料23］234頁））を提出しています。念書をみると、
　　所有権の持分2分の1につき被告に帰属することが記載されています。

J　そうですね。これが事実認定上の争点ですね。「本件売買契約につき争い
　　のある持分2分の1につき買主は原告であったか」という点です。
　　　では、次に、判断の枠組みを確認してみましょう。

A　判断の枠組みを把握するには、「直接証拠である類型的信用文書があるか
　　どうか」を確認します。本件の場合、乙第2号証（［資料23］234頁）の本件
　　念書がありますが、この本件念書は、平成27年3月25日付けで、そのような
　　合意があって初めて作成される性質の文書のはずですから、類型的信用文書

281

第Ⅱ部　第11講　事実認定問題

に当たります。

R　そうすると、本件の場合、本件念書という直接証拠である類型的信用文書がありますので、本件念書の証拠力が問題になります。

J　証拠力については、一般的にどのような争い方がされていますか。

A　証拠力は、形式的証拠力と実質的証拠力に分けることができます。まずは形式的証拠力の有無を確認しますと、形式的証拠力は、要するに「成立の真正」と同じことですから、本件念書の成立の真正について争いがあるかどうかを確認します。

J　どこを確認すればよいでしょうか。

A　書証目録を確認します。書証目録の乙第2号証の欄（［資料15］223頁）を見ますと、原告は本件念書の成立の真正を争っており、その理由として、「印影が原告の実印であることは認める。被告が原告の実印を盗用して偽造したものである」となっています。

R　主張書面でも、原告は、本件念書が偽造されたということを主張しています（原告第1準備書面第2の2（［資料10］217頁））。

J　そうすると、本件の判断の枠組みとしては、「直接証拠である類型的信用文書があり、その成立の真正に争いがある場合」と整理することができます。第2類型の事件です（85頁参照）。本件念書は私文書ですが、私文書で成立の真正に争いがある場合には、2段の推定が問題になります。本件の場合は、何が争われていますか。

A　さきほど書証目録を確認したとおりですが、「印影が原告の実印であることは認める」となっていますので、「本人の印鑑による印影」であることは争いがありません。したがって、2段の推定が働きそうです。そのうえで、「被告が原告の実印を盗用して偽造したものである」としていますので、「1段目の反証」として、被告による実印の盗用が主張されているということになります。

J　盗用の可能性ありということで本人の意思に基づく押印かどうかに疑念が生じれば、反証は成功したということになりますね（41頁、274頁参照）。

A　本件の場合、被告は、本件念書を根拠にして自分が持分2分の1について本件売買の買主だと主張しているわけですから、本件念書の形式的証拠力が

282

否定されてしまったら、被告の主張は成り立たないということになりますよね。

J　そうなります。反証の成否が本件の勝負を分けるポイントになり、本件念書の形式的証拠力が否定されると、本件念書は証拠として使えません。逆に、本件念書の形式的証拠力が肯定されると、どうなりますか。

A　本件念書に形式的証拠力が認められますと、次は、実質的証拠力を検討することになります。処分証書について「よってした説」を前提にすると、当該書面によって法律行為をしたといえるかどうかがポイントになります。

R　だけど、本件念書は、処分証書の定義について「よってした説」を前提にした場合、「処分証書」に当たるのではないでしょうか。成立の真正が認められるということは、本人の意思に基づいて書面を作っているということですよね。成立の真正が認められたのだから、「書面によってした」という点についても結論が出ているような感じがするのですが。

A　その考え方は、文書の作成経緯を考慮していないのだと思います。本件念書が本件売買契約の際に作成されたということが当然の前提になっているから、「成立の真正」と処分証書該当性とがごっちゃになるのだと思います。たとえば、「成立の真正」が認められたとしても、本件念書が、売買契約の際ではなく、その半年後に作成されたということであれば、日付を遡らせて作成した書面ですので、当該書面によって法律行為をしたとはいえないことになります。このような事情があれば、処分証書には該当せず、報告文書として扱うべきですよね。

J　ただし、本件の場合は、後日ハンコを押されたというような主張はありませんし、本件念書を後から作ったといった主張がされているわけでもありませんので、結局、作成日付の日に実際に作成されたことを前提にするほかないのだと思います。

　　原告において、印鑑が盗難にあったこと等につき相当程度の立証をするなどして、原告が本件念書に押印したことにつき真偽不明の状態にできなければ、本件念書に記載されたとおりの事実を認定することになりますので、持分2分の1につき買主が被告であるという事実を認定することになります。被告のストーリーどおりになるということです。

第Ⅱ部　第11講　事実認定問題

　結局、先ほど言ったとおり、本件は反証（本件念書につき原告の意思に基づく押印といえるかという点）の成否が重要ということです。

2 事実認定の検討

(1) ストーリーの確認

J　では、原告が本件念書（乙第 2 号証（［資料23］234頁））に押印したことにつき、原告の反証の成否についてみていきましょう。盗用があったかどうかという観点で、原告と被告のストーリーを簡単に整理しましょう。まず、原告のストーリーはどのような感じですか。原告が有利とする秋人くん、どうぞ。

A　原告は、被告が女手一つでここまで育ててくれたことはわかっていて、本件建物に被告に住んでもらうために、物件は被告に任せて本件売買契約を締結しました。ただし、本件建物の代金は、ローンも含めて全部原告持ちなので、当然原告名義にしたし、原告も被告もそのつもりでした。ところが、原告が奨学金の不払で訴えられて狼狽した被告が、自宅に保管されている原告の実印を使って勝手に真正な登記名義の回復を理由として、持分 2 分の 1 につき被告への所有権一部移転登記をしてしまった、という流れです。その後は、原告の婚約者が気に入らず、被告が態度を豹変させたという感じです。

J　では、被告のストーリーはどうですか。被告が有利とするらなさん、どうぞ。

R　大雑把にいいますと、原告は、母親である被告に対して多額の借入れをしている状態であったため、その清算の意味も込めて、本件建物の持分 2 分の 1 につき被告の所有にしたということです。被告としては、今まで住んでいた自宅をリフォームすればいいと思っていたけれど、原告がマンション購入を勧めてくるので、それに従った。本件売買契約においても、形式的には代理人ということになっていますが、実際に被告が居住することを前提に、物件の選定から手続に至るまで、すべて被告がしていたということです。したがって、本件建物は、持分 2 分の 1 につき被告が買主でした。ところが、原告が奨学金の支払を滞らせたので、本件建物が差し押さえられてしまうかもしれないと思った被告は、原告名義になっている本件建物の名義を本来の形にするために、持分 2 分の 1 につき被告に移す登記手続をしたという感じで

284

す。ちなみに、原告は、婚約者と一緒に住むのだと言い出して、被告を追い出したということです。暴力事件まで起こしているので、原告はひどい奴だという話になります。

J　何となくストーリーを比較しても、どちらが優勢かわからないと思います。これから検討しますが、まずは、なにから検討するといいでしょうか。

(2)　印鑑の盗用可能性

A　印鑑の盗用可能性ということになると思います。

J　そうです。まず、盗用がそもそも可能であったかという点を検討することが重要です。盗用可能性がなければ、本件念書を偽造することはできないので、「印鑑は本人が大切に保管しているから本人が押印した」という経験則が覆ることはありません。具体的には、被告が原告の印鑑の保管場所を知っていたか、保管場所に実際に行くことができたか、保管場所から実際に印鑑を持ち出すことが可能な状況であったか、といった点をみていくことになります。

　　まず、前提として、原告が本件建物を買い受けたという証拠をみて行くことから始めましょう。重要な証拠として何がありますか。

A　まず、最も重要な書証として、買主を原告とする売買契約書（甲第2号証［資料17］226頁）があります。被告は代理人ですので、売買契約の効果は、本人である原告に帰属します。被告を代理人とする委任状（甲第3号証（［資料18］227頁））も作成されています。そして、平成27年3月25日付けで原告の単独所有とする所有権移転登記がされています（甲第1号証（［資料16］224頁））。住宅ローン契約書（甲第4号証（［資料19］228頁））も、原告を借主とするものです。これらの書証は、本件建物の所有権は原告に移転するということを裏付けているといえます。

R　売買契約書等に基づいて、実際に原告を所有者とする所有権移転登記がされたことは確かです。

J　そうしますと、まずは、売買契約書や登記手続の観点からすると、原告の主張するとおりということですね。では、最も重要な印鑑の盗用可能性を検討しましょう。

R　秋人くんが述べた甲第1号証〜第4号証を打ち消すのが本件念書（乙第2

285

第Ⅱ部　第11講　事実認定問題

号証（[資料23] 234頁））です。本件念書は、原告が作成し、「マンションは、母である城地桃子に対する借入金、立替金を償還するために購入したものであり、名義は私の単独名義としますが、その所有権（持分2分の1）は城地桃子に帰属することを確認します」となっています。この書面により、上記の売買契約書や登記手続が原告名義となっているのは形式的なものとして打ち消されます。

A　でも、本件念書は、成立の真正が争われています。

J　どこを見ればわかりますか？

A　書証目録（[資料15] 223頁）です。乙第2号証は、成立が「否」、「成立の争いについての主張」として、「印影が原告の実印であることは認める。被告が原告の実印を盗用して偽造したものである」となっています。乙第2号証は、被告が勝手に作ったものと考えられます。

J　「印影が原告の実印であることは認める」となっていますので、原告の実印の保管状況が問題になりますね。その点は、どうですか。

A　印鑑の保管状況については、原告は、転勤が多く（甲第6号証の陳述書3項（[資料21] 230頁））、本件建物に実印を保管していた旨の供述をしています（原告本人供述19項（[資料28] 241頁））。被告も、本件建物に原告の実印や重要書類が保管されていることはわかっていた趣旨の供述をしています（被告本人供述40項〜42項（[資料29] 249頁））。この被告の供述は「不利益供述」といえるもので、あえて嘘をつく内容ではありません。したがって、動かしがたい事実として、原告の実印は本件建物に保管されており、そのことを被告は認識していたという事実が認定できます。このことからすると、被告が、原告の実印を物理的に盗用することは可能であったと考えられます。つまり、印鑑の盗用可能性があったという評価ができます。

R　でも、被告名義への持分2分の1の所有権一部移転登記手続に必要な印鑑登録証明書（乙第3号証（[資料24] 234頁））や委任状（乙第4号証（[資料25] 235頁））が使われていますが……。

A　印鑑登録証明書は平成27年3月15日付け、委任状も同日付けで、いずれも平成27年3月25日の本件建物の購入時に作成したものです。委任状（乙第4号証）は甲第3号証の委任状と同じ時に作成されたものと考えられます。印

鑑登録証明書も同様です。したがって、これらは、平成27年6月12日の真正な登記名義の回復に関する証拠としては役立ちません。むしろ、本件建物購入時のものを使っているということは、本件念書（乙第2号証）が偽造であることを裏付ける証拠になります。

R　う〜ん、本件建物購入時のものを使っていることは確かですが、本件建物の購入に当たって、余分に委任状や印鑑登録証明書を作成したり交付を受けたりすることはあると思います。それが余っており、使えるのなら、わざわざ取りに行くことはしないと思います。

J　確かに、何かミスをしたりすることに備えて、余分に委任状や印鑑登録証明書を作成したり交付を受けたりすることは、ありそうですね。費用的に安いですし、手間も省けますから。そして、委任状や印鑑登録証明書は、余部があれば、それを使うというのも考えられますね。登記手続で使う印鑑登録証明書の有効期間はどうなっていますか。

R　ええっと……。

J　不動産登記令16条3項、18条3項により発行から3カ月となっています。

R　印鑑登録証明書（乙第3号証）は、平成27年3月15日付けですから、同年6月12日付けの登記申請にぎりぎり間に合ったということですね。

A　確かに、印鑑登録証明書や委任状は、まだ使えるものがあると使うというのもわかるように思いますが、ようするに、印鑑登録証明書（乙第3号証）や委任状（乙第4号証）は、真正な登記名義の回復請求の真偽には特に役立たないということですね。どちらかに有利になることはない。そうだとしても、本件念書（乙第2号証）につき、結局、原告の実印を被告が物理的に盗用することは可能であり、印鑑の盗用可能性があったという結論です。

R　実際に盗用の場面を誰かが目撃したというわけではありませんので、あくまで盗用の可能性を否定できないということではないでしょうか。

J　2人とも同じことを言っていますよ。別に印鑑の盗用の事実を認定するのではなく、その可能性があったというものです。一般に他人であれば、印鑑盗用は難しいので、具体的に盗用の機会あったこと、たとえば、盗用したとする者が一人で留守番をしており、その時に印鑑を盗用したものと考えられるという事実を主張立証する必要がありますが、本件では、被告が1人で住

んでいる家に原告の実印が保管されていたのですから、盗用しようと思えば容易することができたといえます。もちろん、盗用したと認定するわけではありません。ここでは、本件念書（乙第2号証）を見ても、それ以上のことはわからないということです。署名もありませんし。したがって、90頁でいうところの、盗用につき相当程度の可能性があるということで、ひとまず検討を終え、他の問題点を検討することにしましょう。

(3) 売買代金の実質的拠出者

J　何を検討しますか。特に検討の順序はなく、いろいろな観点から検討することが必要ですが、一般的には重要なものから検討することになります。

A　売買代金を誰が出したかという点を検討するのはどうでしょうか。

J　いいと思います。

A　本件では、原告が5060万円すべてを出しています。一般にお金を出した人の所有に属するといえます。

R　でも、被告が5060万円のうち約半額にあたる2500万円を出しています。被告も、ＳＵＶといっても、よくわかりませんが、高級車のようですが、その費用として500万円近く出しており、そのほかにも医学部に進学した被告のためにいろいろと出しています。

A　いろいろと出しているといっても、証拠がないですよね。そもそも、貸付金や立替金と考えていたのであれば、その時点で一般的にイメージする親子関係とは少し違うように思いますので、貸付金や立替金であることを何らかの形で証拠として残すのではないでしょうか。本来あるべき証拠がないということも、本件の場合には重要だと思います。

R　でも、親子ですし、当時は仲が悪かったわけではなく、支出のたびにいちいち借用書とかは作らないのが普通ではないでしょうか。

J　親子なので、いちいち借用書は作らないというのは、そのとおりだと思いますが、問題は、親子で仲が良かった場合、後に返還してもらうという趣旨でお金を渡したかという点ですね。被告の主張は、医学部に入学してから横暴なふるまいをする原告に多額の金銭を渡したが、贈与ではないということは繰り返し確認していたという構成になっています（答弁書第3の1（［資料9］213頁））。繰り返し確認していたという構成からすると、その際に確認

の書面を作成すれば確実なのに、それをしなかったという点をどう考えるか
ですね。

A　貸付けや立替えという形にするなら、書面に残すのが普通ではないでしょ
うか。貸付金や立替金の存在まで認定できるかといわれると、証拠がないと
いわざるを得ないのではないでしょうか。貸付金や立替金であることをうか
がわせるような客観的証拠が全く存在しないというのは、重要な考慮要素に
なると思います。特に、被告は、被告の母から2500万円を入手し、気が大き
くなったという話をしています（被告本人供述15項（［資料29］246頁））。それ
を貸付金や立替金というのは、やはり苦しい感じがします。

R　そうですかね……。納得できませんけど。

J　貸付金や立替金だとすれば、それを明確に、別に契約書ではなくても、簡
単なメモ書きでもいいと思いますが、いついくら貸したあるいは立て替えた
というような形でわかるようにしておかないと、将来請求するときにいくら
請求できるかがわかりませんからね。それが証拠上何も出てきていないとい
うことですね。その点は、原告に有利な事情といえます。

(4)　登記名義人と本件建物の利用者

R　でも、本件は、被告が原告に対し貸付金や立替金の支払を求めているわけ
ではありません。たとえ貸付金や立替金の額が明確でなくても、その趣旨で、
本件建物の持分2分の1を被告のものにすることにした、といえるのではな
いでしょうか。

J　では、次に、らなさんの指摘を検討しましょう。らなさん、どうぞ。

R　被告は、わざわざ自宅を出て本件建物に移ることにしたわけですが、これ
は、原告が貸付金や立替金の清算として本件建物の持分2分の1につき被告
のために買ったと考えるのが自然ではないかと思うのです。

A　親子なので、新しくて便利なマンションを買うので、そこに住んだらどう
かと勧めるのは、ごく普通のことではないかと思います。不動産業者の陳述
書（甲第5号証（［資料20］229頁））によると、2人はとても仲良く見えて、母
親の恩に報いる姿に感動したみたいな美談に仕上がっています。母の恩に報
いる姿に感動するような関係性だったのに、その裏で貸付金や立替金の清算
の趣旨で本件念書を作成していたとは考えにくいということになりますよね。

第Ⅱ部　第11講　事実認定問題

R 「とても感動したことが印象に残っています」といっても、陳述書ですの
で、これのみから事実を認定することはできないでしょう。

A この不動産業者の陳述書は陳述書にすぎないかもしれませんが、本件売買
契約に至るまで、原告と被告の親子関係が険悪なものであったことをうかが
わせる証拠はないですよね。育ててくれた母親に、便利なマンションに住ま
わせてあげるというのは、別に不自然なことではないですし、本件建物の名
義を原告名義にしているのは、本件建物が原告所有であることは当然の前提
になっていたと考えたほうが自然なように思います。

R でも、本件建物は被告が住むために購入し、物件の選定はすべて被告が行
っています。これらの点は被告に有利です。

J 確かに、被告のために購入しているのは、原告も認めています（訴状第3
の1（[資料8] 209頁））。それは被告に有利な事情です。ただ、登記名義人
が誰であるかよりはかなり弱い感じがしますね。

(5)　原告による奨学金未払と訴訟提起

J 被告が本件念書（乙第2号証（[資料23] 234頁））を作成した理由として、
原告が奨学金未払により民事訴訟を提起されるということがありましたね。
これは、本件登記がされる経緯ともいうべき事情ですので、この点を検討し
てみましょうか。

A 平成27年5月に原告が奨学金の返還を怠って訴訟を提起されるということ
がありました。これによって本件建物が差し押さえられたり売却されたりす
ることを防止するため、被告が自らの持分2分の1とする本件登記をしたと
考えられます。具体的には、訴訟提起が平成27年5月23日、本件登記が6月
12日ですから、時間的接着性があります。訴訟提起されたことから、差押え
を恐れて本件登記を急いでやったと考えるのが自然です。このことが印鑑盗
用の動機になったと考えられます。

R でも、訴訟提起がされて本件建物が差し押さえられる危険性を認識したか
ら、印鑑の盗用に及んでしまうという経験則はありませんよね。印鑑を盗用
する必然性はありません。

A 被告が印鑑を盗用しても不思議ではない事情はあったといえます。

J 時期的に訴訟提起と本件登記が非常に接近しており、訴訟提起があったか

ら本件登記をしたといえます。このことは、被告も本人尋問で認めています（被告本人供述26項（[資料29] 248頁））。そうしますと、ひとまず、印鑑を盗用する動機に当たる事情はあったといえるように思います。

R　えっ、そうですか。

J　もちろん、原告本人の了解を得てすることもあり得ますので、印鑑を盗用する動機はあるが、それ自体は印鑑を盗用した事実を認定するにつき強い推認力があるわけではありません。

(6)　所有権一部移転登記の抹消未了

J　ほかに何かありますか。

R　あります。決定的なことがあります。今、話題に出ましたように、原告が奨学金の支払を怠って訴訟提起をされたので、本件建物が差し押さえされるかもしれないと心配した被告が、本件登記をしました。でも、この問題は、平成28年4月11日に原告と医療法人白衣会との間で和解で解決しています。原告はもちろん、被告としてもホッとしたところと考えられます。ところが、その後も、被告は、持分2分の1の登記を抹消せずにそのままにしています。なぜか。それが真実の登記に合致しているからと考えられます。

A　でも、所有権一部移転登記は、差し押さえを受けるといけないので、直ぐにする必要があることはわかりますが、その抹消は急いでする必要はなく、忘れていただけではないですか。

R　いやいや、仮にすべて原告の所有に属していたけれど、差押えを受けるのを防ぐために持分2分の1を被告に移転登記をしたのであれば、その可能性がなくなった時点で、登記を戻すのではないか、ということです。登記手続を戻すのを忘れていたというのは、重大性から考えられません。それが真実だから戻さなかったといえます。

J　その点は、判断が難しいように思いますね。確かに、らなさんが言うように、被告の持分2分の1とする登記が虚偽のもので、差押えを受けるのを防ぐためにした登記であれば、原告と医療法人白衣会との紛争が解決した平成28年4月11日以降、被告としては、早い時期に持分2分の1とする自己への所有権一部移転登記を抹消するのが通常といえるかと思います。ただし、秋人くんが言うとおり、所有権一部移転登記は、医療法人白衣会から訴えを起

291

第Ⅱ部　第11講　事実認定問題

こされたので、早期にする必要がありますが、抹消は直ぐにする必要はなく、そのうちしようと考えていただけかもしれません。登記手続は、一般的にいえば、誰でも容易にできるものではなく、司法書士事務所等に行って登記手続をしてもらう必要がありますが、それをしないままだった可能性もありますね。

R　そうでしょうか。

J　確かに、らなさんが言うとおり、そのままにしていたのは被告に有利な一つの事情になりますが、被告の勝訴に導くような大きな理由になるものではないように思います。

(7)　念書の不提示

J　ほかにはどうでしょうか。

A　一つあります。被告は、原告と令和2年6月から7月にかけて言い争いになっていますよね。原告から本件登記を抹消してほしいという申入れがあったのに、原告に本件念書を見せていないというのは不自然ではないでしょうか。登記記録を見せているのに、その元になる本件念書を見せていないというのは。本件念書はその時より後に作成したから見せることができなかったと考えられます。

R　そんなことはないですよ。当時は、二人は険悪な関係にあり、本件念書を見せるという場合ではなかったのではないですか。

A　でも、本件念書があるなら、それを見せれば足りる話ですよね。

R　いつ見せる場面があったというんですか。

A　「登記を何とかしろという。それが1、2回ありました」ということを被告は認めていますよ（被告本人供述56項（[資料29]　251頁））。

R　その時に、登記を見せる状況だったのかはわからないと思います。

J　裁判官も気になったのか、最後に聞いていますね（被告本人供述58、59項（[資料29]　251頁））。被告本人は、「それ以上は関わりたくありませんでした」という答えで、裁判官はそれ以上の質問をしていませんから、これ以上聞いても仕方がないと考えたんでしょうね。今の点を証拠で使うなら、1、2回の話の内容などを聞いて、本件念書を提出する機会があったのかを尋ねることが必要です。客観的な証拠はありませんから、被告の不利益な供述という

292

ことで、被告が認める範囲でしか事実を認定できないように思います。仮に、原告が被告に対し怒鳴っただけで、被告が無視していたという状況なら、本件念書を提出する機会があったとはいえませんから。

R　そうですよね。

A　う━━ん、納得しかねますね。

J　次に移りましょう。

(8)　本件建物の重要書類の保管状況

R　印鑑盗用の可能性のところでも検討しましたが、本件建物に関する権利証等の重要書類は、すべて被告が居住する本件建物において保管されていた事実が認められます（原告本人供述41項（［資料28］244頁）、被告本人供述23項（［資料29］247頁］））。この事実関係からは、本件建物の重要書類を被告の手元に置いていたことを示していますので、被告が少なくとも本件建物の持分2分の1について買主であったことを裏付けているといえます。

A　そうでしょうか。この点、原告の住民票上の住所が本件建物であるという事実が認定できます。住民票を証拠として提出させれば、より明確になるでしょうが、当事者間で一致する供述（原告本人供述47項（［資料28］245頁）、被告本人供述43項（［資料29］250頁］））として出てきますので、動かしがたい事実として認定できます。そうすると、本件建物は、原告にとっても、実家のような位置づけといえますので、本件建物に関する重要書類等を本件建物に保管していても何ら不自然ではないということになります。

J　この点は、確かに、あまり重要な事情とまではいえなさそうですね。

(9)　被告による自宅の売却

R　被告は、平成27年4月25日、自宅を売却しています（乙第5号証（［資料26］235頁））。しかも悪徳不動産に。被告名義の自宅不動産を売却してしまうということは、本件建物しか住む場所がなくなってしまうわけですから、本件建物につき被告の持分があることを前提とした行動と考えるのが合理的といえると思います。被告本人尋問でも、そのようなことを言っています（被告本人供述25項（［資料29］248頁］））。

A　その評価もどうかと思います。本件建物については、代金を全額原告が支払う前提ですので、名実ともに原告所有としておくのが普通ではないかと思

第Ⅱ部　第11講　事実認定問題

います。

R　しかし、問題は、自分の住む場所がなくなる可能性があるということです。

A　そこは、親子の関係が破綻していることを前提にするかどうかではないでしょうか。確かに親子関係が破綻していれば、いつ子から追い出されるかわからないですから、自己所有であることを固めておかないと恐くて自宅を売れないということもあるかもしれませんが、本件ではそのような事実の認定ができません。不動産業者の陳述書（甲第5号証（［資料20］229頁））は、しょせん陳述書かもしれませんが、売買契約時点では、原告が被告の恩に報いる形で本件建物を購入しており、被告が本件建物に住むことが前提になっていて、そこに被告が不安を覚えていたような事実は見当たらないといえます。しかも、被告は、自宅の売却代金は取得しているわけですよね（原告本人供述33項（［資料28］243頁））。本件建物の代金は、あくまで原告もちで、原告がローンを支払っているのに対し、被告は自宅を現金化できたわけです。

R　結局、どのようなストーリーを念頭に置くかで事実の評価も変わってくるような感じがします。

J　被告が自宅を売却したというのも、全体のストーリーの中に位置づける必要がありますが、決め手にはならなさそうですね。

　　⑽　**原告による暴力行為**

R　では、原告の暴力行為はどうでしょうか。原告は、被告に暴力を振るい、被告は、いわゆるDV支援の申し出をしてシェルターに身を隠すことになりました。被告が実際に暴行に及び有罪判決を受けていることは原告自身が認めています（原告本人供述35項（［資料28］243頁））。まさに、被告が危惧していたとおり、被告は本件建物から追い出されてしまいました。

A　この経過なのですが、本件の争点と関係があるのでしょうか。本件の事実認定上の争点は、「本件売買契約につき争いのある持分2分の1につき買主は原告であったか」というもので、判断の枠組みとしては、本件念書の成立の真正が争われており、被告が原告の実印を盗用して本件念書を偽造したかどうかが問題になっています。事後的に原告が被告に対して暴力を振るったとして、そのことから本件建物の持分2分の1につき原告ではなく被告が買ったことは推認されるのでしょうか。原告が被告に暴力を振るうことになっ

294

たのは、本件では全く無関係なことです。

J　論理的には、秋人くんの言うとおり、この事実は本件の争点とは無関係ですね。原告が令和元年12月婚約者を被告に合わせたところ、被告が婚約者を気に入らなかった、令和2年7月原告が被告に暴力を振るい、原告は略式命令により罰金30万円に処せられた、被告は本件建物から転居し、原告が本件建物に転居した、原告が本件訴訟を提起した、という流れをですが、本件で問題となっているのが平成27年のことで、それより4、5年後のことですからね。本件の結論に影響するような事情ではなさそうですね。

R　被告が婚約者を気に入らなかったのはなぜか、もう一つわかりませんが。レストランで礼儀をわきまえない感じがして途中で帰った（被告本人供述45項（［資料29］250頁））というのは、何があったのか気になりますが……。

J　まあ、その点は最後に触れます。以上で、だいたいの事情は出そろったでしょうか。まとめに入りましょう。

3 ┃ 総合評価

J　これからまとめに入りますが、大切なことは、動かしがたい事実を確定することと、総合評価なので、経験則を活用してしっかりと説明をつけて事実認定をすることです。そして、立証責任にも気を付ける必要があります。秋人くん、まず、前提となる事実はどうですか。

A　本件では、不動産の所有権移転登記（甲第1号証（［資料16］224頁））は原告名義でされており、売買契約書（甲第2号証（［資料17］226頁））、委任状（甲第3号証（［資料18］227頁））、住宅ローン契約書（甲第4号証（［資料19］228頁））という客観的証拠は、いずれも原告が本件建物の買主であることを示しています。これに対して、被告は、本件念書（乙第2号証（［資料23］234頁））を提出し、本件建物につき原告の単独名義とするが持分2分の1につき被告に帰属することを原告が確認していると主張し、原告は、その真正な成立を争っています。

　　判断の枠組みは、「直接証拠である類型的信用文書（本件念書）があり、その成立の真正に争いがある場合」と整理することができます。本件念書につき、印影が原告のものであることは争いがありませんので、第2類型の問題

第Ⅱ部　第11講　事実認定問題

です。

J　本件で問題になっているのは、2段の推定の「本件念書につき原告の意思に基づく押印といえるか」ですから、被告が原告の実印を盗用して本件念書を偽造したという事実を確信に至る程度まで心証形成して認定する必要はありません。本件念書を偽造した可能性もある、あながち否定できない、ということで、本件念書について原告の意思による押印という経験則による推認をぐらつかせ、真偽不明にすればよいわけです（41頁、272頁参照）。本件の場合、偽造かもしれないというところまではいったでしょうか。まず、印鑑の保管状況は、どうだったですか。

A　印鑑の保管状況をみますと、そもそも、原告の実印や本件建物に関する重要書類は、被告が1人で居住していた本件建物に保管されていました。ですから、被告による印鑑の盗用可能性を肯定できます。

R　う──ん、被告側からすると、被告が1人で住む住居に原告の実印を置かれていたというところが弱いですかね。でも、実際に原告が押印したかもしれず、後に被告と仲が悪くなって原告が嘘をついている可能性が高いです。確認ですけど、被告が原告の実印を盗用したと認められるわけではなく、盗用可能性を否定できないということですよね。

J　そうです。本件念書（乙第2号証（[資料23] 234頁））については、盗用の可能性は否定できないということで、本件念書以外の点を検討し、本件念書の真正な成立を考えます。つまり、90頁の〔図8〕を見ていただきたいのですが、真正に成立したと認めるわけではなく、かといって、実際に盗用の場面を目撃されたわけでもありませんので、盗用があったと認めるわけでもなく、中間のイメージです。本件念書以外の点を検討する必要があります。

R　本件念書という類型的信用文書に着目し、その真正な成立を検討するというと、証拠の信用性に関する補助事実の争いということになり、すごく限局された話のようなイメージをもってしまいそうですけど、事案全体を見渡して判断するのですね。

J　本件について直接証拠となる類型的信用文書の有無を出発点にして分析的に考えていくと、補助事実レベルでの争いという整理になりますが、補助事実といっても、それは間接事実としても機能するような事実を整理して評価

296

しているということです。補助事実が間接事実としても機能することを「間接事実の補助事実的機能」とよんでいますが（46頁、88頁参照）、やっていることは重要な間接事実をしっかりと拾って評価していくという作業にほかならないのです。

重要な間接事実は、どうですか。

A　被告は、代金を全額拠出したという原告に対し、少なくとも半額に当たる2500万円以上を被告に対する貸付金や立替金として出したと主張していますが、その裏付けがありません。確かに、被告が原告のために自動車代金を出したことはありますが、それが貸付金や立替金とするなら、通常そのような書面を作成すると考えられるのに、何もありません。不動産の登記名義人は原告であり、しかもこの手続は被告が行っています。このことは、被告も、登記手続をした当時（平成27年3月25日当時）、原告の所有に属すると考えていたと思われます。動機をみましても、医療法人白衣会から原告に対する訴訟が提起されてまもなく、原告から被告への所有権一部移転登記をしていますので、医療法人白衣会から差押えを受けるかもしれないことを恐れて、登記をしたことは明らかです。

R　他方、被告が、本件建物の購入手続一切をしており、現実に本件建物に居住しています。そして、医療法人白衣会から原告に対する訴訟が提起されたために被告への所有権一部移転登記をしましたが、医療法人白衣会との和解が成立した後も、所有権一部移転登記の抹消がされていません。

J　――というようなところを総合評価するわけですが、原告に対する貸付金や立替金債権として2500万円（あるいはそれ以上）を売買代金に充てたとする被告の主張に裏付けとなる証拠がなく、被告が弱いように思いますね。いずれにしても、争いのある事実関係の有無を推認させる間接事実をしっかりと拾い上げ、それを評価していくということが大事だということを再確認してもらえれば嬉しく思います。

A　そうすると、結局、本件の場合、本件念書（乙第2号証（［資料23］234頁））について、それ自体から真正に成立したと認めることはできず、他の証拠を総合しても、成立の真正が立証されたとはいえませんので、本件念書の形式的証拠力が否定されるということですね。

297

第Ⅱ部　第11講　事実認定問題

J　そんな感じですね。補助事実の検討をした結果、本件念書の形式的証拠力が認められず、他に持分2分の1につき被告が前主から取得したという証拠はない、ということになります。

R　それは、直接証拠型の方法だと思いますが、総合判断型（89頁参照）だと、どうなるんですか。

J　本件念書は、被告が原告の実印を保管しており、いつでも押印することができたという印鑑の保管状況のみを検討し、真正な成立に疑いがあるということで、本件念書の検討を終えます。次に、他の間接事実を検討します。その結果、被告が登記申請をしていながら登記名義人は原告名義であることや、被告が持分2分の1を有しているとする貸付金や立替金の裏付けとなる証拠がないことなどを考えると、本件念書の検討とを総合すれば、結局、原告が前主から本件建物全体を取得したといえる、という結論になります。

R　納得できませんけど……。あっ、先ほど（295頁）「最後に触れる」と言われたのは？

J　そうそう、本件は、親子間の争いです。かつて仲が良かったのですから、なんとか和解をして、元のように暮らせることが望ましいのは確かです。粘り強く和解するのが相当という事案です。西岡修輔裁判官も和解期日を2回（第1回は口頭弁論と同日で［206頁、207頁］、証拠調べが終わった後です）開いていますが、それで打ち切っています。弁論終結日の1カ月あまり後に判決言渡期日を指定していますが、そうではなく、和解を粘り強く勧めるのが相当だと思います。

R　でも、被告は原告の奥様が気に入らないようで、和解は難しいのではないですか。

J　確かに、難しいとは思いますが、どんな和解案が考えられますか。

R　原告に対し本件建物につき単独名義の登記を諦めさせるとかでしょうか。

J　いや、そんなことより、登記は原告の単独名義に戻したうえで、今、被告は別のところに住んでいますので、本件建物の居住を被告に譲り、原告と妻がどこかに転居するのがいいのではないかと思いますが。被告は、これは推測ですが、本件訴訟で本件建物の登記名義がどうなるかにはこだわっていないような気がします。和解ですので、訴訟物にこだわらず、当事者が気にし

298

ている点は何かを把握し、なんとか解決策を見い出していくのが望ましいです。特に、本件のような親子関係の争いであると。

R　確かに、不動産屋の正直直正さんも「親子愛を感じるお二人の関係に戻られることを祈っています」とありますね（甲第5号証（［資料20］229頁））。でも、親子関係などの親族の紛争ほど和解が難しいという話を聞いたことがあります。

J　そうなんですよ。かつては仲が良かったのに、えらく憎しみ合っていたりしますからね。

R　原告に妻と別れるように説得するというのは、どうでしょうか。それで元のように原告と被告は仲良くなれるとか。

J　いやあ、それは問題がありますね。

R　冗談ですよ（^_^）。

A　一応まとめました。どうでしょうか。

J・R　えっ、もうまとめたんですか。

A　はい。次のとおりです。

【秋人くんのまとめ】

（訴訟物）
　所有権に基づく妨害排除請求権としての所有権一部移転登記抹消登記請求権

（争点）
　本件の争点は、本件建物の持分2分の1につき、原告が所有しているといえるか、というものである（残2分の1につき原告が所有していることは争いがない）。

（判断の枠組み）
　「登記は原告の単独名義とするが、持分2分の1は被告の所有である」旨記載された原告名義の本件念書（乙2）が存在する。本件念書は、本件建物を原告（または原告と被告）が買い受けた平成27年3月25日付けであり、類型的信用文書である。原告は、本件念書の成立を否認している。そうすると、判断枠組みは、第2類型（類型的信用文書の成立が争われている

第Ⅱ部　第11講　事実認定問題

場合）に該当する。

（争点に対する判断）

1　本件の争点は、本件建物の買主が原告のみであるかというものである
　が、原告単独名義で所有権移転登記がされており（甲1）、売買契約書
　（甲2）、委任状（甲3）、住宅ローン契約書（甲4）という客観的証拠
　は、いずれも原告のみが本件建物の買主であることを示している。とこ
　ろが、本件念書は、原告名義で、「本件建物は、母である被告に対する
　借入金、立替金を償還するために購入したものであり、名義は原告の単
　独名義とするが、その所有権（持分2分の1）は被告に帰属することを
　確認する」旨記載されており、原告の印鑑（実印）が押されている。

　　原告は、本件念書につきその真正な成立を否認するが、原告の印鑑が
　使われていることは原告も認めており、そうすると、原告本人の意思に
　基づく押印であると事実上推認することができ、民訴法228条4項によ
　り、本件念書が真正に成立したものと推認することができる。

2　原告は、上記推認に対し、被告が原告の実印を盗用したものであると
　主張し、原告が押印したことを否認する。

　　検討するに、証拠（原告、被告各本人）によると、原告の実印は、被
　告が1人で居住していた本件建物に保管されていたことが認められる。
　そうすると、被告が、本件念書を作成のうえ、原告の了解を得ることな
　く、原告の印鑑を押した可能性を否定することはできず、本件念書の真
　正な成立に疑問を差し挟む余地がある。

3　そこで、本件念書の真正な成立につき、他の事情を検討する。

(1)　被告は、原告に対し貸付金または立替金として2500万円以上を拠出
　　していることから、本件建物の持分2分の1は被告に属する旨主張す
　　る。しかし、貸付金や立替金であれば、いついくらの貸付けや立替え
　　があったかにつき証拠を残すのが通常であると考えられるが、何らの
　　証拠も提出されていない。被告が原告のために自動車を四百数十万円
　　で買ったことや被告が原告のために相応な支出をしたことは認められ
　　るが（原告、被告各本人）、それが被告の原告に対する貸付金または立
　　替金であったと認めるだけの証拠がない。

　　　そして、被告は、本件建物の登記名義の変更手続を自ら行っている

300

（売買契約書（甲2）等にも原告代理人として被告の名が出てくる）が、所有権移転登記は原告名義でされており（甲1）、登記手続をした平成27年3月25日当時、本件建物は原告の所有に属するという認識でいたものと考えられる。

被告が自ら所有であると主張を始めた経緯をみても、証拠（甲1）および弁論の全趣旨によると、平成27年5月23日、医療法人白衣会から原告に対する訴訟が提起され、同年6月12日には原告から被告への所有権一部移転登記がされていることが認められる。両者の時期的近接性からすると、被告としては、真実の登記にするためより、同医療法人から差押えを受けるかもしれないということを心配し、所有権一部移転登記手続をしたものと認めることができ、それが真実の登記といえるか疑問がある。

そうすると、本件念書の成立の真正は、それに反する上記の事実関係からすると、認めることができない。

(2) これに対し、被告は、被告が本件建物の購入手続一切をしており、現実に本件建物に居住していること、動機の点についても、医療法人白衣会との和解が平成28年4月11日に成立した後も、被告への所有権一部移転登記の抹消手続をしていないことを主張する。しかし、もともと原告としては、医師としての勤務で住居を留守にすることが多く、被告の居住用に本件建物を購入したのであり、被告が購入手続を行い本件建物に居住していたことは、原告が本件建物を購入したことと矛盾するものではない。また、被告から原告への所有権一部移転登記を抹消していない点について、原告はその事実を長く知らず（原告本人）、被告としては、所有権一部移転登記手続とは異なって急いでする必要はなく、司法書士等に依頼する必要性もあって、そのままにしていたと考えることができ、上記認定の妨げとなるものではない。

4 以上からすると、本件念書の成立の真正を認めることはできず、本件建物の争いのある持分2分の1につき原告が所有しているということができ、原告の被告に対する所有権一部移転登記の抹消登記手続請求は理由がある。

● 事項索引 ●

【英数字】

第 1 類型······84
第 2 類型······85
第 3 類型······90
第 4 類型······94
2 段の推定······41,271
3 分方式······196

【あ】

意思表示の解釈······105
印影······36
印鑑······36,48
印章······36
動かしがたい事実······70
写し······30
押印······36
押印文書······35

【か】

解明度······17
間接事実······20
　　——の補助事実的機能······88
　　——の役割······97
間接証拠······20
間接反証······25
鑑定······11
偽造文書······37
規範的要件······118
客観的事実······70
虚偽表示······86
銀行印······36
経験則······19
形式的証拠力······32,270
原本······30
高度の蓋然性······12
公文書······29
抗弁······28
　全部——······28

【さ】

三文判······36
事案解明義務······18

事件記録······197
事実上の推定······20
事実認定
　　——の構造······23
　　——の対象······8
　　——の方法······9
実印······36
実質的証拠力······52,276
私文書······29
自由心証主義······9
修正的解釈······110
主尋問補完機能······61
主張自体失当······103
主要事実······20
証言······66
　　——態度······78
　　——の一貫性······75
　　——の具体性······75
　　——の合理性······75
　　——の信用性······68
　　——の正確性······72
証言認定型······92
証拠開示機能······62
証拠能力······11
証拠の遍在······17
証拠力······269
証明度······12
処分証書······53,276
署名文書······34
書面尋問······10
推認······20,24
スジ······129
ストーリー······68,103
スワリ······129
正本······30
成立の真正······32
　　——の立証方法······88
全部抗弁······28
総合判断型······89,91
相殺······28
　　——の抗弁······28
争点整理······102

事項索引

【た】

代理文書··········49
痴漢事件··········136
調査嘱託··········10
直接証拠··········20,267
　——型··········89
陳述書··········61
伝聞供述··········79
謄本··········30
盗用型··········43

【な】

捺印··········36
認印··········36

【は】

反証··········26
判断··········26
　——の順序··········26
　——の枠組み··········83
筆跡··········48
評価··········118
文書··········29
　押印——··········35
　偽造——··········37

署名··········34
　——の個数··········48
　——の作成者··········33
　——の成立の真正··········32
　——の成立の立証方法··········88
　——送付嘱託··········10
　——の提出··········37
弁論の全趣旨··········11
報告文書··········53,279
法定証拠法則··········40
冒用型··········43
補充的解釈··········110
補助事実··········20
　——の役割··········97
本証··········26

【ま】

黙示の意思表示··········120

【ら】

利害関係··········77
類型的信用文書··········57,268
ルンバール事件··········13

【わ】

和解··········144

303

● 条文索引 ●

〔民法〕

94条	86
99条	158,161
145条	176
152条	178
166条	176
177条	190,191
186条	117
198条	257
199条	257
200条	257
404条	165
412条	174,176
415条	166
419条	166,167
446条	55,155,159,161
447条	156
452条	156
453条	156
493条	175
533条	177,178
540条	173,176
541条	173,175,176
550条	55
555条	158,172,260
587条	164
589条	164,165
606条	110
703条	112
882条	172,190
887条	190
889条	172
890条	172
1028条	118

〔民事訴訟法〕

114条	28
156条	17
161条	198
175条	197
186条	10
190条	66
196条	66
205条	10
207条	66
209条	66
212条	11
219条	29
221条	29
226条	10,29
228条	30,33,35,39,40,41,42,44,46,47,50,86, 87,88,270,271,272,275,280
246条	256
247条	71
248条	15
259条	255
267条	145

〔民事訴訟規則〕

55条	29
145条	39
143条	30,31
137条	33

〔民事執行法〕

22条	255
177条	185,256

〔商法〕

513条	165

〔不動産登記法〕

60条	254
63条	256

〔国家賠償法〕

2条	121

〔著者略歴〕

大 島 眞 一（おおしま　しんいち）

［略歴］

神戸大学法学部卒業。1984年司法修習生（38期）。1986年大阪地裁判事補。函館地家裁判事補、最高裁事務総局家庭局付、旧郵政省電気通信局業務課課長補佐、京都地裁判事補を経て、1996年京都地裁判事。神戸地家裁尼崎支部判事、大阪高裁判事、大阪地裁判事・神戸大学法科大学院教授（法曹実務）、大阪地裁判事（部総括）、京都地裁判事（部総括）、大阪家裁判事（部総括）、徳島地家裁所長、奈良地家裁所長、大阪高裁判事（部総括）、2023年定年退官、弁護士。2024年関西学院大学司法研究科教授。

［主要著書・論文等］

『ロースクール修了生20人の物語』（編著、民事法研究会・2011）、『Q&A 医療訴訟』（判例タイムズ社・2015）、『司法試験トップ合格者らが伝えておきたい勉強法と体験記』（編著、新日本法規・2018）、『完全講義　民事裁判実務［基礎編］』（民事法研究会・2023）、『完全講義　法律実務基礎科目［民事］〔第 2 版〕』（民事法研究会・2023）、『交通事故事件の実務〔改訂版〕』（新日本法規・2023）、『完全講義　民事裁判実務［要件事実編］』（民事法研究会・2024）等。

「逸失利益の算定における中間利息の控除割合と年少女子の基礎収入」判タ1088号60頁（2002）、「交通損害賠償訴訟における虚構性と精緻性」判タ1197号27頁（2006）、「法科大学院と新司法試験」判タ1252号76頁（2007）、「大阪地裁医事事件における現況と課題」判タ1300号53頁（2009）、「交通事故における損害賠償の算定基準をめぐる問題」ジュリ1403号10頁（2010）、「規範的要件の要件事実」判タ1387号24頁（2013）、「医療訴訟の現状と将来——最高裁判例の到達点」判タ1401号 5 頁（2014）、「高齢者の死亡慰謝料額の算定」判タ1471号 5 頁（2020）、「交通事故訴訟のこれから」判タ1483号 5 頁（2021）、「統計数値からみた民事裁判の概観」法律のひろば76巻 5 号53頁（2023）、「判決書の作成過程を考える」判タ1511号37頁（2023）等。

完全講義　民事裁判実務［実践編］

令和 7 年 1 月20日　第 1 刷発行

著　　者　大島　眞一
発　　行　株式会社　民事法研究会
印　　刷　株式会社　太平印刷社

- -

発 行 所　株式会社　民事法研究会
　　　　　〒150-0013　東京都渋谷区恵比寿 3-7-16
　　　　　〔営業〕　TEL 03(5798)7257　FAX 03(5798)7258
　　　　　〔編集〕　TEL 03(5798)7277　FAX 03(5798)7278
　　　　　http://www.minjiho.com/　info@minjiho.com

落丁・乱丁はおとりかえします。　　　　　ISBN978-4-86556-664-2
カバーデザイン　関野美香

『完全講義 民事裁判実務の基礎[上巻]〔第3版〕』を完全リニューアル！

完全講義
民事裁判実務 要件事実編
―― 民事訴訟の基本構造・訴訟物・要件事実 ――

司法試験受験生・司法修習生向け

元大阪高裁部総括判事・弁護士・関西学院大学司法研究科教授　大島眞一　著

A5判・517頁・定価4,950円（本体4,500円＋税10％）

▶要件事実について、基礎から応用的な問題まで網羅しており、「本書全体が要件事実に特化し、要件事実はこの1冊でわかる」（本書はしがき）待望の書！
▶法科大学院における「民事訴訟実務の基礎」等の授業を理解するための、あるいは司法修習における「民事裁判」の自習書としても最適！
▶なるべく抽象的な説明は避け、具体的事例に基づいた説明により、事案に即したあてはめができるようになるとともに、理解を助けるための図や訴状、不動産登記事項証明書等の書式を示すことにより、視覚的に理解できる！
▶著者の法科大学院での授業経験や司法修習生に対する実務指導経験を踏まえ、法科大学院生や司法修習生が間違いやすい点や誤解しやすい点については、「One Point Lecture」として説明し、誤った理解がされないように工夫し、正確な理解に資する必携書！
▶法科大学院生、司法試験受験生、司法修習生が要件事実を深く学ぶのに最適！

本書の主要内容

第1部　基本構造・訴訟物
　第1講　民事訴訟の基本構造
　第2講　訴訟物

第2部　要件事実
　第3講　要件事実総論
　第4講　売買に関する請求1
　第5講　売買に関する請求2
　第6講　売買に関する請求3
　第7講　貸金・保証に関する請求
　第8講　不動産明渡しに関する請求
　第9講　不動産登記に関する請求
　第10講　賃貸借に関する請求1
　第11講　賃貸借に関する請求2
　第12講　動産・請負に関する請求
　第13講　債権譲渡等に関する請求
　第14講　その他の請求

発行　民事法研究会

〒150-0013　東京都渋谷区恵比寿3-7-16
（営業）TEL. 03-5798-7257　　FAX. 03-5798-7258
http://www.minjiho.com/　　info@minjiho.com

『新版 完全講義民事裁判実務の基礎[入門編]』を大幅リニューアル！

完全講義
民事裁判実務 基礎編

予備試験受験者向け

―――要件事実・事実認定・民事保全・執行―――

元大阪高裁部総括判事・弁護士・関西学院大学司法研究科教授　大島眞一　著

A５判・464頁・定価 4,400円（本体 4,000円＋税10％）

- ▶要件事実を中心に、事実認定、民事保全・執行、法曹倫理の基礎が学べ、この１冊で民事裁判実務の基礎がわかる！
- ▶司法試験予備試験との関連性を重視しており、『完全講義法律実務基礎科目［民事］〔第２版〕』と併用すれば、司法試験予備試験の「法律実務基礎科目（民事）」の対策は万全！
- ▶法科大学院における「民事訴訟実務の基礎」等の授業を理解するための自習書としても最適！
- ▶なるべく抽象的な説明は避け、具体的事例に基づいた説明により、事案に即したあてはめができるようになるとともに、理解を助けるための図や訴状、不動産登記事項証明書等の書式を示すことにより、視覚的に理解できる！
- ▶著者の法科大学院での授業経験を踏まえ、司法試験予備試験受験生や法科大学院生が間違いやすい点や誤解しやすい点については、その旨を明示して説明し、誤った理解がされないように工夫し、正確な理解に資する必携書！

本書の主要内容

第Ⅰ部　基本構造・訴訟物
　第１講　民事訴訟の基本構造
　第２講　訴訟物

第Ⅱ部　要件事実
　第３講　要件事実総論
　第４講　売買に関する請求１
　第５講　売買に関する請求２
　第６講　貸金・保証に関する請求
　第７講　不動産明渡しに関する請求
　第８講　不動産登記に関する請求
　第９講　賃貸借に関する請求
　第10講　動産・債権譲渡等に関する請求
　第11講　その他（債権者代位・請負・相続・不法行為）

第Ⅲ部　事実認定（書証を中心に）
　第12講　事実認定（書証を中心に）

第Ⅳ部　民事保全・執行
　第13講　民事保全・執行

付録　法曹倫理
　第14講　法曹倫理１
　第15講　法曹倫理２

発行　民事法研究会

〒 150-0013　東京都渋谷区恵比寿 3-7-16
（営業）TEL. 03-5798-7257　　FAX. 03-5798-7258
http://www.minjiho.com/　　info@minjiho.com

元裁判官が示す！ 合格への考え方と参考答案！

完全講義
法律実務基礎科目［民事］〔第2版〕
―― 司法試験予備試験過去問　解説・参考答案 ――

元大阪高裁部総括判事・弁護士・関西学院大学司法研究科教授　　大島眞一　著

A 5判・233頁・定価 2,640円（本体 2,400円＋税10％）

▶ サンプル問題、過去問（平成23年～令和4年）をわかりやすく解説（参考答案付き）！
▶ 予備試験受験生の間で定評のある、完全講義シリーズの著者である裁判官が、自ら作成した参考答案を掲載した予備試験受験生の必携書！
▶ 関係図やブロックダイアグラムも掲載しており視覚的に理解できるほか、法務省公表の出題趣旨も掲載しており、「法律実務基礎科目（民事）」の過去問対策として不可欠な情報を集約！
▶ 著者が専ら予備試験受験生向けに著した『完全講義民事裁判実務［基礎編］』と完全リンク！　同書で学んだ知識力や思考力を使って「法律実務基礎科目（民事）」の過去問を解くことで実践力が身につき、予備試験対策としては万全！

本書の主要内容

第1講　予備試験「法律実務基礎科目（民事）」のポイント
第2講　前提として
第3講　予備試験サンプル問題
第4講　平成23年試験問題
第5講　平成24年試験問題
第6講　平成25年試験問題
第7講　平成26年試験問題
第8講　平成27年試験問題
第9講　平成28年試験問題
第10講　平成29年試験問題
第11講　平成30年試験問題
第12講　平成31年試験問題
第13講　令和2年試験問題
第14講　令和3年試験問題
第15講　令和4年試験問題

発行　民事法研究会

〒150-0013　東京都渋谷区恵比寿 3-7-16
（営業）TEL. 03-5798-7257　　FAX. 03-5798-7258
http://www.minjiho.com/　　info@minjiho.com

最新実務に必携の手引

── 実務に即対応できる好評実務書！──

2021年3月刊 多くの法律実務家に支持されてきたロングセラーの改訂版！

事実認定の考え方と実務〔第2版〕

民訴法248条に規定する「損害または損害額の認定」についての新章を設けるとともに、「当事者の事案解明義務」、「第一段の推定が覆らない場合」、「検証物としての文書による事実認定」、「反対尋問の重要性」の論点を新たに追録し、さらに充実！

田中 豊 著

（Ａ5判・319頁・定価 3,410円（本体 3,100円＋税10%））

2020年3月刊 民法（債権関係）改正および民法等（相続法）改正に対応させて改訂！

紛争類型別
事実認定の考え方と実務〔第2版〕

裁判官のなすべき正確な事実認定と訴訟代理人の主張・立証活動のあり方を紛争類型別に分けて解説！ 裁判官および弁護士としての豊富な経験を踏まえ、論理と経験則とを複合的に組み合わせ「可視化させた」渾身の１冊！

田中 豊 著

（Ａ5判・322頁・定価 3,630円（本体 3,300円＋税10%））

2019年12月刊 民法（債権関係）改正に対応して、全面的に見直して改訂！

要件事実の考え方と実務〔第4版〕

要件事実の教科書としてロングセラーの、民法（債権関係）改正完全対応版！ 改正の具体的な内容を簡潔に解説する「訴訟の概要」を各章の冒頭に設け、本文でも現行法や判例理論との異同に留意した、わかりやすい解説！

加藤新太郎 編著

（Ａ5判・458頁・定価 4,180円（本体 3,800円＋税10%））

2018年9月刊 新たに証拠法、訴訟承継、判決によらない訴訟の終了、既判力の主観的範囲を増補して改題・改訂！

論点精解　民事訴訟法〔改訂増補版〕
── 要件事実で学ぶ基本原理 ──

新たに証拠法、訴訟承継、判決によらない訴訟の終了等を増補！ 既判力、処分権主義、弁論主義、釈明権、重複訴訟禁止、一部請求訴訟、多数当事者訴訟、確認訴訟等、抽象・難解な「基本原理」を、「要件事実」を分析の道具として理解の促進を追求！

田中 豊 著

（Ａ5判・519頁・定価 4,400円（本体 4,000円＋税10%））

発行　民事法研究会

〒150-0013　東京都渋谷区恵比寿 3-7-16
（営業）TEL. 03-5798-7257　　FAX. 03-5798-7258
http://www.minjiho.com/　　info@minjiho.com